PROGRAMAS DE INTEGRIDADE NAS SOCIEDADES ANÔNIMAS
Implementação como conteúdo do dever de diligência dos administradores

Conselho Editorial
André Luís Callegari
Carlos Alberto Molinaro
César Landa Arroyo
Daniel Francisco Mitidiero
Darci Guimarães Ribeiro
Draiton Gonzaga de Souza
Elaine Harzheim Macedo
Eugênio Facchini Neto
Gabrielle Bezerra Sales Sarlet
Giovani Agostini Saavedra
Ingo Wolfgang Sarlet
José Antonio Montilla Martos
Jose Luiz Bolzan de Morais
José Maria Porras Ramirez
José Maria Rosa Tesheiner
Leandro Paulsen
Lenio Luiz Streck
Miguel Àngel Presno Linera
Paulo Antônio Caliendo Velloso da Silveira
Paulo Mota Pinto

Dados Internacionais de Catalogação na Publicação (CIP)

L933p   Lucas, Laís Machado.
         Programas de integridade nas sociedades anônimas : implementação como conteúdo do dever de diligência dos administradores / Laís Machado Lucas. – Porto Alegre : Livraria do Advogado, 2021.
         180 p. ; 23 cm.
         Inclui bibliografia.
         ISBN 978-65-86017-22-9

         1. Sociedades anônimas - Corrupção - Combate. 2. Administradores de empresas - Diligência. 3. Fraude empresarial. 4. Programas de integridade. I. Título.

CDU 347.725:343.352

Índice para catálogo sistemático:
1. Sociedades anônimas : Corrupção : Combate   347.725:343.352

(Bibliotecária responsável: Sabrina Leal Araujo – CRB 8/10213)

Laís Machado Lucas

PROGRAMAS DE INTEGRIDADE NAS SOCIEDADES ANÔNIMAS
Implementação como conteúdo do dever de diligência dos administradores

Porto Alegre, 2021

© Laís Machado Lucas, 2021

Capa, projeto gráfico e diagramação
Livraria do Advogado Editora

Revisão
Rosane Marques Borba

Imagem de capa
https://br.freepik.com/vetores/fundo

Direitos desta edição reservados por
Livraria do Advogado Editora
Rua Riachuelo, 1334 s/105
90010-273 Porto Alegre RS
Fone: (51) 3225-3311
livraria@doadvogado.com.br
www.livrariadoadvogado.com.br

Impresso no Brasil / Printed in Brazil

Agradecimentos

O dia 9 de março de 2015 foi um divisor de águas na minha vida, pois dois acontecimentos desta data, mudariam, definitivamente, o meu *status*: nesse dia fiz a minha matrícula no curso de Doutorado do Programa de Pós-Graduação em Direito da Universidade Federal do Rio Grande do Sul e descobri que estava grávida. Fui tomada por um misto de sentimentos; felicidade pela realização de dois sonhos e a preocupação pela demanda que esses sonhos juntos me traram nos quatro anos vindouros.

Todos os meus sentimentos positivos e as minhas preocupações se concretizaram. A felicidade imensurável de ter a minha filha Lara e o privilégio de frequentar as aulas de uma renomada instituição de ensino pública foram acompanhados de uma excessiva carga de trabalho físico e mental, cujo cumprimento só se tornou possível graças a uma abençoada rede de apoio. Essa rede de apoio me proporcionou o reconhecimento de mais um sentimento, o da solidariedade, que foi o responsável por tornar essa trajetória viável.

Assim, é chegada a hora de agradecer a todos os meus "solidários de plantão" que reconheceram e empatizaram com os meus momentos mais difíceis e assoberbados da vivência materna e acadêmica e, contribuíram, cada um da sua forma, para me auxiliar no cumprimento de todas as tarefas decorrentes dessas jornadas.

Primeiramente, agradeço à minha família, de sangue e de coração, Marcelo, pai, mãe, Aline, Vó Rosa, Eduardo, Ivanir, Nelson, Cristina e Ione, pela parceria, pela base e, especialmente, por me ajudarem com cuidados da pequena Lara, nossa preciosidade. À minha amada Lara, meu muito obrigada por estares presente na minha vida e seres o meu oásis de alegrias.

Agradeço ao meu orientador, César Viterbo Santolim, pela confiança depositada e pela liberdade conferida. Também aos professores e funcionários da UFRGS, especialmente os Professores Gerson Branco,

Véra Fradera e Daniel Mitidiero, que acompanharam de perto meus últimos meses de gestação, sendo sensíveis às ocorrências desse período.

Agradeço ainda aos colegas e amigos Ricardo Lupion Garcia, André Fernandes Estevez, Gabriela Wallau Rodrigues, João Pedro Scalzilli, Lísia Mora Rego, Camila Damo, Betina Kasper Glasser, Fernanda Ferrari Alves, Jéssica Costi Barcellos, Lucimara Zimnhoch, Carla Branco Serrano, Alex Rosito, Victor Porcellis, Carolina Kulbieda, Alexandra Coda, Flávia do Canto Pereira e Maria Cláudia Felten por todo o apoio e amizade que me dedicaram nesse período.

A todos, muito obrigada!

Àqueles que despertam o que de melhor há em mim, Lara, Luiza e Marcelo.

Prefácio

A importância dos programas de integridade para as corporações, em especial as de capital aberto, é hoje um fato inquestionável. Para além de trazer ganhos sociais evidentes, do ponto de vista ético e civilizacional, a presença destas iniciativas, quando bem conduzidas, incrementa a eficiência das empresas, pois oferece um grau de estabilidade, decorrente da transparência, que é visto tanto pelos *shareholders* quanto pelos *stakeholders* como um ativo valioso.

Como se costuma anotar na doutrina especializada, o processo de decisão nas corporações objetiva fazer parte de um sistema equilibrado, que permite um maior grau de permanência da empresa no mercado, para o qual é necessário não apenas a obviedade da busca pelo lucro, mas também a existência de um conjunto de valores intangíveis, que repercutirá intensamente no modo pelo qual atua a administração.

Não é por acaso que as noções de ética nos negócios, que surgem como um elemento complementar e opcional, para as sociedades anônimas, vão, pouco a pouco, em cada sistema jurídico, se transformando em conteúdo essencial e obrigatório. Como se sabe, há, atualmente, diversos mercados em que, na ausência de sólidos programas de integridade, não existe sequer a perspectiva de operar. Seja através das ações de *compliance* (adequação aos *standards* éticos derivados da atividade regulatória/governamental) ou dos programas de integridade (mais vinculados a um conjunto de valores pessoais baseados na honestidade, e em aderir a esses valores em todas as situações, independentemente de quão adverso isso possa ser), a atividade empresarial, mais e mais, se preocupa em sinalizar a todos os seus interlocutores, internos e externos, determinados compromissos éticos que resultam em um valor agregado aos seus produtos e serviços.

Como destacam Rosseti e Andrade,[1] "os princípios da governança corporativa são uma contribuição a mais – que permeia vários campos

---

[1] ROSSETTI, José Paschoal; ANDRADE, Adriana. *Governança Corporativa – Fundamentos, Desenvolvimento e Tendências*. 5. ed. São Paulo: Atlas, 2011, p. 328.

do conhecimento, entre eles o direito, a economia, as finanças, a sociologia das organizações e a administração – para que a criação de valor e a geração de riqueza, ambas de alto interesse social, não sejam contaminadas por instituições inadequadas ou obstruídas por processos de gestão de má qualidade".

Ao mesmo tempo, a realidade das estruturas corporativas, em especial dos seus órgãos de gestão, vai se amoldando a esse novo perfil exigido das empresas, fazendo com que muito daquilo que se constituía a base para a segregação das funções de cada um destes órgãos tenha que ser reavaliada. No Brasil, a "Lei das Sociedades Anônimas" (Lei nº 6.404/1976), ainda que tenha sofrido várias modificações pontuais, é um diploma da década de 70, o que exige, dos seus intérpretes e aplicadores, uma constante e intensa apreciação sobre o sentido das normas ali materializadas. Uma dimensão fundamental desta tarefa diz respeito aos órgãos de administração das sociedades anônimas (Conselho de Administração e Diretoria), aos quais se passa a reconhecer a necessidade de um alinhamento com as diretrizes éticas que agora pautam todo o comportamento da empresa. Assim, ademais das responsabilidades inerentes aos aspectos mais típicos da gestão, referente aos resultados da atividade empresária, e da obtenção de vantagens para os acionistas, o *board* assume um papel relevante na preservação dos programas de integridade, o que afeta substancialmente a característica dos seus deveres de diligência.

É exatamente sobre esse ponto que se desenvolve o trabalho de Laís Machado Lucas.

A partir do exame da "fraude empresarial", e da corrupção como uma de suas espécies, a autora constata o impacto desse "influxo ético" no dever de diligência dos administradores, que passam a responder pelo descumprimento (inclusive por omissão) quanto às soluções de *compliance* e aos programas de integridade. A consequência dessa mudança é de extrema importância: no Brasil, especialmente após o advento da Lei nº 12.846/2013, os administradores não têm compromissos apenas com a *performance* do objeto social ("lograr os fins da companhia", na dicção do artigo 154 da Lei nº 6.404/1976), mas também considerar como parte de seus "deveres de diligência" uma atenção muito mais ampla a diversos aspectos acerca do modo como a sociedade se conduz, sob essa nova perspectiva.

Laís contrasta a "configuração clássica do dever de diligência", em suas múltiplas dimensões ("informar-se e qualificar-se", "fiscalizar, investigar e intervir", "assiduidade", "bem administrar, e não praticar erros graves") com um "dever de implementar os programas de integridade", para concluir que, "no caso dos administradores das empresas privadas, o descuido com o combate à corrupção pode significar uma infração ao seu dever legal de diligência, pois não imprimiu nas suas atividades de administrador o cuidado e zelo necessário para proteger a empresa de eventuais riscos que pudessem acometê-la".

Compreender corretamente o ambiente institucional do seu tempo é uma tarefa fundamental do jurista comprometido com a efetividade das normas, sem a qual o Direito se reduz a um exercício especulativo, que o distancia de funcionar como modo de regulação social. Não é outra a característica deste importante trabalho, que, certamente, muito contribui para o aperfeiçoamento da doutrina em torno das sociedades anônimas, no Brasil.

Porto Alegre, fevereiro de 2020.

Cesar Santolim
Professor da Faculdade de Direito da UFRGS
Mestre e Doutor em Direito pela UFRGS
Pós-Doutorado pela Universidade de Lisboa
Advogado e Economista

Sumário

Apresentação – Ricardo Lupion..19

1. Introdução 21

2. A origem da fraude empresarial 25
   2.1. O caminho da fraude empresarial..30
      2.1.1. A pressão...31
      2.1.2. A oportunidade..37
      2.1.3. A racionalização..38
   2.2. A corrupção como uma espécie de fraude empresarial...............44
      2.2.1. Causas da corrupção..45
      2.2.2. O problema da corrupção..54
      2.2.3. O tratamento da corrupção no Brasil....................................60
   2.3. O movimento da governança corporativa....................................67
      2.3.1. As Origens da Governança..67
      2.3.2. Melhores práticas e destinatários da governança...............75
      2.3.3. O *compliance*...81

3. O impacto dos movimentos de combate à corrupção no dever de diligência dos administradores...97
   3.1. A administração da sociedade anônima e o seu papel perante as fraudes empresariais...98
      3.1.1. Natureza jurídica e finalidade da administração da sociedade anônima...100
      3.1.2. Órgãos integrantes da administração: conselho de administração e diretoria..110
   3.2. A atual configuração do dever de diligência e a necessidade de releitura de seu conteúdo perante as disposições da Lei 12.846/2013..................125
      3.2.1. A configuração clássica do dever de diligência..................143
         3.2.1.1 Dever de informar-se e qualificar-se..........................143
         3.2.1.2. Dever de fiscalizar, dever de investigar e dever de intervir.......146
         3.2.1.3. Dever de participar ou dever de assiduidade..........149
         3.2.1.4. Dever de bem administrar e de não praticar erros graves..........150
   3.3. O dever de implementar os programas de integridade...............151

4. Conclusão..163

5. Referências bibliográficas..169

Lista de siglas

BNDES...........Banco Nacional de Desenvolvimento Econômico e Social
CVM...............Comissão de Valores Mobiliários
FCPA.............*Foreign Corrupt Practices Act*
IBGC..............Instituto Brasileiro de Governança Corporativa
IN ....Instrução Normativa
OCDE ....Organização para a Cooperação e Desenvolvimento Econômico
S.A. ....Sociedade Anônima
TCU ....Tribunal de Contas da União

"A improbidade, a deslealdade, a má-fé, detestáveis em todas as relações da vida, no comércio, principalmente, são lepra."

Rui Barbosa

"No executive should be above compliance, no employee below compliance, and no person within an organization deemed too valuable to be disciplined, if warranted."

A Resource Guide to the U.S. Foreign Corrupt Practices Act

Apresentação

Recebi o honroso convite para apresentar a obra da professora e jurista Laís Machado Lucas. Conheci Laís, ainda estudante de Direito, quando realizou estágio na área jurídica nas Empresas Petróleo Ipiranga. Logo percebi a vocação da jovem estudante para a pesquisa e a predileção pelo direito das empresas. No cotidiano da área jurídica, percebi que Laís era mais do que uma estagiária, era uma pesquisadora, muita interessada em ir além das suas rotinas. Juntamente com Laís, desenvolvemos uma pesquisa que tranquilizou a empresa em litígio de grande repercussão. Encerrado o período de estágio, Laís seguiu o seu caminho. Gradou-se em Direito, iniciando a sua trajetória profissional na liderança do escritório Laís Machado Lucas Advogados Associados, especializado no atendimento de empresas. Em 2010, iniciou sua trajetória acadêmica com a obtenção de título de Mestre em Direito no Programa de Pós-Graduação em Direito da PUCRS. Em 2012, Laís ingressou no corpo docente da Escola de Direito da PUCRS, quando então passei a desfrutar do convívio acadêmico nas aulas de direito empresarial na graduação, agora como minha colega. Sempre à frente do seu tempo em práticas docentes inovadoras, Laís foi convidada a integrar o Núcleo de Inovação Pedagógica do curso de graduação da Escola de Direito da PUCRS, responsável por disseminar, entre os colegas da graduação, práticas inovadoras nas aulas da graduação. Em 2018, tive a honra de "passar o bastão" para a Prof[a]. Laís da coordenação da especialização em direito empresarial da PUCRS, atividade que ela desempenha com brilhantismo e determinação, juntamente com o colega André Estevez. No ano seguinte, em 2019, Laís concluiu o Doutorado em Direito junto ao Programa de Pós-Graduação em Direito da UFRGS, sob segura orientação do estimado amigo e competente colega Prof. Cesar Viterbo Santolim. O tema escolhido para a tese revela a sua inegável vocação para o direito empresarial: "A implementação de programas de integridade como conteúdo do dever de diligência dos administradores de sociedades anônimas", agora publicada neste livro. A tese traz uma abordagem inovadora do conteúdo do dever de diligência dos administradores:

a exigência da implementação de programa de integridade como mecanismo para proteger as empresas contra os riscos da corrupção. Essa abordagem inovadora do conteúdo do dever traz uma nova dimensão para o cuidado e zelo do administrador no desempenho de suas funções, nos tempos atuais, necessários para a proteção da empresa contra os riscos da corrupção. Pelas palavras da autora, "melhor seria se esta tese não precisasse ter sido escrita. O melhor seria se a Lei 12.846/2013 não precisasse ter sido publicada. O melhor seria viver em uma sociedade onde todos os seus atores soubessem das suas atribuições e responsabilidades e não vissem nenhuma beleza na obtenção de vantagens indevidas sobre os seus semelhantes", mas enquanto isso não ocorre, muitos estudos são necessários, com especial destaque para o presente livro, que nos brinda com profundas lições sobre o tema da corrupção, dos seus malefícios e dos modos da mitigação dos seus efeitos nas empresas.

Uma nota final: Laís integra a equipe que denominei de "mentes brilhantes", formada por jovens, dedicados e competentes professores de direito empresarial da Escola de Direito da PUCRS. Juntamente com André, Gabriela Wallau e João Pedro Scalzilli, Laís integra essa equipe com atuação destacada no ensino do direito empresarial em sala de aula, em organização de eventos de grande repercussão com a presença de renomados juristas. Estou certo de que essa nova liderança no ensino do direito empresarial colocará o nosso estado em posição de destaque. Tenho a honra e a felicidade de participar deste movimento, que me tem propiciado momentos de grande aprendizado pessoal, profissional e acadêmico.

Registro, finalmente, a minha admiração pela notável carreira da jovem pesquisadora e pela exitosa atuação da advogada Laís Lucas Machado. Votos de sucesso e de vida longa!

Porto Alegre, março de 2020.

Ricardo Lupion
Agente de Inovação da Escola de Direito da PUCRS
Professor do Programa de Pós-Graduação em Direito da PUCRS

1. Introdução

Em 2009, a empresa Shell aceitou realizar um acordo de US$ 15 milhões em uma demanda apresentada junto à Corte Federal do Distrito de Nova Iorque. Nessa demanda, a referida empresa era acusada de ter envolvimento com o enforcamento do ativista nigeriano Ken Saro-Wiwa. A história do ativista com a Shell teve início em 1992 quando Ken publicou um livro relatando que, pelo menos desde 1970, a empresa financiava a guerra civil na Nigéria, para manter no poder o governo militar que permitia que ela continuasse explorando o petróleo no delta do Rio Níger. Além disso, constam do livro denúncias contra a empresa de degradação ambiental, exploração de trabalhadores e desinteresse no desenvolvimento social da região. Em 1995, Ken Saro-Wiwa foi enforcado, juntamente com outros cinco ativistas, a mando dos governantes do país. As investigações apontaram que a empresa Shell poderia estar envolvida nos homicídios.[2]

No *site* da Shell há a declaração, com tom de orgulho, de que a mesma foi uma das primeiras empresas globais a declarar e compartilhar as suas crenças empresarias,[3] sendo que uma dessas crenças, a que trata sobre o relacionamento da empresa com a política, afirma expressamente que: "As companhias Shell agem de forma socialmente responsável, dentro das leis dos países onde operamos, na busca de nossos legítimos objetivos comerciais. As companhias Shell não fazem pagamentos a partidos ou organizações políticas, nem a seus representantes. As companhias Shell não participam de políticas partidárias".[4]

Se este é o compromisso global da empresa, o que houve de errado na Nigéria? Por que uma das empresas líderes do segmento, se sujeitaria

---

[2] ESTADÃO. Shell paga US$ 15 milhões por direitos humanos na Nigéria. *Estadão*. 09 de junho de 2009. Disponível em https://internacional.estadao.com.br/noticias/geral,shell-paga-us-15-milhoes-por-direitos-humanos-na-nigeria,384603. Acesso em: 04 de março de 2019.

[3] Disponível em: https://www.shell.com.br/sobre-a-shell/nossos-valores.html. Acesso em: 04 de março de 2019.

[4] Disponível em: https://www.shell.com.br/sobre-a-shell/nossos-valores/_jcr_content/par/textimage_1.stream/1519760785875/dd6212223ea382ac12d4b497b11a02f3a12786e9c937ce71f849e853c0c7f13a/sgbp-portuguese-2014.pdf. Acesso em: 04 de março de 2019.

a práticas ilícitas para desenvolver suas atividades? Trata-se de uma simples decisão de custo x benefício?

Trata-se o exemplo da Shell de um caso de inegável gravidade, tendo em vista que o seu desenrolar culminou na perda de uma vida humana. Esse trágico fim, expôs a empresa não só a demandas judiciais que findaram em condenações/acordos milionários, mas também a uma mídia negativa, em nível mundial, que prejudicou a sua imagem reputacional. Tanto isso é verdade, que este caso foi o escolhido para iniciar a discussão que se pretende fazer no presente livro, que é averiguar as causas do cometimento de atitudes ilícitas por empresas, quem são os responsáveis por essas atitudes e como é possível combatê-las.

No entanto, não é necessário recorrer-se a um caso tão extremo quanto o da Shell para concluir-se que, por vezes, as práticas perpetradas por algumas empresas distanciam-se daquele padrão de conduta esperado pelos seus *stakeholders*: em 2011, uma das fornecedoras de produtos da varejista Zara foi flagrada utilizando-se de mão de obra análoga à de escravos na sua linha de produção. Questionamentos semelhantes surgem em relação a este caso: o que leva uma reconhecida marca em nível mundial a utilizar-se de práticas ilícitas para o desenvolvimento de sua atividade-fim?

A relevância deste debate ancora-se, também, na realidade experimentada no Brasil, nos últimos anos, com os inúmeros escândalos empresariais que foram descortinados, especialmente pela Operação Lava-Jato. Robustas empresas, reconhecidas pelos seus atributos técnicos e poderio econômico, envolvidas em esquemas de corrupção que garantiam seus contratos com a administração pública. Essas empresas, todas de grande porte e reconhecimento nos seus ramos de atuação, precisavam realmente se envolver nestas práticas para conseguirem atingir resultados?

Esses questionamentos que permeiam não só implicações jurídicas, mas também implicações das ciências da economia e da administração, somados a publicação da Lei 12.846/2013, foram os motivadores desta pesquisa.

A Lei 12.846/2013 ingressa no ordenamento jurídico brasileiro para tratar dos atos lesivos contra a administração pública, dentre eles a corrupção, nas esferas cíveis e administrativa. Já havia outras legislações que se ocupavam da corrupção, a exemplo do próprio Código Penal brasileiro, mas o compromisso assumido internacionalmente pelo Brasil no combate a este crime exigiu do legislador um tratamento mais abrangente para o assunto. Muito embora a exposição de motivos desta legislação faça referência expressa a "responsabilização civil e administrativa das pessoas jurídicas", é inegável, pela leitura da Lei, as suas implicações em matéria empresarial.

E esse é o ponto analisado nesta pesquisa. Quais foram as implicações da Lei 12.846/2013 no Direito Empresarial, mais precisamente, nos deveres dos administradores de sociedades anônimas de capital aberto.

Inicialmente, é importante referir que esta pesquisa delimitou o tema ao tipo societário "sociedades anônimas de capital aberto", por conta da linha de fundamentação que se pretende seguir, sem prejuízo de que os eventuais deveres do administradores que tenham sido conformados ou alargados por conta da Lei 12.846/2013 também se apliquem a outros tipos societários existentes. Ainda, o presente trabalho objetiva demonstrar que legislação referida alterou o conteúdo ou o entendimento de algum dos deveres previstos em Lei, não sendo o escopo desta pesquisa analisar as consequências do descumprimento destes deveres.

Em que pese o presente trabalho trate da corrupção, não se pretende aqui fazer uma análise da mesma como o crime previsto na legislação penal brasileira. Haverá, por óbvio, referências ao crime de corrupção ao longo da pesquisa, mas com o objetivo único de analisar os seus efeitos e impactos nas relações de Direito Empresarial.

Para sustentar o impacto da Lei 12.846/2013 nos deveres dos administradores, inicia-se a pesquisa com o estudo da fraude empresarial como gênero, da qual a corrupção é uma espécie. O objetivo deste estudo é compreender o caminho da fraude e qual o papel dos administradores das sociedades na sua ocorrência. A partir daí parte-se para o estudo da corrupção propriamente dita, com o intuito de identificar suas origens e causas.

Após, analisa-se o movimento da Governança Corporativa, como uma reação do mercado para evitar as fraudes empresariais e como gênese da autorregulação das empresas, através do Códigos de Melhores Práticas de Governança Corporativa. Passa-se, então, à análise do movimento de *Compliance* e dos programas de integridade, que foram regulamentados pelo Decreto 8.420/2015.

Na última parte desta pesquisa, analisa-se a administração das Sociedades Anônimas e os deveres dos administradores, especialmente o dever de diligência, que é aquele que se acredita ter relação com os ditames da Lei 12.846/2013 e do Decreto 8.420/2015.

Este trabalho foi elaborado com base em pesquisas doutrinárias nacionais e estrangeiras, consulta a decisões judiciais e análise de relatórios que se relacionam com o tema. Não se tem a pretensão de esgotar o tema, mas sim de contribuir para o debate atual do combate à corrupção e o papel dos administradores de sociedade nesse contexto.

2. A origem da fraude empresarial

A Lei 12.846/2013, que dispõe sobre a responsabilização administrativa e civil de pessoas jurídicas pela prática de atos contra a administração pública, nacional ou estrangeira, não surge sem motivos no cenário nacional. Sabe-se que a prática do crime de corrupção, especialmente no Brasil, não é nenhuma novidade, tanto que ele está presente na legislação penal desde 1830 (*Código Penal do Império do Brazil*), no título V, *Dos Crimes Contra a Boa Ordem e Administração Pública*. Há, no entanto, notícias de que esta prática persegue a sociedade, não só a brasileira, desde a Antiguidade.

O *Referencial de Combate à Fraude e à Corrupção*, publicado pelo Tribunal de Contas da União,[5] inicia sua exposição de motivos contando a história do estadista ateniense Sólon da Grécia, que, no ano de VI a.C., pretendia perdoar todas as dívidas das pessoas com entes públicos e privados. Sólon, com essa medida, queria evitar a punição aplicada na época para os devedores, que era a de se tornarem escravos de seus credores. Antes de tomar tal medida, comentou com alguns conhecidos quais eram as suas pretensões e, eles, aproveitando-se da informação privilegiada, contraíram empréstimos para comprar terras. Com a edição da lei que perdoava as dívidas, essas pessoas tiveram seus débitos perdoados e continuaram na propriedade das terras.

Com o advento da tecnologia, especialmente dos meios de comunicação e de informação, conseguiu-se ter mais acesso às ocorrências de casos de corrupção, especialmente aqueles vinculados a grandes empresas, com grande exposição de mídia. Assim, nos últimos anos, a sociedade tem sido "bombardeada", quase que diuturnamente, com escândalos de corrupção envolvendo empresas que colocam seus produtos nas casas dos cidadãos brasileiros, que gozam de credibilidade com o consumidor. Essas empresas, pelo seu gigantismo, além de serem essenciais para o mercado consumidor, são relevantes para o mercado

---

[5] TRIBUNAL DE CONTAS DA UNIÃO. *Referencial de Combate à Fraude e Corrupção*. 2. ed. Brasília, 2018. Disponível em: https://portal.tcu.gov.br/biblioteca-digital/referencial-de-combate-a-fraude-e-corrupcao.htm. Acesso em: 19 de junho de 2018.

como um todo, pois geram inúmeros postos de trabalho, arrecadam bilhões de reais em tributos e contribuem para o desenvolvimento da economia do país.

A promulgação da Lei 12.846/2013 demonstra que, apesar de a corrupção ser um crime, previsto nas nossas legislações penais pelo menos desde 1830 e no atual Código Penal nos artigos 317 e 333, com previsão de pena de reclusão de 2 a 12 anos, isso não foi suficiente para elidir a sua prática. Muito pelo contrário, há a constatação de uma complexidade nessa conduta delitiva, que extrapola os limites do direito penal, sendo necessária a sua abordagem por outras áreas do direito que, no caso da legislação em comento, contemplou o direito administrativo, o direito civil e o direito empresarial. Muito embora este último não esteja nominalmente referido na exposição da legislação, verifica-se seu chamado na atribuição de responsabilidades às empresas e aos seus administradores, no texto da Lei.[6]

Mesmo com a promulgação da Lei em 2013, dando tratamento e punições mais abrangentes para as práticas corruptivas, ainda assim, a sociedade brasileira vivenciou depois disso casos seriíssimos de corrupção, que merecem referência, pois foram inspirações para esta pesquisa.[7]

---

[6] A necessidade de um olhar múltiplo sobre a corrupção é uma tendência mundial, conforme obra de Bonell e Meyer, que analisou os impactos da conduta delitiva, sob a ótica do Direito Civil, em vários ordenamentos europeus. Os autores advertem, no entanto, que a análise da corrupção sob a perspectiva do Direito dos Contratos ainda é incipiente, e seu aprofundamento pode ser de grande valia para o combate desta prática. Segundo os autores, "However, practical experience has shown that criminal law alone cannot cope with this difficult task; other branches of law must also contribute to achieving this joint objective. Combating corruption has therefore become an en vogue topic in many areas of law such as tax law and employment law, as well as in optimizing public procurement rules, in corporate governance, and in arbitration. One branch of the law whose role in tackling corruption has thus far been underestimated is general contract law. Agreements of a contractual nature are present in many different forms of corruption. In light of the immense economic value embodied in international commercial contracts it is surprising that such little attention has been paid to the legal analysis in this area. Many national reports bemoan the rarity of reported court cases – or even the complete lack thereof – on the civil law aspects of corruption in their respective countries. And yet there are two questions that immediately spring to mind: firstly, the question of using efficient civil law remedies to provide optimal protection to the victims of corruption; and secondly, the broader question of the role of contract law in the prevention of corruption, ie whether and to what extent the contract law regime can deter potential offenders from corruptive behaviour." (BONELL, Michael Joachim; MEYER, Olaf. The impact of corruption on international commercial contracts – general report. *In:* BONELL, Michael Joachim; MEYER, Olaf. *The impact of corruption on international commercial contracts.* Springer, 2015, p. 3-4.)

[7] A compilação de escândalos feita pelo Min. Luís Roberto Barroso revela a dimensão do problema que a sociedade brasileira vive com relação à corrupção. Nem mesmo o mais alto cargo da República ficou imune. Se o comprometimento com a legalidade e moralidade não vem de cima, o que esperar das camadas inferiores? Nas palavras do Ministro: "A fotografia do momento atual é devastadora: a) o Presidente da República foi denunciado duas vezes, por corrupção passiva e obstrução de justiça, e é investigado em dois inquéritos; b) um ex-Presidente da República teve a condenação por corrupção passiva confirmada em segundo grau de jurisdição; c) outro ex-Presidente da República foi denunciado criminalmente por corrupção passiva; d) dois ex-chefes da Casa Civil foram condenados criminalmente, um por corrupção ativa e outro por corrupção pas-

Em 17 de março de 2014, foi deflagrada o que seria a maior investigação de crimes de corrupção e correlatos já vista no Brasil. A denominada Operação Lava Jato tinha o objetivo de investigar a atuação de quatro doleiros, suspeitos do crime de lavagem de dinheiro. No entanto, já no início das investigações, constatou-se uma "intensa relação" entre um desses doleiros, Alberto Youssef, com o então diretor de abastecimento da Petrobrás, Paulo Roberto Costa. Essa descoberta trouxe à tona o grande esquema de corrupção existente dentro da Petrobrás, em que diretores e funcionários da empresa cobravam propina de empreiteiras e outros fornecedores para facilitar os negócios com a estatal. Assim, vieram a conhecimento público possíveis irregularidades com contratos da Odebrecht, Andrade Gutierrez, Camargo Correa, OAS, Mendes Junior, Engevix, Galvão Engenharia, UTC e IESA.

Mais adiante, em 17 de maio de 2017, pelo desdobramento da operação Lava Jato que levou a investigações de empresas de outros ramos, também foram apuradas irregularidades no Grupo JBS,[8] maior indústria de proteína animal do mundo. Em relação a esta empresa, investigam-se irregularidades na obtenção de recursos no Banco Nacional de Desenvolvimento Econômico (BNDES). Segundo as investigações do Ministério Público Federal, os valores aportados pelo braço de investimentos do BNDES, o BNDESPar, deveriam servir para aquisição de novas unidades frigoríficas, o que não ocorreu. Ademais, teria o BNDESPar comprado ações do Grupo JBS por valores acima do mer-

---

siva; d) um ex-Ministro da Secretaria de Governo da Presidência da República está preso, tendo sido encontrados em apartamento supostamente seu 51 milhões de reais; e) dois ex-presidentes da Câmara dos Deputados estão presos, um deles já condenado por corrupção passiva, lavagem de dinheiro e evasão de divisas; f) um presidente anterior da Câmara dos Deputados foi condenado por peculato e cumpriu pena; g) mais de um ex-governador de Estado se encontra preso sob acusações de corrupção passiva e outros crimes; h) todos os conselheiros (menos um) de um Tribunal de Contas estadual foram presos por corrupção passiva; i) um Senador, ex-candidato a Presidente da república, foi denunciado por corrupção passiva." (BARROSO, Luís Roberto. Prefácio. Compliance e a Refundação do Brasil. In: CUEVA, Ricardo Villas Bôas; FRAZÃO, Ana. *Compliance – Perspectivas e desafios dos programas de conformidade*. Belo Horizonte: Fórum, 2018, p. 16).

[8] O caso do Grupo JBS causa perplexidade, pois, em tese, eles "cumpriam a cartilha" de combate à corrupção e outras fraudes empresariais, já que desde 2007 participavam do Novo Mercado da B3, que exige altos níveis de transparência e outras medidas que visam reforçar a ética empresarial. O "Relatório Integridade e Empresas no Brasil", da Transparência Internacional, cita o caso JBS como um exemplo da falta de efetividade dos programas de *compliance*: "Um caso demonstra na prática a dificuldade de executar o que consta na teoria. É o de um grupo brasileiro listado no Novo Mercado da B3 desde 2007 – e que há anos possui um Manual de Conduta Ética. O documento proíbe expressamente pagamentos indevidos em qualquer transação, em qualquer país, a agentes de governo e ao setor privado. Também estabelece que é papel das lideranças da empresa estimular a cultura da integridade. O texto foi revisado pela última vez em março de 2016. Exatamente um ano depois, um dos principais sócios dessa companhia foi recebido na residência oficial do presidente da República, Michel Temer, e lá gravou escondido uma conversa em que supostamente foram feitas insinuações sobre o pagamento de propina. Sim, trata-se de Joesley Batista e da JBS". (TRANSPARÊNCIA INTERNACIONAL BRASIL. *Integridade e Empresas no Brasil*, São Paulo, 2018. Disponível em: https://transparenciainternacional.org.br/assets/files/conhecimento/relatorio-executivo.pdf. Acesso em: 02/12/2018).

cado, sem a devida exigência de garantias, gerando um prejuízo aproximado de R$ 1,2 bilhão aos cofres públicos. As questões envolvendo o Grupo JBS redundaram, só na Comissão de Valores Mobiliários, em cinco processos administrativos, quatro inquéritos administrativos, três processos administrativos sancionadores com acusação já formuladas e um processo administrativo sancionador já julgado, em que o Diretor de Relação com Investidores, Jeremiah Alphonsus O'Callaghan, foi condenado por divulgar de forma inapropriada comunicado ao mercado com informações sobre fato relevante dos acordos de leniência firmados pelo Grupo.[9]

Nos dois casos narrados, as empresas envolvidas sofreram sérios revezes com a divulgação das práticas delituosas, que passaram pela diminuição do valor de suas ações, perda de valor de mercado, condenação de administradores, restrição a novos negócios, entre outros.[10] Ou seja, a prática de delitos na esfera empresarial, causou inúmeros reflexos, que não podem ser analisados tão somente sob a ótica do direito ou de algum ramo do direito especificamente. É necessário fazer-se uma verificação macro do motivo que leva, por exemplo, uma empresa líder no seu ramo de atuação, a cometer uma prática reprovável, de que, teoricamente, não necessitaria, pois detém uma posição privilegiada em relação a sua participação no mercado e em relação a seus concorrentes. Ainda, é necessário questionar-se quais as reações e as medidas que as ciências da administração, economia e direito tomam para identificar e prevenir o cometimento dessas condutas, pois, conforme bem colocado no Relatório Integridade e Empresas no Brasil, da Transparência Internacional:

> O setor empresarial tem papel essencial nesses crimes – o que também significa que tem papel insubstituível no combate aos malfeitos, por seu próprio interesse: pagar subornos a funcionários públicos, por exemplo, aumenta os custos de operação e põe em grave risco a imagem das organizações. Sem a participação das companhias, a luta anticorrupção jamais será sustentável.[11]

---

[9] Os procedimentos junto à CVM possuem objetos diversos, relacionados direta ou indiretamente à delação feita pelo então presidente do conselho de administração do Grupo, Joesley Batista, dos esquemas de corrupção dos quais havia participado. As acusações passam por utilização indevida de informações privilegiadas, práticas de condutas inapropriadas dos administradores, manipulação de preços das ações, dentre outras. Informações disponíveis em http://www.cvm.gov.br/noticias/arquivos/2018/20181228-1.html. Acesso em: 26 de janeiro de 2019.

[10] Esses casos afetaram o mercado como um todo. No dia seguinte (18 de maio de 2017), a divulgação dos áudios do Sr. Joesley Batista com o então Presidente da República Michel Temer, o Ibovespa caiu 8,8%, apresentando a pior queda desde outubro de 2008. O dólar, nessa mesma oportunidade, disparou, sendo cotado a R$ 3,389. (UOL. Dólar dispara 8,15%, a R$ 3,389, e a Bolsa despenca 8,8% após delação da JBS. *UOL*, São Paulo, 18 de maio de 2017. Disponível em https://economia.uol.com.br/cotacoes/noticias/redacao/2017/05/18/dolar.htm. Acesso em 26 de janeiro de 2019.

[11] TRANSPARÊNCIA INTERNACIONAL BRASIL. *Integridade e Empresas no Brasil*, São Paulo, 2018. Disponível em: https://transparenciainternacional.org.br/assets/files/conhecimento/relatorio-executivo.pdf. Acesso em: 02/12/2018.

Ressalte-se que o objeto desta pesquisa passa por aspectos da Lei 12.846/2013, que impactam nos deveres dos administradores de sociedades. Para a compreensão do processo da corrupção, que aqui será tratada como uma espécie de fraude, e da evolução do tratamento desta no cenário empresarial, é necessário compreender a ocorrência de escândalos empresariais, relacionados a condutas socialmente reprováveis, não só em relação ao crime de corrupção; algumas dessas condutas sequer têm tipificação ou repercussão em esfera jurídica cível, penal ou administrativa. Manipulações contábeis, esquemas de corrupção, associação a organizações criminosas, práticas de atos imorais ou antiéticos são alguns dos exemplos de práticas (i)legais cometidas por empresas que repercutem indevidamente no ambiente em que estão inseridas e, portanto, causam os efeitos indesejáveis que, em regra, são sentidos mais sensivelmente pelo viés econômico.

Esse comportamento vicioso de cometimento de condutas fraudulentas no cenário empresarial é merecedor de atenção e estudo, pois evidencia que o caráter pedagógico dos próprios erros e das medidas de repressão tomadas não está funcionando a contento. Valendo-se dos ensinamentos de Henry Ford, "o passado serve para evidenciar as nossas falhas e dar-nos indicações para o progresso no futuro". Nesta linha de raciocínio, Joaquim Rubens Fontes Filho, pondera que "falhas empresariais eram relativamente aceitas e justificadas pela importância econômica das empresas e pelo desenvolvimento que traziam à sociedade, ou pela impropriedade e desconforto da imagem de altos executivos compartilhando cadeias com bandidos comuns e perigosos". O questionamento desse autor, que também não deixa de ser o desta pesquisa, é porque essas "falhas empresariais" – aqui chamadas de fraudes – continuam a ocorrer, mesmo com o notório avanço de legislações e de procedimentos internos das empresas que buscam o aperfeiçoamento dos controles e a imposição de punições cada vez mais severas.[12][13]

---

[12] FONTES FILHO, Joaquim Rubens. Por que falham as empresas? *In:* BRANDÃO, Carlos Eduardo Lessa; FONTES FILHO, Joaquim Rubens; MURITIBA, Sérgio Nunes. *Governança Corporativa e Integridade Empresarial.* São Paulo: Saint Paul Editora, 2017, p. 37-39. O autor ainda explica o que se entende por falhas empresariais: "Falhas empresariais são aqui entendidas como circunstâncias ou eventos que levam a empresa a uma atuação subótima em decorrência de deficiência nos sistemas de controle ou na atuação dos administradores. Podem ocorrer por ações de oportunismo gerencial, quando administradores usam seu poder e acesso a informações para benefícios pessoais, ou quando a empresa, na figura de seus administradores ou controladores, executa ou participa de ações em prejuízo da sociedade ou da qualidade do ambiente empresarial. O primeiro caso pode ser exemplificado por fraudes e ações corruptas de administradores, *insider trading* e abusos similares; no segundo seriam exemplos ações danosas ao meio ambiente, aos trabalhadores terceirizados, ou práticas delituosas como a formação de cartel, conluios ou corrupção de agentes públicos".

[13] Ana Frazão e Ana Rafaela Medeiros entendem que a cultura corporativa baseada no *shareholder value* e no *short-termism* é estimulante para a ocorrência das fraudes empresariais. Segundo as autoras, "(...) o foco na busca de resultados de curto prazo para os acionistas, sem maior preocupação com a dimensão coletiva da gestão, cria uma dificuldade adicional para a implementação

Diante dessas constatações, é imprescindível compreender qual o caminho percorrido pela fraude empresarial (termo genérico que será utilizado também para tratar dos casos de corrupção, como já referido) e qual(is) sua(s) premissa(s) básica(s), para identificar possíveis meios de desestímulo e repreensão à ocorrência.

Como se pretende neste tópico tratar de generalidades e abrangências da fraude, pois se entende que a compreensão dessas é fundamental para verificar o papel dos administradores na sua ocorrência e prevenção, propõe-se o acordo semântico de utilização da expressão "fraude empresarial" como significado de "manipulação", "comportamento não ético", atividade de comportamento ilegal", "escândalo corporativo", "crime", "crime do colarinho branco", "corrupção", "fraude", "malpractice", "wrongdoing", "misconduct".[14]

2.1. O caminho da fraude empresarial

A fraude, como esclarece Ana Paula Paulino da Costa, deve ser entendida como um processo, fruto de "ações coordenadas", em que os fraudadores analisam oportunidade, vantagem a ser auferida e formas de acobertar o ato ilícito praticado. Na visão da autora, essa vantagem pode ser definida como uma conduta "comissiva (ação – fazer) ou omissiva (omissão – não fazer), que se caracteriza como um processo; tal conduta é adotada pelos membros da alta administração (a seu favor) e pode ocorrer com ou sem a participação de outros indivíduos (da empresa ou de fora), com intenção de lesar terceiros, mesmo que para essa conduta não haja sanção legal nos campos administrativo, cível ou criminal".[15]

---

de parâmetros de administração baseados na ética e no cumprimento do direito, criando um contexto cultural propício para a prática de ilicitudes. Daí a relevância de um programa de *compliance* robusto, capaz de fomentar uma cultura de respeito à ética e à legalidade." (FRAZÃO, Ana; MEDEIROS, Ana Rafaela Martinez. Desafios para a efetividade dos programas de *compliance*. In: CUEVA, Ricardo Villas Bôas; FRAZÃO, Ana. *Compliance – Perspectivas e desafios dos programas de conformidade*. Belo Horizonte: Fórum, 2018, p. 89).

[14] Essa é a proposta de COSTA, Ana Paula Paulino da. *Casos de fraudes corporativas financeiras: antecedentes, recursos substantivos e simbólicos relacionados*. 2011. 176 f. Tese (Doutorado em Administração de Empresas) – Escola de Administração de Empresas, Fundação Getúlio Vargas, São Paulo, 2011. Versões impressa e eletrônica. Disponível em: https://bibliotecadigital.fgv.br/dspace/bitstream/handle/10438/8542/TESE_ANA%20PAULA%20PAULINO%20DA%20COSTA.pdf. Acesso em: 15 de junho de 2018. Esclarece-se que a autora utiliza a expressão "fraude corporativa contra terceiros", como sinônimo das expressões referidas. Desde já se esclarece que a adoção de bibliografias das áreas da administração de empresas e da contabilidade para tratar deste tema da fraude se atribui ao fato de estas pesquisas guardarem maior relação com a abordagem que se pretende fazer nesta tese, não da fraude no seu sentido penal, mas, sim, nos aspectos em que impacta no Direito Empresarial, especialmente na sua faceta societária.

[15] COSTA, Ana Paula Paulino da. *Casos de fraudes corporativas financeiras: antecedentes, recursos substantivos e simbólicos relacionados*. 2011. 176 f. Tese (Doutorado em Administração de Empre-

Em 1953, Donald Cressey realizou um estudo com fraudadores que, como resultado, ampliou o conceito de fraude até então vigente. O resultado dessa investigação conceituou o fraudador como o indivíduo que detém uma posição de confiança, alcançada de boa-fé, mas que a viola pelo cometimento de um crime. Nesse contexto, age o fraudador impelido por três forças: pressão, oportunidade e racionalidade. Essas três forças foram denominadas pela literatura de triângulo (ou tríade) da fraude. Nas palavras de Cressey:

> Pessoas confiáveis se tornam violadores da confiança quando elas se consideram como tendo um problema financeiro que não pode ser compartilhado, e estão cientes de que este problema pode ser resolvido secretamente pela violação de confiabilidade financeira e conseguem aplicar, à sua própria conduta, verbalizações que lhes possibilitem ajustar seus conceitos de si mesmas como pessoas confiáveis como usuários de fundos e propriedades que lhes foram confiados.[16]

Michele Machado e Ivan Gartner,[17] inspirados na teoria desenvolvida por Cressey, analisaram cada vértice do triângulo da fraude para chegar às hipóteses de seu conteúdo. Passa-se a esta análise.

2.1.1. A pressão

O primeiro dos vértices analisados por Machado e Gartner é a pressão. "A empresa precisa desse resultado, não importa/interessa como você vai consegui-lo". Essa frase pode ser o estopim de um processo de fraude, pois, como explica Eugene Soltes, "o desejo de evitar o fracasso, manter nossa reputação e vencer os concorrentes, cria circunstâncias que desafiam nossa tendência de se comportar moralmente".[18] Segundo Machado e Gartner, a pressão tem em seu conteúdo duas hipóteses, a saber: o desempenho a ser alcançado pela empresa e a remu-

---

sas) – Escola de Administração de Empresas, Fundação Getúlio Vargas, São Paulo, 2011. Versões impressa e eletrônica. Disponível em: https://bibliotecadigital.fgv.br/dspace/bitstream/handle/10438/8542/TESE_ANA%20PAULA%20PAULINO%20DA%20COSTA.pdf. Acesso em: 15 de junho de 2018.

[16] CRESSEY, D. R. Other People's Money: A study in the social psychology of embezzlement. Glencoe, IL: The free press, 1953 apud COSTA, Ana Paula Paulino da. *Casos de fraudes corporativas financeiras: antecedentes, recursos substantivos e simbólicos relacionados*. 2011. 176 f. Tese (Doutorado em Administração de Empresas) – Escola de Administração de Empresas, Fundação Getúlio Vargas, São Paulo, 2011. Versões impressa e eletrônica. Disponível em: https://bibliotecadigital.fgv.br/dspace/bitstream/handle/10438/8542/TESE_ANA%20PAULA%20PAULINO%20DA%20COSTA.pdf. Acesso em: 15 de junho de 2018.

[17] MACHADO, Michele Rilany Rodrigues; GARTNER, Ivan Ricardo. Triângulos de fraudes de Cressey (1953) e teoria da agência: estudo aplicado a instituições bancárias brasileiras. *Revista Contemporânea de Contabilidade*. UFSC, Florianópolis, v. 14, n. 32, p. 108-140, mai/ago 2017, p. 112.

[18] "The desire to avoid failure, maintain our reputation, and trounce competitors creates circumstances that challenge our tendency to behave morally." (SOLTES, Eugene. *Why They Do It: Inside the Mind of the White-Collar Criminal*. New York: PublicAffairs. 2016, p. 114).

neração percebida pelos agentes, que influencia no seu padrão de vida. Nessa linha, os autores sustentam que os gestores de empresas, quando cometem uma fraude, não agem motivados em trazer maior retorno aos acionistas, mas, sim, preocupados em manter-se nas posições que ocupam. E, como a manutenção desse *status* passa, em geral, pelo atingimento de metas, alguns gestores tendem a romper as barreiras entre o certo ou o errado para atingir os objetivos desejados.[19] Nesse sentido, a pressão subverte a relação fiduciária necessária e esperada dos administradores com a companhia administrada, pois aqueles devem sempre agir no interesse desta. Em um cenário adequado, os administradores deveriam se comportar como preconizado por Modesto Carvalhosa: "seus poderes de deliberação, de gestão e de representação são exercidos no interesse da companhia, devendo ainda ser satisfeitas as exigências do bem público e cumprida a função social da empresa".[20]

A pressão se torna mais latente em empresas que tiveram histórico de não atingimento de metas, levando os administradores a um compromisso com desempenho "a qualquer custo" e em épocas de crise,[21] quando surge uma necessidade de manter-se no topo, para gerar uma percepção de estrutura empresarial inabalável.[22]

A outra hipótese que preenche o conteúdo da pressão é a remuneração dos administradores. Machado e Gartner explicam que essa remuneração pode ser fixa ou vinculada aos resultados alcançados. A remuneração fixa tende a ser pouco utilizada, pois ela não gera qual-

---

[19] "Uma das formas ilegítimas de se obter sucesso é o apagamento das fronteiras entre o que é ou não aceitável". (COSTA, Ana Paula Paulino da. *Casos de fraudes corporativas financeiras: antecedentes, recursos substantivos e simbólicos relacionados.* 2011. 176 f. Tese (Doutorado em Administração de Empresas) – Escola de Administração de Empresas, Fundação Getúlio Vargas, São Paulo, 2011. Versões impressa e eletrônica. Disponível em: https://bibliotecadigital.fgv.br/dspace/bitstream/handle/10438/8542/TESE_ANA%20PAULA%20PAULINO%20DA%20COSTA.pdf. Acesso em: 15 de junho de 2018).

[20] CARVALHOSA, Modesto. *Comentários à lei de Sociedade Anônimas.* v. 3, 6. ed. São Paulo: Saraiva, 2014, p. 79.

[21] A 14ª Pesquisa Global sobre Fraude, realizada pela Consultoria Ernest Young, em 2016, após entrevistar 2.825 executivos, constatou, pelas respostas apresentadas pelos mesmos, que: "Quase a metade dos respondentes seria capaz de justificar comportamentos antiéticos para cumprir seus objetivos financeiros, número superior aos 36% que afirmaram que esses comportamentos se justificariam caso fosse necessário ajudar a empresa a sobreviver a uma recessão econômica." (ERNEST YOUNG. *14ª Pesquisa Global sobre Fraude*, São Paulo, 2016. Disponível em: https://www.ey.com/Publication/vwLUAssetsPI/fraud_survey/%24FILE/PB_Fraud_Survey_PT.pdf. Acesso em: 29 de novembro de 2018).

[22] Neste sentido, MACHADO, Michele Rilany Rodrigues; GARTNER, Ivan Ricardo. *Triângulos de fraudes de Cressey (1953) e teoria da agência: estudo aplicado a instituições bancárias brasileiras.* Revista Contemporânea de Contabilidade. UFSC, Florianópolis, v. 14, n. 32, p. 108-140, e COSTA, Ana Paula Paulino da. *Casos de fraudes corporativas financeiras: antecedentes, recursos substantivos e simbólicos relacionados.* 2011. 176 f. Tese (Doutorado em Administração de Empresas) – Escola de Administração de Empresas, Fundação Getúlio Vargas, São Paulo, 2011. Versões impressa e eletrônica. Disponível em: https://bibliotecadigital.fgv.br/dspace/bitstream/handle/10438/8542/TESE_ANA%20PAULA%20PAULINO%20DA%20COSTA.pdf. Acesso em: 15 de junho de 2018.

quer incentivo ao administrador na persecução de novos desafios e/ou negócios, pois ele sempre terá garantido aquele valor, independentemente da sua *performance*. Assim, parece lógico que a forma mais adequada de remunerar administradores seja vinculando seus ganhos a desempenho.[23]

A remuneração vinculada ao desempenho ou às metas, sem dúvida alguma, pode servir como um importante incentivo para o administrador empreender os melhores esforços no desempenho de suas funções, pois o resultado positivo alcançado pela empresa, também será percebido por ele. No entanto, esse incentivo pode ter o efeito perverso de levar o administrador a extrapolar os limites da ética e da legalidade, para atingir os resultados necessários que lhe garantam os benefícios pelo atingimento das metas.[24] Neste cenário, pode o admi-

---

[23] Sobre este assunto, vide a Teoria dos Incentivos proposta por Laffont e Martimort. Nas próprias palavras dos autores, "In a moral hazard context, the random output aggregates the agent's effort and the realization of pure luck. However, the principal can only design a contract based on the agent's observable performance. Through this contract, the principal wants to induce, at a reasonable cost, a good action of the agent despite the impossibility to condition directly the agent's reward on his action. In general, the non-observability of the agent's effort affects the cost of implementing a given action. To illustrate this point, we present a model where a risk averse agent can choose a binary effort, and the production level can be either high or low. A first step of the analysis made in this chapter is to study the properties of incentive schemes which induce a positive and costly effort. Such a scheme must thus satisfy an incentive constraint. Also, inducing the agent's voluntary participation imposes a standard participation constraint. Incentive feasible contracts are those satisfying those two constraints. Among such schemes, the principal prefers the one which implements the positive level of effort at minimal cost. This cost minimization yields the characterization of the second-best cost of implementing this effort. In general, this second-best cost is greater than the first-best cost which would be obtained by assuming that effort is verifiable. The reason is that an incentive constraint is generally binding for the incentive scheme implementing a positive effort at minimal cost." (LAFFONT, Jean-Jacques; MARTIMORT, David. *The Theory of Incentives I: the principal agent model*. Princeton: Princeton University Press, 2001, p. 148-149).

[24] Muito embora a presente pesquisa não se dedique ao tema da remuneração dos executivos, importa fazer algumas referências sobre a mesma. Coutinho de Abreu explica que a remuneração, na sua parte variável, com base em ações, tem sido bastante utilizada nos últimos anos. O autor explica duas formas de essa remuneração ocorrer, por meio de "planos de atribuição de acções" e de "planos de opção para aquisição de acções". Segundo o autor, "nos primeiros, a sociedade estabelece um programa prevendo a possibilidade de, dentro de certo prazo, vender acções próprias aos seus administradores, por preço inferior ao do mercado ou em condições especialmente vantajosas. Nos segundos (*stock options plans*), a sociedade atribui aos administradores o direito potestativo de futuramente (dentro de determinado período), ao preço logo fixado, adquirirem acções da sociedade de modo derivado (opção de aquisição em sentido estrito) ou subscrevendo novas acções (opção de subscrição)." (COUTINHO DE ABREU, Jorge Manuel. *Governação das Sociedades*. 2. ed. Almedina: Coimbra, 2010, p. 87-88). Ana Perestrelo explica a prática da *golden leash*, em que investidores arcam diretamente com a remuneração de administradores: "Uma prática que surgiu recentemente é a de os investidores ativistas procurarem nomear membros para o conselho de administração, pagando-lhes, eles próprios, remunerações adicionais, que visam atrair interessados qualificados para o cargo. Esta prática tem suscitado críticas, em especial por poder consubstanciar uma 'trela dourada' (*golden leash*) para os administradores, pondo em causa a sua independência, além de acarretar riscos de fragmentação do órgão de administração. Tem-se discutido nos EUA a legitimidade destes pacotes remuneratórios; mas parece não se ter alcançado nenhuma conclusão definitiva. A gravidade do problema é menor, ainda assim, se se considerar que a remuneração paga pelos ativistas é normalmente indexada à performance da sociedade,

nistrador praticar um ato antiético ou ilegal para alcançar o objetivo desejado, logrando êxito no seu intento, concretizando a máxima de que "os fins justificam os meios" ou pode manipular informações para aparentar que os resultados desejados foram atingidos, quando, na realidade, isso não ocorreu.[25]

Essa questão da remuneração dos administradores foi bastante sensível na crise de 2007-2012.[26] Nos Estados Unidos, verificou-se que, em alguns casos, os executivos que tinham participado dos esquemas fraudulentos ou infringido deveres de diligência, que acabaram por abalar as estruturas financeiras das empresas, ainda eram credores de bônus milionários dessas instituições.[27] O governo norte-americano, como reação, promulgou a Lei 111-203, intitulada de *Dodd-Frank Wall Street Reform and Consumer Protection Act*.[28] Entre outros temas, essa

---

o que reduz o risco de desalinhamento de interesses. Naturalmente que a resposta que se dê é influenciada pela perspetiva que se adote quanto aos benefícios e custos do ativismo acionista." (OLIVEIRA, Ana Perestrelo de. *Manual de Governo das Sociedades*. Coimbra: Almedina, 2017. Edição Kindle).

[25] Nesse sentido, Ana Paula Paulino da Costa: "Outro modo de conceber a fraude é considerá-la como resultado da distorção de incentivos: o indivíduo é levado a agir em busca de uma recompensa, em vez de agir em conformidade com o que é considerado eticamente correto, independentemente de recompensa. (...) O sistema de recompensa, ligado a desempenho e metas, é usado para estimular o ganho extraordinário, diferencial, mas tem produzido sérios efeitos perversos, como o incentivo à corrupção. Tal sistema tem sido considerado um importante vilão nos escândalos de fraudes corporativas, especialmente a partir da década de 1990, quando passou a predominar o entendimento de que as metas devem ser alcançadas a qualquer custo." (COSTA, Ana Paula Paulino da. *Casos de fraudes corporativas financeiras: antecedentes, recursos substantivos e simbólicos relacionados*. 2011. 176 f. Tese (Doutorado em Administração de Empresas) – Escola de Administração de Empresas, Fundação Getúlio Vargas, São Paulo, 2011. Versões impressa e eletrônica. Disponível em: https://bibliotecadigital.fgv.br/dspace/bitstream/handle/10438/8542/TESE_ANA%20PAULA%20PAULINO%20DA%20COSTA.pdf. Acesso em: 15 de junho de 2018). Em sentido semelhante, Coutinho de Abreu adverte, sobre a remuneração pautada pelo desempenho que "os perigos são também evidentes: ela incentiva políticas societárias de curto prazo promotoras do crescimento rápido da cotação das acções, inclusive a manipulação das contas, com sobrevalorização dos resultados positivos (...)". (COUTINHO DE ABREU, Jorge Manuel. *Governação das Sociedades*. 2. ed. Almedina: Coimbra, 2010, p. 88)

[26] A sensibilidade desta questão não se restringiu às questões econômicas envolvidas, mas também aos aspectos morais que permearam a crise. Michael Sandel relata a indignação do povo americano em relação ao pagamento de bônus milionários aos executivos das empresas que estavam ruindo, com o dinheiro advindo do socorro alcançado pelo governo, ou seja, com dinheiro do contribuinte. No entanto, a maior indignação não era o fato dos bônus estarem sendo pagos com dinheiro público, mas sim, o fato de se estar premiando a incompetência, algo inaceitável pelo povo norte-americano, que não tem problemas com a recompensa do sucesso. (SANDEL, Michael J. *Justiça. O que é fazer a coisa certa*. 30. ed. Rio de Janeiro: Civilização Brasileira, 2020, p. 21-27)

[27] "(...) um grupo de nove bancos que receberam socorro governamental pagou mais de 32 bilhões de dólares em bônus a seus executivos. Juntos, esses bancos tiveram cerca de 80 bilhões de dólares em prejuízos." (HERZOG, Ana Luiza; MANO, Cristiane. 2008 foi o ano do bônus zero para os executivos. *Revista Exame*, 17 de setembro de 2013. Disponível em: https://exame.abril.com.br/revista-exame/ano-bonus-zero-489940/. Acesso em: 03/07/2018).

[28] UNITED STATES OF AMERICA. *DODD-FRANK Wall Street Reform and Consumer Protection Act*. To promote the financial stability of the United States by improving accountability and transparency in the financial system, to end "too big to fail", to protect the American taxpay-

legislação trouxe regras sobre a remuneração dos executivos de empresas, tais como a (i) imposição de divulgar a relação entre os salários dos executivos e o salário dos demais colaboradores da empresa; (ii) a necessidade de devolução de bônus e outras vantagens recebidas, quando se verificar que essas vantagens foram recebidas de forma indevida, considerando um período predeterminado de tempo para esta verificação (*clawback*); e (iii) a avaliação da remuneração dos executivos pelos comitês de risco das empresa, que devem conferir se a remuneração está de acordo com as estratégias e com os riscos da instituição.

Menezes Cordeiro aponta que a preocupação com a remuneração dos executivos também se espraiou, nessa mesma época, pela Europa, com a promulgação de orientações e legislações que visam a encontrar um ponto de equilíbrio para os ganhos dos administradores. Nesse sentido, surge recomendação da Comissão Europeia, em 2009, dando ênfase às "comissões de remuneração", órgãos criados pelas empresas para análise da justa remuneração a ser atribuída aos administradores; na Alemanha altera-se o AktG,[29] para adotar-se a "Lei para a mode-

---

er by ending bailouts, to protect consumers from abusive financial services practices, and for other purposes, 2010. Disponível em https://www.congress.gov/111/plaws/publ203/PLAW-111publ203.pdf. Acesso em 15 de junho de 2018. Essa legislação foi uma reação a crise vivenciada pelo Estados Unidos em 2008. Seu principal objetivo é o controle do risco sistêmico, ou seja, evitar ou minimizar os efeitos de uma crise, para que a mesma não se alastre por todo um mercado. Como principais medidas, além das já referidas em relação a remuneração dos executivos, essa legislação determinou o monitoramento de instituições financeiras consideradas como impactantes (que possuem 50 bilhões de dólares, ou mais, em ativos; alto grau de alavancagem e de interdependência com outras instituições); imposição de mecanismos de maior eficiência às agências de *rating*; elaboração de planos de encerramento das atividades, em caso de insolvência, que cause o menor impacto possível no mercado; para as instituições que ofertam papéis securitizados, a obrigatoriedade de manter pelo menos 5% desses papéis em carteira própria, impossibilitando o hedge; a criação do bureau do consumidor, com amplos poderes de fiscalização e autonomia.

[29] Sigla de Aktiengesetz, legislação alemã das sociedades por ações, disponível em https://www.gesetze-im-internet.de/englisch_aktg/index.html, acesso em 15 de fevereiro de 2019. Na *Section 87* é descrita a forma de remuneração dos administradores: "(1) In establishing the overall emoluments of the individual member of the management board (salary, profit-sharing, expense allowances, insurance premiums, commissions, incentive-based remuneration commitments such as, for example, stock options and collateral performance of any kind), the supervisory board is to ensure that they are appropriate in relation to the tasks and performance of the member of the management board and to the economic situation of the company and that, unless particular reasons so require, the customary remuneration is not exceeded. For companies listed on the stock exchange, the remuneration structure is to be oriented towards the promotion of a sustainable development of the enterprise. Accordingly, a multi-year assessment basis should govern the variable remuneration components; the supervisory board should agree a means of providing for limitations in order to take account of extraordinary developments. The first sentence shall apply *mutatis mutandis* to pensions, surviving dependents' pension benefits, and benefits of a similar nature. (2) Where the economic situation of the company deteriorates at a time following the above determinations such that the continued granting of the emoluments pursuant to subsection (1) would be inequitable for the company, the supervisory board or, in the case governed by section 85 subsection (3), the court is to reduce the emoluments to a reasonable amount upon a corresponding petition having been filed by the supervisory board. Pensions, surviving depen-

ração da retribuição da direção"; em Portugal, a Lei 28/2009 passa a determinar que as empresas de interesse público (entre outras, aquelas que têm ações negociadas em Bolsa de Valores, as sociedades financeiras e as sociedades gestoras de fundos de capital de risco e fundos de pensões) devem submeter as políticas de remuneração de seus administradores à assembleia geral e divulgá-las na prestação de contas anual, bem como fazer constar dessa publicação o montante anual auferido pelos membros da administração.[30]

A pressão sofrida pelo fraudador necessita de um espaço para sua ocorrência que, já está à disposição ou será criado para alcançar-se o objetivo da fraude. Daí, a importância de verificar-se o cenário de oportunidades.

---

dents' pension benefits, and benefits of a similar nature may only be reduced pursuant to the first sentence in the first three (3) years following the date on which the management board member ceases to work for the company. Such reduction shall not affect the employment agreement in any other regard. However, the member of the management board may terminate his employment agreement with effect as per the end of the following calendar quarter, observing a period of notice of six (6) weeks. (3) Where insolvency proceedings are opened for the company's assets and the insolvency administrator terminates the employment agreement of a member of the management board, such member may demand compensation for the damages suffered, as a result of the service relationship having been cancelled, only for the two (2) years following the date on which the service relationship has expired".

[30] A explicação dada pelo autor para essas reações coaduna-se com o aqui desenvolvido, em relação aos vértices da fraude, muito embora o autor não refira isso expressamente em seu texto. Para o autor, "Ao longo dos 'loucos anos 90' do século passado, as remunerações dos administradores das grandes sociedades norte-americanas atingiam, por vezes, cifras muito elevadas: da ordem das dezenas de milhões de dólares por ano. Essa tendência alargou-se à Europa, conquanto que num nível bastante mais modesto. O fenómeno tem três ordens de explicações: – as regras do mercado: num ambiente muito competitivo, um bom administrador pode fazer ganhar quantias elevadas aos acionistas; estes dispunham os melhores administradores que veem, assim subir os seus proventos; – a imagem da empresa: num Mundo em que a promoção se joga a todos os níveis, há ganhos de imagem quando a sociedade possa exibir um elevado *standing*, o qual inclui gestores e quadros bem pagos; – a influência dos próprios administradores estes, uma vez instalados, mantêm boas relações com os principais acionistas e com os círculos especializados que fixam o montante das remunerações dos administradores; pela ordem das coisas, isso traduz-se numa pressão para o incremento. Com o despoletar da crise de 2007/2012, essas explicações atingiram dimensões perversas. Desde logo, verificou-se que o incremento das remunerações dos administradores podia resultar da sua associação aos resultados da empresa. Designadamente: a remuneração compreenderia uma parcela variável, correspondente a certa percentagem dos lucros. Assim sendo, poderia o administrador ser levado: (a) ou a assumir um tipo de gestão muito lucrativo, no imediato, mas depauperador a prazo, de modo a recolher elevadas remunerações; (b) ou a protagonizar, com o auxílio de fiscalizadores e auditores, uma contabilidade maquilhada, com vista à faturação de lucros fictícios e, daí, de elevados prémios. A crise de 2007/2012 teve algumas raízes no modo brusco de gerir certas empresas, com vista ao lucro imediato. Os administradores foram acusados, ainda que, na grande maioria dos casos, nada se demonstrasse. Mais grave foi o facto de, mercê da forma de calcular prémios e remunerações, reportado ao ano anterior àquele em que fossem pagos, certas empresas falidas, com milhares ou dezenas de milhares de despedimentos, pagarem remunerações muito elevadas aos administradores que, formalmente, a tal conduziram. E maior foi o escândalo, nos Estados Unidos, onde algumas dessas empresas foram salvas, *in extremis*, pelo Estado e com o dinheiro dos contribuintes". (MENEZES CORDEIRO, António. *Direito das Sociedades*. Parte Geral. 3. ed. vol. I, Coimbra: Almedina, 2011, p. 932-936.)

2.1.2. A oportunidade

O segundo vértice do triângulo da fraude é a oportunidade. A oportunidade está diretamente vinculada às hipóteses de pressão (resultado e remuneração) e representa a "circunstância" identificada pelo fraudador como atalho para o atingimento da meta desejada. No contexto em que se está trabalhando, essa circunstância pode materializar-se como uma conduta fraudulenta.

Mas a dimensão da oportunidade é temperada por outros vieses, em virtude de o fraudador ser uma pessoa ocupante de um cargo de confiança (retomando-se o conceito de fraudador, cunhado por Cressey, que coloca a "posição de confiança" como elemento integrante da fraude). A oportunidade pode surgir ou ser criada pelo fraudador por este conhecer as falhas de governança e controles da empresa, por ter acesso a informações sigilosas e privilegiadas, por ter poder, inclusive para alterar estruturas de fiscalização que possam pôr em risco a "oportunidade".[31]

Nesse sentido, os conteúdos do vértice "oportunidade", na visão de Machado e Gartner, que aumentam a probabilidade de ocorrência de fraudes empresariais, são sistemas de governança corporativa[32] falhos ou de "fachada" e o tamanho da empresa, que dificulta os processos de fiscalização e controle.[33]

Em relação ao tamanho da empresa, por muito tempo acreditou-se que o sucesso de uma corporação estava diretamente vinculado ao seu porte, sendo rechaçada a ideia de empresas com organização mais enxuta. Comparato, na década de 70, na obra *Aspectos Jurídicos da Macroempresa*, defendeu que somente a grande empresa poderia fazer frente à concorrência que seria travada nos próximos anos, pois só ela "oferece condições de participação independente nos setores mais avançados da tecnologia contemporânea, que exige um planejamento

---

[31] MACHADO, Michele Rilany Rodrigues; GARTNER, Ivan Ricardo. Triângulos de fraudes de Cressey (1953) e teoria da agência: estudo aplicado a instituições bancárias brasileiras. *Revista Contemporânea de Contabilidade*. UFSC, Florianópolis, v. 14, n. 32, p. 108-140, mai/ago 2017, p. 113.

[32] O tema da Governança Corporativa será tratado com maior detalhamento em outra oportunidade.

[33] Os exemplos trazidos neste trabalho relacionam-se com essas hipóteses: O Grupo Odebrecht atua em 24 países, nas áreas de engenharia, construção, indústria, imobiliário, infraestrutura e energia. Possui 79 mil colaboradores e, em 2016, acusou receita bruta de R$89.762 bilhões. Desenvolveu a Tecnologia Empresarial Odebrecht (TEO), que tem como um dos conceitos essenciais a descentralização. Já o Grupo JBS intitula-se uma das empresas líderes globais na indústria de alimentos, atuando em 20 países, nos ramos de alimentos, couros, biodiesel, colágeno, sabonetes, gestão de resíduos, embalagens metálicas e transportes. Possui 235 mil colaboradores e em 2016 atingiu receita líquida de R$170,3 bilhões. Informações disponíveis em https://www.odebrecht.com/pt-br/sobre-a-odebrecht/sobre-a-odebrecht e https://jbs.com.br, acesso em 03/07/2018.

eficiente a médio e longo prazo, fundado na pesquisa, na infraestrutura industrial, no autofinanciamento, e na extensão da rede comercial".[34] Posteriormente, em ensaio escrito 1976, Comparato alerta que estudos realizados não verificaram qualquer relação entre o tamanho da empresa e a sua lucratividade. Aprofundando as conclusões do estudo e, de certa forma, revendo seu próprio posicionamento em relação à obra referida de 1970, Comparato reconhece que existem inúmeras vantagens nas empresas menores, tais como atendimento personalizado da clientela, maior flexibilidade em se adequar às exigências do mercado, agilidade em tomada de decisões, e que o tamanho de uma empresa não contribui em nada para o seu sucesso ou insucesso.[35]

Muito pelo contrário. O tamanho da empresa, de fato, pode ser visto como um fator contributivo para as fraudes empresariais, pois a gestão de um grande conglomerado empresarial desafia estruturas administrativas e de controle. Uma administração centralizada pode imobilizar a atividade e tornar as tomadas de decisões internas burocráticas, enquanto uma administração descentralizada aumenta o número de pessoas que tomam decisões e, consequentemente, há incremento no número de processos a serem fiscalizados.

A identificação da oportunidade passa pela sensibilidade e pelo conhecimento do fraudador em identificar uma brecha seja na estrutura organizacional da empresa, seja em uma lacuna da legislação, seja em um mau procedimento de um ente público, que possibilite o cometimento da fraude com mínimas ou nenhuma chance de ser descoberto e, se o for, as penas decorrentes disso sejam passíveis de controle. Esse processo de identificação e arquitetura da fraude é o processo de racionalização.

2.1.3. A racionalização

O terceiro vértice da fraude é a racionalização. Por racionalização entende-se "um processo cognitivo em que o gestor busca classificar o ato fraudulento como aceitável e justificável".[36]

Klaus Hopt ensina que durante séculos, na Alemanha, mais precisamente na Liga Hanseática, o modelo de comerciante "honrado, correto e respeitável" constituiu o ideal de conduta. No entanto, com o passar dos anos, há um rompimento com este *standard* de conduta,

---

[34] COMPARATO, Fabio Konder. *Aspectos Jurídicos da Macro-Empresa*. São Paulo: Revista dos Tribunais, 1970, p. 5.

[35] COMPARATO, Fabio Konder. Consórcio de Empresas. *Revista Forense*, vol. 256, out/nov/dez/1976, p. 06

[36] MACHADO, Michele Rilany Rodrigues; GARTNER, Ivan Ricardo. Triângulos de fraudes de Cressey (1953) e teoria da agência: estudo aplicado a instituições bancárias brasileiras. *Revista Contemporânea de Contabilidade*. UFSC, Florianópolis, v. 14, n. 32, p. 108-140, mai/ago 2017, p. 116.

surgindo outro modelo de comerciante e empreendedor, que correspondia mais ao ideal de "negociador astuto". Segundo Hopt, essa mudança de paradigmas se explica pelo fato de que "durante os anos, maximização de lucros e competição selvagem tornaram-se, supostamente, a única via para o sucesso".[37]

E, para alcançar o sucesso (o fim), os meios podem ser todos justificáveis, sob a ótica do fraudador.[38]

Na análise do vértice da racionalização, Machado e Gartner trabalharam com duas hipóteses que ensejam maior ou menor grau de probabilidade na ocorrência da fraude. A primeira das hipóteses guarda relação com a idade dos fraudadores. Os autores demonstram que há mais chance de prática de uma fraude por um fraudador jovem, visto que há uma maior ansiedade para progredir rapidamente na carreira. Os fraudadores mais maduros tendem a ter uma maior preocupação com a imagem reputacional, portanto arriscam-se menos em condutas antiéticas ou ilegais[39]. A segunda hipótese suscitada pelos autores é o gênero. As administradoras mulheres são menos propensas a práticas delituosas e mais "aptas a reconhecer sinais sutis dos protótipos de situações que envolvem ética e possuem maior habilidade em reflexiva ou intuitivamente agir de forma eticamente aceitável".[40]

---

[37] HOPT, Klaus. Deveres legais e conduta ética de membros do conselho de administração e de profissionais. *Revista de Direito Mercantil, Industrial, Econômico e Financeiro*, n. 144, p. 107 e sgs, 2006.

[38] Ana Paula Costa aborda essa temática com uma precisão cirúrgica: "Em alguns casos de fraudes corporativas, como o da Enron, o da WorldCom e o da Parmalat, lançou-se mão de mecanismos culturais para envolver toda a empresa na fraude. Um mecanismo muito usado é a chamada tática de racionalização. Trata-se do emprego de estratégias mentais que permitem às pessoas encararem seus atos fraudulentos como justificados, neutralizando qualquer sentimento negativo referente à sua participação no ilícito. Em geral, esse processo de racionalização vem acompanhado do processo de socialização. Cada novo membro que chega à empresa é levado a aceitar e a praticar o ato fraudulento. Os processos de racionalização e de socialização tiram proveito da complexidade, do dinamismo e da ambiguidade que fazem parte do mundo corporativo, 'empacotando' os comportamentos fraudulentos e avalizando-os com o 'carimbo' de 'business as usual'. Os fraudadores denominam esse modo de agir de 'cultura organizacional', ou de 'nosso jeito de fazer as coisas'." (COSTA, Ana Paula Paulino da. *Casos de fraudes corporativas financeiras: antecedentes, recursos substantivos e simbólicos relacionados*. 2011. 176 f. Tese (Doutorado em Administração de Empresas) – Escola de Administração de Empresas, Fundação Getúlio Vargas, São Paulo, 2011. Versões impressa e eletrônica. Disponível em: https://bibliotecadigital.fgv.br/dspace/bitstream/handle/10438/8542/TESE_ANA%20PAULA%20PAULINO%20DA%20COSTA.pdf. Acesso em: 15 de junho de 2018)

[39] Em sentido contrário, a pesquisa de Wolfe&Hermanson: "According to the Association of Certified Fraud Examiners, 51% of the perpetrators of occupational fraud had at least a bachelor's degree, and 49% of the fraudsters were over 40 years old. In addition, 46% of the frauds the Association recently studied were committed by managers or executives." (WOLFE, David T.; HERMANSON, Dana R. *The Fraud Diamond: Considering the Four Elements of Fraud*. CPA Journal 74.12 (2004): 38-42. Disponível em https://digitalcommons.kennesaw.edu/cgi/viewcontent.cgi?article=2546&context=facpubs. Acesso em: consultado em 10 de julho de 2018).

[40] MACHADO, Michele Rilany Rodrigues; GARTNER, Ivan Ricardo. Triângulos de fraudes de Cressey (1953) e teoria da agência: estudo aplicado a instituições bancárias brasileiras. *Revista Contemporânea de Contabilidade*. UFSC, Florianópolis, v. 14, n. 32, p. 108-140, mai/ago 2017, p. 117.

O processo de racionalização da fraude passa pelo convencimento interno do fraudador de que o resultado do ato fraudulento trará mais benefícios do que a fraude cometida, ou seja, há a construção de um pensamento de custo-benefício. Em algumas situações, o fraudador sequer traz à consciência a reflexão de que o ato praticado é considerado uma fraude; a persecução por um resultado tido como benéfico é tamanha, a ponto de retirar de determinadas práticas a ilicitude ou a imoralidade ("se eu sonegar alguns impostos, consigo manter mais postos de trabalho; se pagar todos os impostos, pessoas serão demitidas"). Ou seja, há uma imensa valorização do benefício, a ponto de se desconsiderar o custo para alcançá-lo. Outra faceta do pensamento racional do custo-benefício são as possíveis penalidades a serem sofridas no caso de o fraudador ser pego na prática do ato fraudulento.

Deve-se considerar que, quando se está tratando dessa natureza de fraude, se está lidando com fraudadores de alta qualificação e inteligência, pois, ao contrário, não ocupariam os cargos mais elevados de grandes empresas. Assim, é certo que, quando optou pelo cometimento de uma fraude, o agente já calculou friamente todas as possíveis consequências de seu ato, incluindo aqui condenações administrativas, judiciais e midiáticas. As baixas penalidades ou repercussões irrisórias ou controláveis são incentivos para a prática dos atos indesejados, ainda mais quando os resultados alcançados superam as penas impostas.[41]

Eugene Soltes vai além, para considerar que o processo de racionalização não é uma simples escolha de custo-benefício. Com base nos dados coletados nas cinquenta entrevistas que realizou para decifrar por que executivos cometem crimes de "colarinho branco", o autor identificou uma ausência de remorso por parte dos entrevistados,

---

[41] Nas próprias palavras de Soltes: "The impression that executives explicitly weigh costs and benefits when considering an illicit act is not limited to abstract scholarly discourse. In fact, this notion motivates much of the discussion around how to deter deviant managerial behavior. As pointed out during a Senate Judiciary Committee hearing, lengthening prison sentences is often seen as the most fitting solution because executives rely on 'cold and careful calculation' when considering whether or not to commit an illicit act. Not surprisingly, increasing the severity of punishment is viewed as a particularly effective form of deterrence since, according to the Harvard Law Review, executives 'know the available punishments and recent comparable sentences for their contemplated crimes, and they incorporate those potential downsides into their decision-making process'. Likewise, a former Department of Justice's fraud section chief argued that 'one of the principal assumptions about the white-collar criminal is that he is calculating and therefore highly deterrable'. The prevailing ideas around reducing white-collar criminality rely on the assessment that executives are reasoning and calculative when they decide to commit an illegal act. The emphasis on viewing cost-benefit analysis as a psychological model of choice rather than as simply a description of behavior has led to a particular notion of why once successful and intelligent executives commit white-collar crime – namely, that these executives make thoughtful and deliberative calculations to break the law when doing so serves their needs and desires. They are not making hasty decisions with clouded judgment. Their personal failure lies in reasoning that the illicit choice is the 'appropriate' one." (SOLTES, Eugene. *Why They Do It: Inside the Mind of the White-Collar Criminal*. New York: PublicAffairs. 2016, p. 97-98)

mesmo sendo evidentes os malefícios das suas condutas. Segundo Soltes, alguns executivos relataram jamais terem pensado na relação custo-benefício, admitindo terem tomado determinadas decisões de forma intuitiva. Nessa mesma linha, afirma o autor que, "mesmo quando pensamos que estamos empregando um esforço de raciocínio analítico para chegar a um julgamento, na verdade estamos apenas buscando evidências adicionais em apoio a um julgamento íntimo anterior".[42]

Nesse contexto, a racionalização de que se está fazendo algo correto – mesmo que não o seja, na opinião de terceiros – passa pelo distanciamento entre o fraudador e suas vítimas[43] e pelo *gap* temporal existente entre o cometimento da fraude e os seus reflexos negativos.[44] No cometimento de uma fraude, o fraudador não tem como alvo o atingimento de investidores ou *stakeholders*; os reflexos sentidos por estes são meras externalidades da conduta indesejada. A conduta fraudulenta visa, prioritariamente, a atingir um objetivo da empresa em si ou atender interesses pessoais dos fraudadores.

Não obstante o fato de não se perceber de imediato uma conduta fraudulenta, também colabora para a racionalização de que o ato fraudulento é justificável e aceitável. Exemplo paradigmático dessa assertiva é o caso da WorldCom, companhia de telecomunicações norte-americana que, entre 1990 e 1996, ocupava o *status* de uma das maiores empresas do mundo. Quando faliu, em 2002, averiguou-se que, pelo menos desde 1999, seus demonstrativos financeiros não correspondiam à realidade.

Ana Paula Paulino da Costa[45] esclarece que a racionalização da fraude não ocorre de uma única forma, podendo se dar pela negação de responsabilidade, negação de prejuízo, apelos a causas ditas mais nobres, entre outras ilustradas no quadro abaixo. A autora ainda exem-

---

[42] "It turns out that even when we think we're employing effortful analytical reasoning to reach a judgment, we are actually just searching for additional evidence in support of an earlier intuitive judgment" (SOLTES, Eugene. *Why They Do It: Inside the Mind of the White-Collar Criminal*. New York: PublicAffairs. 2016, p. 100)

[43] "There is no gut feeling associated with inflicting harm because the executives don't actually witness the harm their actions cause." (SOLTES, Eugene. *Why They Do It: Inside the Mind of the White-Collar Criminal*. New York: PublicAffairs. 2016, p. 126)

[44] "Financial crime lacks this instantaneous feedback. The harmful consequences of such crime may follow months, even years, after the initial actions, so it's easier for the perpetrator to be ignorant of the harm he caused." (SOLTES, Eugene. *Why They Do It: Inside the Mind of the White-Collar Criminal*. New York: PublicAffairs. 2016, p. 127)

[45] COSTA, Ana Paula Paulino da. *Casos de fraudes corporativas financeiras: antecedentes, recursos substantivos e simbólicos relacionados*. 2011. 176 f. Tese (Doutorado em Administração de Empresas) – Escola de Administração de Empresas, Fundação Getúlio Vargas, São Paulo, 2011. Versões impressa e eletrônica. Disponível em: https://bibliotecadigital.fgv.br/dspace/bitstream/handle/10438/8542/TESE_ANA%20PAULA%20PAULINO%20DA%20COSTA.pdf. Acesso em: 15 de junho de 2018.

plifica as falas mais comuns daquele envolvido no processo de fraude, na tentativa de justificar a sua conduta:

RACIONALIZAÇÃO DA FRAUDE

Estratégia	Descrição	Exemplos
Negação da Responsabilidade	Os envolvidos percebem que não têm escolha a não ser participar das atividades desviantes.	"O que eu posso fazer?"
Negação do Prejuízo Causado	Os envolvidos estão convencidos de que ninguém foi prejudicado e, dessa forma, não há fraude de fato.	"Ninguém foi realmente prejudicado". "Poderia ter sido pior".
Negação da Existência de Vítima	Os agentes não se sentem culpados porque os prejudicados mereciam o que aconteceu.	"Eles mereciam isso". "Eles escolheram participar".
Ponderação Social	Os agentes adotam duas formas de moderar seus comportamentos: 1. condenam quem os condena; 2. fazem comparação social seletiva.	"Vocês não têm direito de nos criticar". "Outros são piores que nós".
Apelação a Lealdades mais Nobres	Os agentes argumentam que violaram leis e normas para cumprir ordens superiores.	"Nós respondíamos a causas mais importantes". "Eu não divulgaria isso por lealdade a meu chefe".
Metáfora do Crédito e Débito	Os agentes se sentem autorizados a tais desvios de comportamento porque têm créditos (tempo e esforço) por seu trabalho.	"Nós ganhamos o direito". "Para mim, é correto usar a Internet para fins pessoais, afinal, faço horas extras".

Fonte: COSTA, Ana Paula Paulino da. *Op. Cit.*, 2011

Independentemente do processo de racionalização utilizado pelo fraudador, tem-se que o objetivo maior de tornar a conduta aceitável e justificável se dá pelo atingimento de uma meta que, pelo menos momentaneamente, será do interesse de todas as partes relacionadas daquela empresa.

Em complemento aos estudos de Cressey sobre a fraude, seguindo na mesma linha de se pensá-la como um processo que envolve o cumprimento de etapas para o seu desenvolvimento, outras teorias surgiram, acrescendo elementos à conduta dos fraudadores.

Wolfe e Hermanson, em 2004, propuseram o acréscimo de um vértice na explicação do processo de fraude, criando o chamado *The Fraud Diamond* (o diamante da fraude). Para esses autores, ademais dos vértices de pressão, oportunidade e racionalização, propostos por Cressey, ainda há o vértice da capacidade do fraudador. O significado dessa capacidade pode ser evidenciado com a questão "como transformar uma oportunidade de fraude em realidade?". Para conseguir o intento de concretizar a fraude, os autores referidos sustentam que o fraudador deve possuir características pessoais específicas, tais como criatividade para saber explorar uma oportunidade de possível fraude, inteligência para lidar e/ou manipular os sistemas de controles internos, autoconfiança para crer que não será pego e, se o for, que conseguirá facilmente resolver o problema, alto poder de persuasão para convencer outras pessoas a participarem conjuntamente da fraude e eficácia e consistência para sustentar as inverdades que resultam da fraude, bem como para ocultá-las.[46]

Em 2016, surge mais uma teoria acerca dos elementos da fraude, acrescendo mais um vértice ao processo, evoluindo-se, assim, para o "pentágono da fraude". Esse vértice guarda relação com a disposição ao risco. Renato de Almeida dos Santos,[47] autor dessa abordagem, explica que, atualmente, há uma busca por profissionais arrojados, sendo as características estabilidade e passividade consideradas como sinônimo de fracasso no mercado de trabalho. O perfil do profissional flexível, ágil, aberto a mudanças, avesso a normas e procedimentos e propenso a assumir riscos, independentemente da existência de má-fé nesse comportamento, pode levar a empresa a um cenário de ganhos ou à exposição a vulnerabilidades, exigindo muito dos controles internos.

A análise da fraude empresarial sistematizada mediante os vértices e basicamente ancorada em doutrina das ciências da administração de empresa, contabilidade e economia, conduz a autoria da fraude a alguém que tenha poder para fraudar. Esse poder para fraudar pode ser traduzido nas condições intelectuais, nos conhecimentos da empresa, de seus sistemas de controles efetivos e naqueles que apresentam brechas, na capacidade de persuasão e ocultação, na visão de oportunidades e na mensuração de que uma fraude pode trazer um melhor resultado do que uma conduta correta. Essas constatações permitem uma conclusão prévia de que um processo fraudulento, ainda mais envolvendo grandes montas, não é conduzido pelos colaboradores mais rasos da empresa. As fraudes empresariais já exemplificadas neste trabalho e outras as

---

[46] "Many of today's largest frauds are committed by intelligent, experienced, creative people, with a solid grasp of company controls and vulnerabilities." (WOLFE, David T.; HERMANSON, Dana R. *The Fraud Diamond: Considering the Four Elements of Fraud*. CPA Journal 74.12 (2004): 38-42. Disponível em https://digitalcommons.kennesaw.edu/cgi/viewcontent.cgi?article=2546&context=facpubs. Acesso em: 10 de julho de 2018)

[47] Santos, Renato de Almeida dos. *Modelo preditivo de fraude ocupacional nas organizações privadas*. 2016. 205 f. Tese (Doutorado em Administração) – Programa de Estudos Pós-Graduados em Administração, Pontifícia Universidade Católica de São Paulo, São Paulo, 2016. Disponível em https://tede2.pucsp.br/handle/handle/18875. Acesso em: 15 de junho de 2018.

quais se dedica esta pesquisa, ocorrem no topo da companhia, na sua administração ou em estruturas muito próximas a ela.

2.2. A corrupção como uma espécie de fraude empresarial

Os conceitos já expostos sobre fraudes e falhas empresariais não deixam dúvidas de que a corrupção pode ser considerada como uma espécie dessas fraudes ou falhas. O ato corruptivo, seja ele ativo ou passivo, confere uma vantagem indevida ao seu beneficiário em detrimento de outros.

A Transparência Internacional define a corrupção como sendo "um abuso de poder confiado a alguém para obtenção de ganho privado" e a classifica em grande corrupção (que envolve pessoas dos altos escalões dos governos e empresas privadas), pequena corrupção (cometida por funcionários públicos de médio e baixo escalão e pessoas comuns), corrupção política (praticada por autoridades para manipular políticas pública, alterar a alocação de recursos, interferir nas instituições) e a corrupção privada (praticada entre relações privadas, normalmente em relações de compras das empresas).[48] No Referencial de Combate à Fraude e à Corrupção, elaborado pelo Tribunal de Contas da União, que se vale desse conceito cunhado pela Transparência Internacional, o abuso de poder é definido como um ato ilegal ou ilegítimo, que leva a um ganho privado (de um agente público ou de um agente privado), de natureza econômica ou através de fuga de uma obrigação.[49] Susan Rose-Ackerman entende que estão compreendidas no conceito de corrupção condutas tais como suborno, extorsão, troca de favores, nepotismo, favoritismo (sem méritos), fraude judicial, fraude contábil, fraude eleitoral, fraude no serviço público, peculato, cleptocracia, tráfico de influências e conflito de interesses.[50]

A corrupção, bem como várias das condutas referidas anteriormente, é reprovável no ordenamento jurídico brasileiro, importando, inclusive, em alguns casos em tipicidade penal. Para fins dessa pesquisa, será analisada a corrupção, nos termos da lei penal brasileira, no seu contato com as empresas privadas e seus administradores.

---

[48] Disponível em https://transparenciainternacional.org.br/quem-somos/perguntas-frequentes/. Acesso em: 15 de fevereiro de 2019.

[49] TRIBUNAL DE CONTAS DA UNIÃO. *Referencial de Combate à Fraude e Corrupção*. 2. ed. Brasília, 2018. Disponível em: https://portal.tcu.gov.br/biblioteca-digital/referencial-de-combate-a-fraude-e-corrupcao.htm. Acesso em: 15 de fevereiro de 2019.

[50] ROSE-ACKERMAN, Susan; PALIFKA, Bonnie J.. *Corruption and Government: Causes, Consequences, and Reform*. 2. ed. New York: Cambridge University Press, 2016. Edição Kindle.

2.2.1. Causas da corrupção

Já se referiu anteriormente que a corrupção está entranhada nas práticas da sociedade desde a Antiguidade. A tentação de conseguir o que se deseja de forma mais facilitada, ainda mais quando existem muitos obstáculos para se chegar ao pretendido, é inerente à condição humana ou, pelo menos, a uma boa parte dos seres humanos. Sérgio Buarque de Holanda, na tentativa de explicar a conduta que busca por atalhos, refere a existência de dois tipos básicos de comportamentos: o aventureiro e o trabalhador. O tipo aventureiro é aquele que enxerga o todo, que vislumbra os grandes resultados a serem alçados, mas que ignora todos os processos intermediários para lá chegar. Já o trabalhador é aquele de visão mais míope, que não possui o alcance do todo, pois enxerga, primeiro, os obstáculos que tem que superar para depois avançar. O autor explica que, em ambos os perfis, existem vantagens e desvantagens; o excesso de rigor do trabalhador pode levar à estagnação, mas o que pode levar à corrupção é busca desenfreada pelo ganho dos aventureiros.[51]

Nessa construção, a título de ilustração, Holanda classifica os portugueses que colonizaram o Brasil como aventureiros. Segundo ele, todas as adversidades que lhes foram impostas, tais como clima, vida selvagem, ausência de infraestrutura, foram superadas – ou na concepção dos aventureiros, ignoradas – em virtude do objetivo maior, qual seja a exploração do novo mundo descoberto. Nas palavras do autor, "o que o português vinha buscar era, sem dúvida, a riqueza, mas riqueza que custa ousadia, não riqueza que custa trabalho". Esse espírito aventureiro talvez tenha sido o maior legado da colonização portuguesa ao povo brasileiro: basta decidir se foi aproveitado o lado bom – da ambição positiva –, ou o lado nebuloso – do resultado a qualquer custo.[52]

Não se trata de uma exclusividade brasileira. Muito embora não seja o escopo desta pesquisa fazer uma análise psicológica das tendências de um indivíduo ser ou não corrupto, vale referir a história verídica, ocorrida na década de 70, quando o prefeito de Nova Iorque nomeou Whitman Knapp para investigar o Departamento de Polícia

---

[51] HOLANDA, Sérgio Buarque de. *Raízes do Brasil*. São Paulo: Companhia das Letras, 2016. Edição Kindle.

[52] Nas precisas palavras do autor, "E essa ânsia de prosperidade sem custo, de títulos honoríficos, de posições e riquezas fáceis, tão notoriamente característica da gente de nossa terra, não é bem uma das manifestações mais cruas do espírito de aventura? Ainda hoje convivemos diariamente com a prole numerosa daquele militar do tempo de Eschwegeb, que não se envergonhava de solicitar colocação na música do palácio, do amanuense que não receava pedir um cargo de governador, do simples aplicador de ventosas que aspirava às funções de cirurgião-mor do reino..." (HOLANDA, Sérgio Buarque de. *Raízes do Brasil*. São Paulo: Companhia das Letras, 2016. Edição Kindle)

dessa cidade, depois de algumas denúncias, especialmente formuladas por Frank Serpico, então agente da polícia de Nova Iorque, sobre a corrupção existente nesse departamento. A declaração de Serpico que mais repercutiu naquele momento, que é utilizada até hoje como um "medidor" do comportamento corrupto, foi a de que "Ten percent of the cops in New York City are absolutely corrupt, 10 percent are absolutely honest, and the other 80 percent – they wish they were honest".[53]

Tomando por base essa amostra feita pelo agente Serpico e a transpondo para a população em geral, tem-se que em relação a 20% dos indivíduos não há nada a ser feito: quem é absolutamente honesto não é objeto de qualquer preocupação, pois não o deixará de ser, independentemente da oferta que lhe for feita; já quem é absolutamente corrupto também não o deixará de ser por qualquer incentivo, e a este, cabe a aplicação das penas previstas em lei, no cometimento do ato delitivo. A preocupação reside nos demais 80% da população, que serão denominados aqui como os indivíduos "depende". A preocupação primeira reside no expressivo número que esses indivíduos representam (80%); a preocupação segunda, no fato de que "dependendo" da oportunidade, da pressão, dos incentivos ou da necessidade que eles estiverem vivenciando, poderão sucumbir e tornar-se corruptos. Ou seja, o mapa da fraude, traçado anteriormente, destina-se a aproximadamente 80% da população.

Qualquer abordagem em relação à corrupção, especialmente no cenário nacional, pressupõe a existência do agente público, seja como sujeito ativo[54] ou como sujeito passivo[55] do delito. Essa colocação parece óbvia, mas não o é quando se verifica, em ordenamentos estrangeiros, a tipificação da corrupção entre privados como um delito, tal como ocorre no Reino Unido. A UK Bribery Act de 2010 estende o delito da

---

[53] ROBERTS, Sam. Rooting Out Police Corruption. *The New York Times*, 29 de junho de 2012. Disponível em https://www.nytimes.com/2012/07/01/nyregion/books-on-police-corruption-and-woody-guthries-haunts-in-new-york-city.html. Acesso em: 19 de novembro de 2018.

[54] A corrupção ativa está prevista no art. 333 do Código Penal brasileiro, com a seguinte redação: Art. 333 – Oferecer ou prometer vantagem indevida a funcionário público, para determiná-lo a praticar, omitir ou retardar ato de ofício: Pena – reclusão, de 2 (dois) a 12 (doze) anos, e multa. Parágrafo único – A pena é aumentada de um terço, se, em razão da vantagem ou promessa, o funcionário retarda ou omite ato de ofício, ou o pratica infringindo dever funcional.

[55] A corrupção passiva está prevista no art. 317 do Código Penal brasileiro, com a seguinte redação: Art. 317. Solicitar ou receber, para si ou para outrem, direta ou indiretamente, ainda que fora da função ou antes de assumi-la, mas em razão dela, vantagem indevida, ou aceitar promessa de tal vantagem: Pena – reclusão, de 2 (dois) a 12 (doze) anos, e multa. § 1º A pena é aumentada de um terço, se, em consequência da vantagem ou promessa, o funcionário retarda ou deixa de praticar qualquer ato de ofício ou o pratica infringindo dever funcional. § 2º Se o funcionário pratica, deixa de praticar ou retarda ato de ofício, com infração de dever funcional, cedendo a pedido ou influência de outrem: Pena – detenção, de três meses a um ano, ou multa.

corrupção para além da relação entre particulares e Estado, atingindo também a relação somente entre particulares.[56] [57]

Segundo Susan Rose-Ackerman, a corrupção é o sinal de que algo deu errado na relação entre o Estado e os particulares.[58] Esse erro pode ter perspectivas econômicas, políticas, culturais, históricas e jurídicas.[59]

---

[56] É o que se pode depreender da leitura das Seções 1 e 3 da UNITED KINGDOM. Bribery Act. An Act to make provision about offences relating to bribery; and for connected purposes, 2010. Disponível em https://www.legislation.gov.uk/ukpga/2010/23/section/3. Acesso em 9 de janeiro de 2019.
Section 1 – Offences of bribing another person
(1) A person ("P") is guilty of an offence if either of the following cases applies.
(2) Case 1 is where – (a) P offers, promises or gives a financial or other advantage to another person, and; (b) P intends the advantage – (i) to induce a person to perform improperly a relevant function or activity, or (ii) to reward a person for the improper performance of such a function or activity.
(3) Case 2 is where – (a) P offers, promises or gives a financial or other advantage to another person, and (b) P knows or believes that the acceptance of the advantage would itself constitute the improper performance of a relevant function or activity.
(4) In case 1 it does not matter whether the person to whom the advantage is offered, promised or given is the same person as the person who is to perform, or has performed, the function or activity concerned.
(5) In cases 1 and 2 it does not matter whether the advantage is offered, promised or given by P directly or through a third party.
Section 3 – Function or activity to which bribe relates
(1) For the purposes of this Act a function or activity is a relevant function or activity if – (a)it falls within subsection (2), and (b)meets one or more of conditions A to C.
(2) The following functions and activities fall within this subsection – (a) any function of a public nature, (b) any activity connected with a business, (c) any activity performed in the course of a person's employment, (d) any activity performed by or on behalf of a body of persons (whether corporate or unincorporate).
(3) Condition A is that a person performing the function or activity is expected to perform it in good faith.
(4) Condition B is that a person performing the function or activity is expected to perform it impartially.
(5) Condition C is that a person performing the function or activity is in a position of trust by virtue of performing it.
(6) A function or activity is a relevant function or activity even if it – (a) has no connection with the United Kingdom, and (b) is performed in a country or territory outside the United Kingdom.
(7) In this section "business" includes trade or profession.

[57] Sobre o assunto da corrupção privada na UK Bribery Act, VALE, Murilo Melo. A permanência da lacuna normativa na agenda de combate à corrupção: a estratégia adotada pelo UK Bribery Act e a conveniência na responsabilização de atos de corrupção entre particulares. *In:* FÉRES, Marcelo Andrade; CHAVES, Natália Cristina. *Sistema Anticorrupção e Empresa*. Belo Horizonte: Editora D'Plácido, 2018

[58] "A corrupção generalizada é um sinal de que algo saiu errado na relação entre o Estado e a sociedade." (ROSE-ACKERMAN, Susan. A economia política da corrupção. *In:* ELLIOTT, Kimberly Ann. *A Corrupção e a Economia Global*. Tradução Marsel Nascimento Gonçalves de Souza. Brasília: Editora UNB, 2002, p. 61-63).

[59] Nas palavras das autoras: "Widespread corruption may have roots in culture and history, but it is, nevertheless, an economic and political problem. Corruption causes inefficiency and inequity. It is a symptom that the political system is operating with little concern for the broader public interest. It indicates that the structure of government does not channel private interests effectively. The economic goals of growth, poverty alleviation, and efficient, fair markets are undermined by

Como já se referiu anteriormente, a corrupção é multifatorial, necessitando, portanto, de múltiplos olhares para sua compreensão e solução. O que é certo, no entanto, é que se terá pelo menos duas partes, sendo uma delas um ente/agente público que pode dar acesso a um particular a algo que ele deseja e precisa e no caminho da corrupção, o ente público receberá (porque pediu ou porque aceitou) uma retribuição indevida por esse acesso. Partindo da premissa de que o Estado está à disposição de seus cidadãos, por meio das instituições públicas, para promover algumas relações sociais e, em alguns casos, até mesmo fornecer ou prestar serviços aos cidadãos, essas instituições estão sendo utilizadas para fins diversos ou para vantagens de alguns em detrimentos de outros. Torna-se evidente, então, que o Estado não está atingindo os fins – ou pelo menos parte dos fins – aos quais se destina.

O Relatório Índice de Percepção da Corrupção, confeccionado pela Transparência Internacional,[60] traz evidências significativas de que a má relação do Estado com seus cidadãos é um estopim para a corrupção. No ano de 2019,[61] esse relatório elencou países como Somália, Sudão do Sul, Síria, Iêmen, Venezuela, Sudão, Guiné Equatorial, Afeganistão, Coreia do Norte, Líbia, Haiti, Guiné Bissau, República Democrática do Congo, Turcomenistão, Congo e Burundi nas últimas posições do *ranking* de percepção da corrupção, portanto sendo percebidos como países com alta ocorrência do delito. Não é necessária nenhuma pesquisa mais aprofundada sobre a situação desses países, para saber que eles apresentam sérios problemas políticos e econômicos, muitos deles não possuindo Estados Democráticos, sendo cenários de guerras civis, infratores dos Direitos Humanos mais básicos e sofrendo com embargos econômicos.[62]

---

corruption. Corruption erodes political legitimacy and the protection of rights." (ROSE-ACKERMAN, Susan; PALIFKA, Bonnie J.. *Corruption and Government: Causes, Consequences, and Reform*. 2. ed. New York: Cambridge University Press, 2016. Edição Kindle).

[60] "O índice de Percepção da Corrupção (IPC) é a mais duradoura e abrangente ferramenta de medição da corrupção no mundo. Ela existe desde 1996 e reúne, neste ano, resultados de 180 países e territórios. Também é a mais utilizada por tomadores de decisões nos setores público e privado para avaliar riscos e orientar suas ações. E serve, principalmente, para manter o tema da luta contra a corrupção na agenda global e motivar cidadãos a cobrarem respostas de seus governantes". TRANSPARENCY INTERNATIONAL. Índice de Percepção da Corrupção. Berlim, 2019. Disponível em https://s3-sa-east-1.amazonaws.com/tibr-downloads/CPI-2018.pdf. Acesso em: 29 de janeiro de 2019.

[61] TRANSPARENCY INTERNATIONAL. *Índice de Percepção da Corrupção*. Berlim, 2020. Disponível em https://comunidade.transparenciainternacional.org.br/asset/67:indice-de-percepcao-da-corrupcao-2019?stream=1. Acesso em: 14 de agosto de 2020.

[62] Esta é a conclusão da presidente global da Transparência Internacional, Délia Ferreira Rubio: "Nossa pesquisa estabelece uma ligação clara entre uma democracia saudável e o combate bem-sucedido à corrupção do setor público. É muito mais provável que a corrupção cresça onde os alicerces democráticos são fracos e, tal como temos visto em muitos países, onde políticos antidemocráticos e populistas capturam as instituições democráticas e as usam em seu benefício."TRANSPARENCY INTERNATIONAL. *Índice de Percepção da Corrupção*. Berlim, 2019.

Enquanto isso, os países que encabeçam o Relatório, como tendo as menores percepções em relação à corrupção, são Dinamarca, Nova Zelândia, Finlândia, Singapura, Suécia, Suíça, Noruega, Holanda, Alemanha e Luxemburgo, nações que claramente mantêm democracias fortes e comprometidas com desenvolvimento político, econômico e social.

O estudo da corrupção, talvez por questões didáticas, tende a ser conduzido ao encontro das causas de forma individualizada, como se fosse possível separar as variáveis históricas, culturais, políticas, econômicas e jurídicas em conteúdos estanques que não guardam relação entre si. Pensa-se neste ponto de forma diversa. O objetivo econômico da corrupção é claramente o alcance de uma vantagem com o ente estatal, que não seria possível ser alcançada de outra forma, sem pelo menos haver um maior custo. Nos Estados em que é corriqueira essa prática, já existe a percepção social, portanto arraigada na cultura, de que não há outra forma de se conseguir alcançar objetivos. O prolongar desse *modus operandi*, que interfere na vida do homem social, torna-se a história, que, para ser rompida, demandará muito esforço da sociedade e de seus governantes (obviamente não adeptos da corrupção). Assim, esse entrelaçar de fatores dá complexidade a esse delito, não só em relação à descoberta de suas origens, mas também nas múltiplas consequências de sua ocorrência.

Várias são as oportunidades que levam à prática da corrupção, nas relações do Estado com os particulares. Em Estados com administração demasiadamente burocrática, sem regras claras quanto às exigências para que os serviços públicos sejam prestados, verifica-se o pagamento de propina para agilizar tarefas dependentes unicamente do órgão público ou para suprimir as referidas exigências de procedimentos;[63] também, verifica-se o pagamento de subornos para driblar fiscalizações ou para garantir interpretações favoráveis de leis ou regulamentos em questões regulatórias, quando o custo da corrupção é menor do que o custo do cumprimento da regra imposta pelo Estado.

O terreno para a corrupção torna-se especialmente fértil, quando o Estado é fornecedor ou consumidor de produtos/serviços da inicia-

---

Disponível em https://s3-sa-east-1.amazonaws.com/tibr-downloads/CPI-2018.pdf. Acesso em: 29 de janeiro de 2019.

[63] O Banco Mundial publicou Relatório finalizado em maio de 2018 no qual avaliou o tempo médio de abertura de empresas nos países, o número de procedimentos necessários e o custo. Dos 10 primeiros países colocados no *ranking*, três deles também figuram entre aqueles países listados como tendo uma menor percepção de corrupção, no Relatório da Transparência Internacional: Nova Zelândia, Canadá e Cingapura. O Brasil ocupa a 140ª posição no *ranking* de abertura de empresas do Banco Mundial (de um total de 190 posições), necessitando-se em média de 20,5 dias e de 10,6 procedimentos. THE WORLD BANK. *Doing Business*. Washington, 2019. Disponível em http://portugues.doingbusiness.org/pt/data/exploretopics/starting-a-business. Acesso em 10 de janeiro de 2019.

tiva privada: nesse cenário, os particulares interessados em contratar com Estado podem valer-se de meios corruptivos para terem acessos a informações privilegiadas que os façam ter êxito no certame ou, já diretamente, determinar, via propina, os rumos de um procedimento licitatório. O mesmo desvirtuamento de conduta pode ocorrer em privatizações, quando os interessados nas aquisições das empresas pertencentes ao Estado podem lançar mão de subornos para terem acessos a informações mais detalhadas e vantagens na condução da operação.[64]

A operabilidade da corrupção se dá por intermédio do funcionalismo público.[65] São os funcionários públicos,[66] como pessoas naturais, que atuam no exercício das atividades estatais e, por isso, se tornam potenciais vítimas ou autores dos atos de corrupção.[67] Podem-se apontar como pontos nevrálgicos dessa situação os baixos salários dos servidores, a discricionariedade permitida a esses no exercício de suas funções em virtude de regras obscuras da administração pública, a concentra-

---

[64] Sobre todos esses assuntos que permeiam a origem da corrupção, vale a leitura dos trechos da obra de Rose-Ackerman e Palifka: "Another strategy is to maintain vague and uncertain qualification standards. Applicants arrive with the required documents, only to be told that another document is missing or that there is something wrong with one of the documents; when that "requirement" is met, it turns out that something else must be produced. Then officials can withhold services from anyone who does not make a payoff, but it will be difficult for anyone to prove that they have been unfairly treated. (...) Because time is valuable, firms and individuals will pay to avoid delay. In many countries a telephone, a passport, or a driver's license cannot be obtained expeditiously without a payoff. In the extreme, the service is available only to the corrupt, but not to the patient but honest citizen. According to Transparency International's (TI's) Global Corruption Barometer (GCB) 2013, 40% of individuals who paid bribes around the world did so in order to get faster service; for 27%, it was the only way to get the service at all. (...) Similar corrupt incentives exist if the government does not pay its bills on time. This may occur for several reasons: there may be inadequate funds, disbursement may require legislative or other authorization, or civil servants responsible for disbursement may be overloaded. Another possibility is that those responsible for payment intentionally delay in order to extort bribes (Paterson and Chaudhuri 2007: 172), or to invest the funds temporarily for personal gain.(...) Under public regulatory programs, firms may pay to get a favorable interpretation of the rules or to lighten the regulatory load. Rules and regulations can be used by corrupt officials as a means of enriching themselves. (ROSE-ACKERMAN, Susan; PALIFKA, Bonnie J.. *Corruption and Government: Causes, Consequences, and Reform*. 2. ed. New York: Cambridge University Press, 2016. Edição Kindle)

[65] Sabe-se da existência da corrupção privada e que, inclusive, em alguns ordenamentos jurídicos ela é considerada crime (no Reino Unido, por exemplo). Não se incluirá a mesma no escopo desta pesquisa, pois ela não fez parte do rol de lesões à administração pública, previsto na Lei 12.846/2013.

[66] É preciso esclarecer que não se está generalizando como corruptos todos os funcionários públicos. As referências postas nesta pesquisa são ancoradas em estudos de especialistas no tema, conforme bibliografia.

[67] O Relatório da OCDE sobre a Corrupção Internacional informa que nos casos analisados a propina foi recebida em 80,11% dos casos por funcionários de empresas de propriedade do Estado; em 6,97% pelo chefe de Estado; em 4,08% por Ministros de Estado; 2,93% por funcionários da Defesa; 1,14% por funcionários aduaneiros; e 4,77% por outras categorias ou desconhecido. (ORGANIZATION FOR ECONOMIC COOPERATION AND DEVELOPMENT – OECD. *Informe de la OCDE sobre Cohecho Internacional*, Paris, 2015. Disponível em https://read.oecd-ilibrary.org/governance/informe-de-la-ocde-sobre-el-soborno-internacional_9789264226654-es#page23. Acesso em: 15 de janeiro de 2019)

ção de determinadas atividades em um único ou poucos funcionários, o elevado poder de negociação conferido pelo Estado ao funcionário para o exercício de suas atribuições e o baixo risco de o infrator ser descoberto ou punido. Não obstante, previamente a todas essas situações, ainda pode ocorrer a corrupção para ascender a um cargo público, que pode ser objeto de desejo por conta dos altos salários pagos ou pelo acesso à posição de corrupto/corruptor.[68] Obviamente que a culpa pela ocorrência da corrupção não é exclusiva do funcionalismo público, tampouco exclusiva do ente privado partícipe do delito.[69] Remontando a história brasileira para encontrar nela as respostas para problemas que acompanham a sociedade desde a colonização, Maria Sylvia de Carvalho Franco analisa o ciclo cafeeiro do século XIX e verifica que, em virtude da concentração do poder centralizado instituído pelo Império, especialmente em relação a questões financeiras, as províncias e municípios ficavam desguarnecidas de recursos para custear infraestrutura e urbanização para os cidadãos, não possuindo, por

---

[68] Em duas obras distintas Rose-Ackerman comenta o assunto do funcionalismo público, propondo uma reforma deste naqueles Estados em que está disseminada a prática da corrupção. No texto em que divide a autoria com Palifka, as autoras tecem considerações acerca da relação funcionário/salário/corrupção: "Bribes increase the incomes of civil servants, while legal payments go into the government's treasury. But even that difference may be illusory. If the labor market is competitive, the government can reduce the pay of civil servants to below private-sector wages because of the payoffs available to public officials (Besley and McLaren 1993; Flatters and MacLeod 1995); the bribes act like tips or commissions. The end result is that the government saves on the wage bill, while the civil servants who accept bribes take home at least as much as they would have if the payoffs were legalized. (ROSE-ACKERMAN, Susan; PALIFKA, Bonnie J. *Corruption and Government: Causes, Consequences, and Reform*. 2. ed. New York: Cambridge University Press, 2016, Edição Kindle) Sobre a reforma do funcionalismo público, em texto de autoria exclusiva, coloca que "bons salários" não é a solução única para uma otimização das relações funcionais do Estado: "[...] Caso seja eficiente, a percepção dos riscos de se tornar corrupto impedirá os funcionários públicos de aceitarem ou de extorquirem pagamentos. O objetivo é utilizar uma combinação de cenouras (salários e benefícios desejáveis) e de chicotes (sanções legais e administrativas) para evitar propinas. Em contraste, outros mecanismos apresentam como tônica a criação de estruturas, no âmbito do setor público, as quais imprimam maior transparência às ações do governo. Assim corrupção seria contida, já que ocultá-la se tornaria mais difícil". (ROSE-ACKERMAN, Susan. A economia política da corrupção. *In*: ELLIOTT, Kimberly Ann. *A Corrupção e a Economia Global*. Tradução Marsel Nascimento Gonçalves de Souza. Brasília: Editora UNB, 2002, p. 81)

[69] Ana Frazão posiciona-se no sentido de que também não se pode atribuir tão somente ao Estado a culpa pela corrupção. A autora defende que há que se analisar conjuntamente o comportamento dos entes privados, pois a questão não comporta soluções simplistas. Nas palavras da autora: "Não é exagero afirmar que a corrupção relaciona-se, direta e indiretamente, com diversos dos principais problemas a serem enfrentados pelos países democráticos, tais como a pobreza, a concentração de riquezas e a desigualdade, a ineficiência e a injustiça dos mercados, a violação de direitos fundamentais e a própria inviabilização da democracia e da república. Em razão de todos esses desdobramentos, o problema é complexo e o seu endereçamento não admite atalhos ou simplificações, até porque a corrupção não é uma mazela atribuível apenas ao Estado, mas também à sociedade, ao que chamamos de 'mercado' e aos próprios cidadãos. Daí por que soluções maniqueístas, que demonizam o Estado e pretendem culpá-lo por tudo, enquanto obscurecem o relevante papel dos agentes privados na corrupção, são demagógicas e ineficazes." (FRAZÃO, Ana. Prefácio. *In*: FÉRES, Marcelo Andrade; CHAVES, Natália Cristina. *Sistema Anticorrupção e Empresa*. Belo Horizonte: Editora D'Plácido, 2018, p. 11-12.)

vezes, recursos para a própria manutenção da sua estrutura administrativa. Nesse cenário, era comum que particulares contribuíssem com as despesas das províncias e dos municípios, o que, muitas vezes, era feito com alguma contrapartida de favores públicos.

A autora conclui que isso era possível, pois o Estado Central não possuía regras claras quanto à administração, nem em relação às condutas vedadas e eventuais punições; além disso, a distância existente entre o poder centralizado e os municípios era tamanha, que os funcionários públicos dos municípios tinham certa dificuldade em reconhecer e acatar regras imprecisas de um ente abstrato e longínquo. Tudo isso facilitava para que os interesses atendidos fossem aqueles do círculo social mais próximo[70] e que, além de tudo, muitas vezes contribuía com o serviço público em geral ou com o funcionário especificamente.[71]

Essa forma de relacionamento com o ente público, baseado em laços de amizade, compadrio e contatos, não ficou adstrita ao período do Império, podendo ser verificado na atualidade, como refere Sérgio Lazzarini, na obra *Capitalismo de Laços*. Esse autor explica, com base em análises feitas durante o período de privatizações do governo Fernando Henrique Cardoso, que a propriedade acionária das maiores empresas brasileiras (em especial as privatizadas, que é o objeto de estudo

---

[70] Não só pela troca de favores econômicos se estabeleciam essas relações. Na linha de estudo de Sérgio Buarque de Holanda, o brasileiro é o "homem cordial", sendo esse seu grande legado para a humanidade. A "lhaneza no trato, a hospitalidade, a generosidade" são características marcantes do nacional. Adverte o autor, no entanto, que essas características não devem se confundir com civilidade, pois esta pressupõe certo grau de coercibilidade. O modo de ser do brasileiro cordial é tão determinante que, inclusive, alastra-se para mundo dos negócios, aqui em clara remissão à herança dos colonizadores da Península Ibérica. Valendo-se das precisas palavras do autor, "Para retirar vantagens seguras em transações com portugueses e castelhanos, sabem muitos comerciantes de outros países que é da maior conveniência estabelecerem com eles vínculos mais imediatos do que as relações formais que constituem norma ordinária nos tratos e contratos. É bem ilustrativa a respeito a anedota referida por André Siegfried e citada em outra parte deste livro, acerca do negociante de Filadélfia que verificou ser necessário, para conquistar um freguês no Brasil ou na Argentina, principiar por fazer dele um amigo. "Dos amigos", nota um observador, referindo-se especialmente à Espanha e aos espanhóis, "tudo se pode exigir e tudo se pode receber, e esse tipo de intercurso penetra as diferentes relações sociais. Quando se quer alguma coisa de alguém, o meio mais certo de consegui-lo é fazer desse alguém um amigo." (HOLANDA, Sérgio Buarque de. *Raízes do Brasil*. São Paulo: Companhia das Letras, 2016. Edição Kindle)

[71] Sobre este assunto, FRANCO, Maria Sylvia de Carvalho. *Homens Livres na Ordem Escravocrata*. 4. ed. São Paulo: Fundação Editora da UNESP, 1997, p. 121-131. Especificamente na p. 131, a referida autora destaca que: "Essa mistura entre a coisa pública e os negócios privados fundamenta, sem dúvida, a extensão do controle pessoal a todo o patrimônio do Estado. A passagem é rápida: o homem que sustenta com recursos particulares as realizações próprias do governo está subjetivamente pronto para considerar como seu o conjunto de bens públicos confiados à sua guarda. Por que não o faria? Por que não satisfaria aos próprios objetivos com dinheiros do governo se, não raro, as dificuldades deste último eram resolvidas com haveres seus, pessoais? Acaba por constituir-se de fato, nessas condições em que ficam completamente fluidos os limites entre o que é patrimônio da Administração e o que é propriedade do administrador, um fundo de 'bens comuns' cujos valores, indivisos entre os dois membros da associação formada, servem indistintamente ora a um, ora a outro."

do autor) é detida por um número pequeno de proprietários, que se repetem. Lazzarini atribui essa ocorrência ao fato de a rede de contatos e relacionamentos dessas pessoas (físicas ou jurídicas) propiciarem a elas oportunidades de mercado, inacessível àqueles que não fazem parte do mesmo "círculo de amigos".[72] Um dos exemplos trazidos por Lazzarini é o das empresas Oi (Telemar Norte Leste), Vale e Embraer. Essas três empresas, à época da pesquisa do referido autor, tinham pelo menos quatro proprietários em comum (sem prejuízo de outros que possam fazer parte da estrutura societária): Carlos Jereissati, BNDES, PREVI e Bozano. A Oi (Telemar Norte) tem como acionistas Carlos Jereissati, BNDES e PREVI; a Vale tem como acionistas o BNDES e a PREVI; e a Embraer tem, no seu quadro societário, BNDES, PREVI e Bozano.[73]

Se a percepção de um Estado fraco desestrutura as relações com seu funcionalismo, a percepção de corrupção abala a relação de confiança que os cidadãos depositam no governo desse Estado. A baixa confiança leva a uma aceitação de que as coisas "são como são" e que nenhum esforço individual valerá a pena, pois não haverá qualquer mudança. Se há uma compreensão generalizada de que a corrupção está impregnada em todas as relações do Estado, e o único modo de se

---

[72] Importante referir que o autor não faz qualquer acusação de corrupção a esses laços. Vale a leitura das próprias palavras do autor: "Esse emaranhamento de contatos, alianças e estratégias de apoio gravitando em torno de interesses políticos e econômicos é o que eu denomino capitalismo de laços. Trata-se de um modelo assentado no uso de relações para explorar oportunidades de mercado ou para influenciar determinadas decisões de interesse. Essas relações podem ocorrer somente entre atores privados, muito embora grande parte da movimentação corporativa envolva, também, governos e demais atores na esfera pública. [...] Para alguns economistas, o capitalismo de laços é uma espécie de distorção do mercado, fazendo com que projetos ou decisões de investimentos sejam influenciados por contatos sociais e critérios políticos em vez de considerações mais isentas sobre seu mérito econômico. Na língua inglesa, há até um termo para caracterizar essa visão mais negativa: *crony capitalism*. Crony significa justamente 'amigo próximo', 'colega'. Mas o termo, visto sob uma lente econômica, acabou tomando feição pejorativa. Sob a influência de contatos – incluindo contatos com políticos e governantes –, os recursos poderiam ser mal alocados na sociedade, favorecendo os interesses das partes envolvidas. Essa má alocação pode ocorrer de duas formas. Primeiro, induzindo decisões empresariais pautadas por ideologias particulares ou motivos políticos dos governantes. [...] Segundo, conferindo vantagens àqueles que têm os 'contatos certos', independentemente do seu mérito pessoal." (LAZZARINI, Sérgio. *Capitalismo de Laços – Os Donos do Brasil e suas Conexões*. 2. ed. São Paulo: BEI Comunicação, 2018, p. 04-05.) No mesmo sentido, Ana Frazão e Angelo Carvalho: "Para que haja a referida mudança institucional, ou pelo menos para que se caminhe nesse sentido, é importante ampliar a reflexão sobre a relação entre poder político e poder econômico, já que a aproximação excessiva e sem transparência é um grande incentivo para a corrupção. A história mostra que ligações espúrias entre o poder político e o poder econômico são um problema generalizado em todo o mundo. Mesmo em países desenvolvidos, como os Estados Unidos, tais relações se fazem presentes. O *crony capitalismo*, ou 'capitalismo de compadrio' consiste justamente no favorecimento de agentes econômicos em razão da intervenção direta do Estado em suas atividades particulares" (FRAZÃO, Ana; CARVALHO, Angelo Gamba Prata. Corrupção, cultura e *compliance*: o papel das normas jurídicas na construção de uma cultura de respeito ao ordenamento. *In*: CUEVA, Ricardo Villas Bôas; FRAZÃO, Ana. *Compliance – Perspectivas e desafios dos programas de conformidade*. Belo Horizonte: Fórum, 2018, p. 133).

[73] LAZZARINI, Sérgio. *Capitalismo de Laços – Os Donos do Brasil e suas Conexões*. 2. ed. São Paulo: BEI Comunicação, 2018, p. 28.

relacionar com este é agindo da mesma forma, sendo um corrupto ou um corruptor, para aqueles 10% incorruptíveis, uma oportunidade de relacionamento se fecha; para os demais, há a continuidade do círculo vicioso.

Não fossem suficientes todos os elementos já trazidos sobre a complexidade da corrupção, ainda há um de especial relevo que aproxima toda essa discussão ao cenário jurídico: em alguns ordenamentos, a corrupção não é crime ou então, é tolerável em alguns níveis. Em outros ordenamentos, é possível que o dinheiro que uma empresa paga de suborno seja passível de dedução no seu imposto de renda. E não se atribuam essas práticas aos países piores ranqueados no Relatório da Transparência Internacional, já referido: até 1994, pelo menos, Noruega, Grã-Bretanha, Japão, Alemanha e outros possuíam políticas duvidosas de combate à corrupção.[74]

Diante disso, surge o questionamento: é possível, então, conviver com a corrupção? Ela é, efetivamente, um problema?

2.2.2. O problema da corrupção

Rose-Ackerman explica que o grau de permissibilidade da corrupção é uma postura que cabe a cada Estado soberano. Nem sempre é fácil optar por uma política repressiva da corrupção, pois o desenvolvimento econômico, em um cenário imediatista, não necessariamente está atrelado aos índices de corrupção. Vide os exemplos trazidos acima, de países desenvolvidos que, até pouco tempo atrás, mantinham um relacionamento com a corrupção. A referida autora cita como exemplo países como Indonésia, Tailândia e Coreia onde o crescimento econômico e a corrupção caminham lado a lado.[75] Por esse motivo, Pieth explica que a corrupção poderia até ser considerada como o "óleo que azeita as máquinas" do mercado, especialmente em um cenário globalizado, onde somente mediante suborno se consegue chegar a alguns mercados e manter-se neles.[76]

No entanto, a visão sobre o tema deve ser mais alargada: primeiro, porque a corrupção sistêmica pode virar uma "bola de neve", e países que apresentaram bons resultados de crescimento em ambiente corrupto podem sofrer reveses, pois, afinal, o crescimento foi construído sobre bases temerárias ou até mesmo irreais; segundo, porque a

---

[74] PIETH, Mark. Cooperação internacional de combate à corrupção. *In:* ELLIOTT, Kimberly Ann. *A Corrupção e a Economia Global.* Tradução Marsel Nascimento Gonçalves de Souza. Brasília: Editora UNB, 2002, p. 190.

[75] *Ibid.*, p. 61.

[76] PIETH, *op. loc cit.*, p. 185.

corrupção atinge, em regra, a camada menos favorecida de uma população, deturpando a alocação dos recursos e aumentando a desigualdade de renda. Do ponto de vista de mercado e da concorrência entre as empresas privadas, surge mais uma série de problemas que passam por demonstrativos falsificados, evasão de impostos, fraudes do tipo "caixa dois" e, até mesmo, o envolvimento com outros crimes como tráfico de drogas e armas, para financiamento dos subornos e, como consequência, a "lavagem do dinheiro" obtido pelos meios escusos. Como bem refere Pieth, em um mercado impregnado pela corrupção, "aqueles que possuem acesso a informações vitais, conexões, o capital necessário e um certo grau de crueldade prevalecerão, e não os melhores concorrentes".[77][78]

Além disso, não obstante os custos diretos da corrupção, "a ilegalidade do suborno introduz um outro custo: o de se manter em sigilo a transação ilegal".[79]

Quando colocado em números, os problemas ocasionados pela corrupção parecem ainda mais assustadores. Em 2016, o Programa das Nações Unidas para o Desenvolvimento apurou que os custos globais da corrupção chegam, em média, a 2,6 trilhões de dólares por ano, cifra que supera 5% do Produto Interno Bruto mundial. Os pesquisadores da ONU, por ocasião desta pesquisa, chamaram a atenção para o continente africano, onde são desperdiçados 148 bilhões de dólares por ano (aproximadamente 25% do Produto Interno Bruto da África) em pagamento de propinas. A pesquisa revelou, ainda, que, em alguns setores da economia, a corrupção é mais desenvolvida que em outros, destacando o setor da construção civil, que lucra anualmente em torno de 8 trilhões de dólares, dos quais 10% a 30% desse montante são usados para pagamentos de subornos.[80] O Relatório da OCDE sobre

---

[77] Sobre essa temática, ROSE-ACKERMAN, Susan. A economia política da corrupção. *In:* ELLIOTT, Kimberly Ann. *A Corrupção e a Economia Global*. Tradução Marsel Nascimento Gonçalves de Souza. Brasília: Editora UNB, 2002, p. 61-62 e PIETH, Mark. Cooperação internacional de combate à corrupção. *In:* ELLIOTT, Kimberly Ann. *A Corrupção e a Economia Global*. Tradução Marsel Nascimento Gonçalves de Souza. Brasília: Editora UNB, 2002, p. 185.

[78] No mesmo sentido, "Quando as propinas são corriqueiras, contratos, companhias privatizadas e concessões do governo não conseguem ser alocados para os concorrentes de maior eficiência. (...) A corrupção favorece os desprovidos de escrúpulos e àqueles que dispõem de uma maior rede de contatos em detrimento daqueles que têm maior eficiência produtiva. Muito embora não haja nenhuma relação necessária entre honestidade e eficiência, a necessidade de pagar subornos constitui uma barreira ao acesso a elas." (Rose-Ackerman, Susan. A economia política da corrupção. *In:* ELLIOTT, *op. loc. cit.*, p. 75).

[79] Rose-Ackerman, Susan. A economia política da corrupção. *Ibid.*, p. 74.

[80] O Relatório da OCDE sobre a Corrupção Internacional refere que foi verificada uma maior ocorrência de casos de corrupção em alguns setores específicos da economia, a saber: extrativista (19%); construção civil (15%); transporte e armazenagem (15%); e informação e comunicação (10%). (ORGANIZATION FOR ECONOMIC COOPERATION AND DEVELOPMENT – OECD. *Informe de la OCDE sobre Cohecho Internacional*, Paris, 2015. Disponível em https://read.oecd-

Corrupção Internacional de 2014 constatou que os custos das transações internacionais são onerados em 10,9% do seu valor original por conta dos subornos pagos. O mesmo documento, que analisou 427 casos de corrupção internacional, de 1999 a 2014, que foram devidamente processados e julgados, concluiu que as condenações pecuniárias impostas nesses casos chegaram a 1,8 bilhões de euros, sem prejuízos das penas privativas de liberdade que também foram aplicadas.[81]

Apesar de o Ministério Público Federal ainda não ter fornecido o montante exato envolvido nos casos de corrupção da Petrobrás, algumas notícias obtidas por *sites* jornalísticos com base na Lei da Transparência, que informam dados da Diretoria de Investigação de Combate ao Crime Organizado da Polícia Federal, apontam que, de 2014 a 2018, já se calculou aproximadamente 48 bilhões de reais em propinas pagas.[82] O percentual de propina paga variava entre 1% e 5% sobre os valores dos contratos celebrados com a Petrobras, envolvidos nos casos de corrupção.[83] O que já se pode mensurar é o custo do acordo realizado pela estatal brasileira, com as autoridades norte-americanas, por infrações à FCPA: 853,2 milhões de dólares. O acordo foi feito para evitar um processamento e, possível condenação da Petrobras, por ocultar as práticas corruptas que levavam à manipulação de seus demonstrativos contábeis e, consequentemente, à falta de transparência com seus acionistas.[84]

Todo o custo que envolve a corrupção é absorvido por alguém. Na ótica concorrencial, a empresa que se recusa a pagar propina ou que não consegue ter acesso às relações de corrupção não consegue fazer frente à concorrente que se vale desses meios e pode ser banida do mercado. Já a empresa que se mantém no mercado com práticas corruptivas repassa esse custo para seus consumidores, onerando, assim, uma coletividade de pessoas. Não obstante, as empresas que se valem dessas práticas, ainda pecam em relação à transparência com seus acionistas, pois precisam manter em sigilo o crime cometido e divulgam

---

ilibrary.org/governance/informe-de-la-ocde-sobre-el-soborno-internacional_9789264226654-es#page23. Acesso em: 15 de janeiro de 2019).

[81] ORGANIZATION FOR ECONOMIC COOPERATION AND DEVELOPMENT – OECD. *Informe de la OCDE sobre Cohecho Internacional*, Paris, 2015. Disponível em https://read.oecd-ilibrary.org/governance/informe-de-la-ocde-sobre-el-soborno-internacional_9789264226654-es#page23. Acesso em: 15 de janeiro de 2019.

[82] LEITE, Isabela; ARCOVERDE, Léo. Levantamento da PF aponta desvios de mais de R$ 48 bilhões em 4 anos no país com corrupção. *Globo News*, 30 de julho de 2018. Disponível em https://g1.globo.com/economia/noticia/2018/07/30/levantamento-da-pf-aponta-desvios-de-r-48-bilhoes-em-4-anos-no-pais-com-corrupcao.ghtml. Acesso em 14 de janeiro de 2019.

[83] Disponível em http://www.mpf.mp.br/para-o-cidadao/caso-lava-jato/entenda-o-caso. Acesso em: 14 de janeiro de 2019.

[84] Disponível em https://www.justice.gov/opa/pr/petr-leo-brasileiro-sa-petrobras-agrees-pay-more-850-million-fcpa-violations. Acesso em: 19 de janeiro de 2019.

demonstrativos financeiros incompatíveis com a realidade, pois uma empresa que se vale da corrupção para obter resultados provavelmente não os alcançaria sem a prática do delito.[85]

Diante desses dados, a resposta sobre o questionamento da corrupção ser um problema só pode ser afirmativa.

Por todos esses motivos, os Estados Unidos perceberam, ainda na década de 70, que deveriam fomentar um forte e radical combate à corrupção.

O estopim foi em 1973, com o conhecido caso "Watergate". Guillermo Guerra Martín,[86] em sua obra, explica que a descoberta de irregularidades no financiamento da campanha do Presidente Nixon, bem como as evidências de pagamentos de suborno a autoridades estrangeiras levaram a SEC (*Securities and Exchange Comission*), outras entidades reguladoras e governamentais e as próprias empresas privadas a refletirem sobre as regras de governo das empresas e a conclusão de que essas regras não estavam atendendo ao que se esperava. De pronto, a SEC fez uma proposta de anistia para as empresas que investigassem as suas atividades delitivas, corrigissem os problemas existentes e tornassem públicas as informações obtidas de forma voluntária. A adoção dessa prática evitaria que a SEC investigasse, inicialmente, essas empresas. Muitas empresas aderiram a essa proposta da SEC, reforçando a ideia inicial de que algo precisava mudar na administração das companhias.

Diante desses acontecimentos, o legislador federal americano promulgou em 1977 a *"Foreign Corrupt Practices Act"*,[87] que constituiu um

---

[85] Neste sentido, a lição de Bonnel e Meyer: "A further group of victims can be said to be the competitors of the bribe-giver who, due to the illicit payment made by their rival, have lost the chance to acquire the main contract with the principal for themselves. Market survival depends on at least occasional success in acquiring contracts, as otherwise one quickly loses a position on the market. If there is no chance for bidders to acquire contracts through honest competition, they are then left with the choice between just two undesirable alternatives: either to voluntary retreat from the market or to enter the competition for the highest bribe. This dilemma forms the basis for why particular sectors have such great problems in containing widespread corruption after it has initially occurred. Because of this situation it is to be expected that the competitors observe with particular criticism the question of the enforceability of a contract that has been purchased via bribes. If the law does not punish the bribe-giver but instead allows him to retain the contract, it sends a devastating signal to all other market participants to equally resort in the future to such illegal methods. The situation is further complicated by the lack of sufficient protection in the form of damages claims for competitors; there are practically no court decisions in which a competitor has successfully claimed compensation from his corrupt rival." (BONELL, Michael Joachim; MEYER, Olaf. The impact of corruption on international commercial contracts – general report. In: BONELL, Michael Joachim; MEYER, Olaf. *The impact of corruption on international commercial contracts*. Springer, 2015, p. 8-9.)

[86] GUERRA MARTÍN, Guillermo. El Gobierno de las Sociedades Cotizadas Estadounidenses. *Revista de Derecho de Sociedades*, número 20, Navarra, 2003, p. 186.

[87] Sobre este tema vide ROSENBERG, Hillary; KAUFMANN, Adam S.; PLOCHOCKI, Tara J. The U.S. foreign corrupt practices act: eradicating corruption in U.S. and non-U.S. companies. *Revista*

marco no combate à corrupção em nível mundial. Isso, porque essa legislação deu aos Estados Unidos uma "superjurisdição" para investigar, processar e punir as empresas, não só americanas, que fossem envolvidas em processos de corrupção, mesmo fora dos Estados Unidos. Essa jurisdição alargada se dá com base em duas teorias presentes na legislação, quais sejam: (1) a teoria do *"correspondent account theory"*, em que se presume que qualquer ato de corrupção pode ser de interesse dos Estados Unidos e, portanto, a tênue conexão da prática delitiva com este país pode atrair a jurisdição da FCPA, como, por exemplo, ser o provedor de *e-mails* utilizado pelos agentes corruptos americanos ou a movimentação financeira fruto da ilicitude passar em algum momento por instituições americanas; e (2) a teoria da *"SEC agent theory"*, pela qual qualquer companhia, americana ou não, que faça negócios com companhias americanas emissoras de valores mobiliários, pode ser alvo de investigações.

As investigações com base na FCPA ficam a cargo da SEC, que tem a prerrogativa de processar e julgar cível e administrativamente as companhias que têm valores mobiliários emitidos e do DOJ (*Department of Justice*), que tem competência para o processamento das ações cíveis e penais, não só das companhias com valores mobiliários emitidos, mas, sim, de qualquer parte que possa estar envolvida em um esquema de corrupção. As sanções, por sua vez, podem ser impostas não só às empresas, mas também aos indivíduos que efetivamente praticaram o ato, ou, ainda, que não o impediram. Comumente as multas decorrentes de condenações por violações ao FCPA alcançam valores milionários, pois há previsão de valores de até US$ 25.000.000,00 por violação para companhias e de até US$ 5.000.000,00 por violação para indivíduos. Além da imposição de multa e da condenação criminal dos envolvidos, admite-se ainda outras modalidades de sanções, como a proibição de contratação com entes públicos e a expropriação de ganhos indevidos.

Pieth[88] refere que, apesar dos esforços dos Estados Unidos em iniciar um combate massivo e global contra a corrupção, ainda na década de 70, isso não foi bem recebido pela comunidade internacional, que duvidava das reais intenções do Estado norte-americano. Críticas foram lançadas sobre a FCPA, no que tange à abrangência de algumas de

---

dos Tribunais, v. 103, n. 947, p. 399-424, set. 2014. e LOW, Lucinda A.; BONHEIMER, Owen. The U.S. foreign corrupt practices act: past, present, and future. In: DEL DEBBIO, Alessandra; MAEDA, Bruno Carneiro; AYRES, Carlos Henrique da Silva. *Temas de Anticorrupção & Compliance*. Rio de Janeiro: Campos Elsevier, 2013, p. 79-98.

[88] PIETH, Mark. Cooperação internacional de combate à corrupção. *In*: ELLIOTT, Kimberly Ann. *A Corrupção e a Economia Global*. Tradução Marsel Nascimento Gonçalves de Souza. Brasília: Editora UNB, 2002, p. 187-188.

suas expressões (tal como, "pagamentos ilícitos", que segundo os oponentes deveria ser interpretada em um sentido amplo, inclusive para englobar pagamento feitos à África do Sul para manter o regime de segregação racial) e quanto a sua extensão sobre jurisdições alheias à americana (o que foi considerada uma tentativa de supressão da soberania de outros Estados pelos Estados Unidos).

De 1977 até 1989, outras tentativas foram feitas no sentido de aliar diversos países no objetivo comum de combate à corrupção. Em 1989, os representantes norte-americanos na OCDE iniciaram nova campanha para um esforço mundial no combate à corrupção; a OCDE finalizou em 1994 uma recomendação formal sobre o assunto, que após alterações teve, finalmente em 1996, um texto aprovado pelos ministros da organização. A recomendação primordial desse texto era de que os Estados-Membros revissem suas políticas fiscais que poderiam ser encorajadoras da prática da corrupção, especialmente para eliminar qualquer disposição que permitisse a dedução de suborno do imposto de renda. O êxito dessa recomendação se deu, quando, ainda em 1996, os 26 ministros que compunham a OCDE consentiram que a dedução fiscal de subornos deveria ser extinta e criminalizada, e essa mesma proposta foi aprovada pelos chefes de Estado do Grupo dos Sete (G-7).[89]

Não foi sem razão que essa iniciativa da comunidade internacional em iniciar um combate massivo contra a corrupção se deu em meados da década de 90. Foi nesse período que a comunicação global tomou novos contornos por causa dos avanços tecnológicos (celulares, câmeras, gravadores), em especial pela da difusão da rede mundial de computador, que tornou instantâneo o acesso à informação. Assim, as lideranças mundiais não podiam conviver com todos esses movimentos, permanecendo inertes, pois o resultado disso seria sentido nas urnas, quando houvesse eleições.[90] Esses fatores, aliados ao firme propósito da OCDE em colocar na agenda mundial o combate à corrupção, levaram muitos países a revisitar seus ordenamentos internos para avaliar a reforma ou a criação de legislações que atendessem aos padrões mundiais agora exigidos.

---

[89] PIETH, Mark. Cooperação internacional de combate à corrupção. *In*: ELLIOTT, Kimberly Ann. *A Corrupção e a Economia Global*. Tradução Marsel Nascimento Gonçalves de Souza. Brasília: Editora UNB, 2002, p. 183-188.

[90] Como explicam Glynn, Kobrin e Naím, ao referirem-se sobre o contexto desta mudança, "O sigilo e a manipulação orwelliana da verdade – pedras angulares do regime autoritário e totalitário – tornaram-se cada vez mais difíceis de ser mantidos em um contexto pós-industrial de transparência crescente. Com seus poderes fortalecidos pela informação, praticamente em todos os lugares, as pessoas estão expressando repulsa contra atividades feitas 'por debaixo dos panos' por elites arraigadas e corruptas, estão levando suas insatisfações para as ruas e, onde possível, para as urnas". (GLYNN, Patrick; KOBRIN, Stephen J.; NAÍM, Moisés. A Globalização da Corrupção. *In*: ELLIOTT, Kimberly Ann. *A Corrupção e a Economia Global*. Tradução Marsel Nascimento Gonçalves de Souza. Brasília: Editora UNB, 2002, p. 29.)

Nesse cenário surge a Lei 12.846/2013, sobre a qual se passa a tecer algumas considerações.

2.2.3. O tratamento da corrupção no Brasil

O Brasil não ficou alheio a essa movimentação internacional no combate à corrupção que ganhou forças na década de 90. Já no ano 2000, foi promulgado o Decreto 3.678/2000, que inseriu no ordenamento brasileiro a Convenção sobre o Combate da Corrupção de Funcionários Públicos Estrangeiros em Transações Comerciais Internacionais (OCDE); logo após sobreveio o Decreto 4.410/2002, que promulgou a Convenção Interamericana contra a corrupção; e, após o Decreto 5.687/2006, que promulgou a Convenção das Nações Unidas contra a corrupção, adotada pela Assembleia Geral das Nações Unidas. Além desses documentos legislativos oriundos desse movimento global, já existia no ordenamento jurídico brasileiro, como referido, previsão de combate e punição à corrupção no Código Penal e outras legislações esparsas que cuidavam do delito em diferentes contextos, tais como em processos de licitação, na defesa concorrencial, na repressão à lavagem de dinheiro, etc.[91]

No entanto, esse movimento global, aliado ao contexto político-econômico por que o país passava – as investigações sobre o "Mensalão" ocupavam a mídia diária –, pressionaram o legislador a promulgar mais uma legislação, na tentativa de conter a corrupção endêmica que toma(va) conta do país. Nesse cenário, surge a Lei 12.846/2013, que ganhou várias alcunhas nos seus anos de vigência: "Lei Anticorrupção", "Lei da Empresa Limpa", "Lei de *Compliance*", "Lei Anticorrupção Empresarial", "Lei da Probidade Empresarial".

A Lei 12.846/2013 estabeleceu um sistema cível e administrativo de combate à corrupção, que está a cargo da autoridade máxima contra qual o ato lesivo foi praticado ou, concorrentemente, da Controladoria-Geral da União. A delegação do processamento e julgamento dos casos submetidos a essa norma a uma autoridade administrativa se coaduna com a necessidade de contornar o problema da morosidade do

---

[91] Modesto Carvalhosa refere como outros exemplos legislativos que contemplam, no sentido de prevenir e aplicar sanções para aqueles que cometem o crime de corrupção, a Lei de Improbidade Administrativa (Lei n. 8429/1992), a Lei de Licitações (Lei n. 8666/1993), a Lei de Lavagem de Dinheiro (Lei 9613/1998), a Lei de Parceria Público-Privada (Lei 11079/2004), a Lei de Filantropia (Lei 12101/2009), a Lei Antitruste (Lei 12529/2011), a Lei do Marco Regulatório do Terceiro Setor (Lei 13019/2014), o Código de Defesa do Consumidor (Lei 8078/1990), a Lei de Responsabilidade Fiscal (Lei Complementar 101/2000), a Lei Complementar sobre Sigilo das Operações Financeiras (Lei Complementar 105/2005), a Lei do Mercado de Capitais (Lei 4728/1965 e Lei 6385/1976). CARVALHOSA, Modesto. *Considerações sobre a Lei Anticorrupção das Pessoas Jurídicas – Lei 12.846/2013*. São Paulo: Revista dos Tribunais, 2015, p. 32.

Poder Judiciário brasileiro.[92] Para um delito em que muitas vezes os rastros são invisíveis ou facilmente deletáveis, a demora na sua resolução é o princípio da ineficiência. Assim, de acordo com o artigo 9º da legislação, a CGU terá autonomia para apurar, processar e julgar, cabendo aos Estados e Municípios instituírem órgãos responsáveis para esse procedimento para os casos ocorridos com agentes ou órgãos vinculados a estes órgãos.[93]

Outro ponto da legislação que merece referência é a responsabilidade objetiva imputada às pessoas jurídicas condenadas nas práticas previstas na lei.[94] Modesto Carvalhosa explica que a adoção da responsabilidade objetiva é uma transposição da teoria da imputação objetiva de responsabilidade do Direito Penal, em que o julgador analisará a proatividade e a evitabilidade da conduta, e não o seu caráter subjetivo doloso.[95] Fabio Medina Osório destaca que é uma espécie de respon-

---

[92] "Segundo dados do Conselho Nacional de Justiça, em 2014 foram iniciados 10.494 processos cujo tema era corrupção no Brasil, em 2015, 7.984 e em 2016, 5.604. E mesmo quando os casos são apurados, o caminho até a punição pode ser longo – e dar em nada. Vários agentes têm criticado o que veem como lentidão da Justiça brasileira, que sofre tanto com má administração e inoperância quanto com uma quantidade excessiva de recursos para revisão. A lentidão é especialmente nociva porque, argumentam esses críticos, a lei processual penal abre várias possibilidades de prescrição, o que dificulta a penalização em matérias como corrupção, que demandam investigações mais complexas."(TRANSPARÊNCIA INTERNACIONAL BRASIL. *Integridade e Empresas no Brasil*, São Paulo, 2018. Disponível em: https://transparenciainternacional.org.br/assets/files/conhecimento/relatorio-executivo.pdf. Acesso em: 02/12/2018).

[93] BRASIL. Lei 12.846, de 1º de agosto de 2013. Dispõe sobre a responsabilização administrativa e civil de pessoas jurídicas pela prática de atos contra a administração pública, nacional ou estrangeira, e dá outras providências. Art. 9º Competem à Controladoria-Geral da União – CGU a apuração, o processo e o julgamento dos atos ilícitos previstos nesta Lei, praticados contra a administração pública estrangeira, observado o disposto no Artigo 4º da Convenção sobre o Combate da Corrupção de Funcionários Públicos Estrangeiros em Transações Comerciais Internacionais, promulgada pelo Decreto nº 3.678, de 30 de novembro de 2000. Disponível em: http://www.planalto.gov.br/CCIVIL_03/_Ato2011-2014/2013/Lei/L12846.htm. Acesso em 1º de julho de 2018. BRASIL. Decreto Lei 8.420, de 18 de março de 2015. Regulamenta a Lei nº 12.846, de 1º de agosto de 2013, que dispõe sobre a responsabilização administrativa de pessoas jurídicas pela prática de atos contra a administração pública, nacional ou estrangeira e dá outras providências. Art. 3º A competência para a instauração e para o julgamento do PAR é da autoridade máxima da entidade em face da qual foi praticado o ato lesivo, ou, em caso de órgão da administração direta, do seu Ministro de Estado. Disponível em: http://www.planalto.gov.br/ccivil_03/_Ato2015-2018/2015/Decreto/D8420.htm. Acesso em: 1º de julho de 2018.

[94] BRASIL. Lei 12.846, de 1º de agosto de 2013. Dispõe sobre a responsabilização administrativa e civil de pessoas jurídicas pela prática de atos contra a administração pública, nacional ou estrangeira, e dá outras providências. Art. 2º As pessoas jurídicas serão responsabilizadas objetivamente, nos âmbitos administrativo e civil, pelos atos lesivos previstos nesta Lei praticados em seu interesse ou benefício, exclusivo ou não. Art. 3º A responsabilização da pessoa jurídica não exclui a responsabilidade individual de seus dirigentes ou administradores ou de qualquer pessoa natural, autora, coautora ou partícipe do ato ilícito. § 1º A pessoa jurídica será responsabilizada independentemente da responsabilização individual das pessoas naturais referidas no caput. § 2º Os dirigentes ou administradores somente serão responsabilizados por atos ilícitos na medida da sua culpabilidade. Disponível em: http://www.planalto.gov.br/CCIVIL_03/_Ato2011-2014/2013/Lei/L12846.htm. Acesso em 1º de julho de 2018.

[95] Nas palavras do autor, "na teoria da imputação objetiva o que caracteriza o delito é a verificação de como deveria a pessoa jurídica ter se comportado diante das circunstâncias concretas de seu

sabilidade por "culpabilidade por organização defeituosa", em que a aferição da responsabilidade objetiva se dá pela avaliação de elementos que remetem à culpabilidade. Nesse sentido, o autor refere que o questionamento a ser respondido é "atuou razoavelmente a pessoa jurídica, observando deveres objetivos de cuidado?".[96]

Já Márcio Pestana explica que a defesa em relação a esse tipo de responsabilidade se dá por dois motivos: (i) a corrupção é deveras prejudicial ao erário, tanto nas suas repercussões financeiras, quanto na ofensa aos princípios da moralidade e da probidade, sendo necessária uma reação mais dura do legislador com o objetivo de forçar uma observância da lei; (ii) o outro caminho possível, da responsabilidade subjetiva, poderia sucumbir a questões processuais, especialmente probatórias e levar a uma ineficácia do que se propõe a legislação.[97]

A objetivação da responsabilidade das pessoas jurídicas não é novidade. Já há previsão normativa quanto a isso no Direito do Consumidor e no Direito Ambiental. Na Lei 12.846/2013, algumas críticas são tecidas, como, por exemplo, que a pessoa jurídica pode ser vítima dos atos ilícitos corruptivos praticados pelos seus funcionários e/ou administradores, e a pecha e a pena de empresa corrupta recairão objetivamente sobre ela. Pestana entende, assim, que a interpretação que se deve dar à legislação neste ponto é de que, antes de se atribuir qualquer responsabilidade objetiva à pessoa jurídica, se deve demonstrar a responsabilidade subjetiva de seus agentes,[98] ou seja, que eles agiram dolosa ou culposamente em ofensa à Administração Pública, naque-

---

relacionamento com o Poder Público em cada caso particular, cuja antijuridicidade está elencado no artigo 5. Assim, o que a autoridade administrativa julgadora aprecia é a proatividade (comissão pura) ou a evitabilidade (comissão omissiva) no que respeita aos atos corruptivos apurados, no caso concreto. Descarta-se, portanto, o caráter subjetivo da intenção dolosa. Julga-se pelo dano que a conduta corruptiva ativa ou omissiva da pessoa jurídica produziu ao bem jurídico, ou seja, ao Estado e, via de consequência, à sociedade, à coletividade". (CARVALHOSA, Modesto. *Considerações sobre a Lei Anticorrupção das Pessoas Jurídicas – Lei 12.846/2013*. São Paulo: Revista dos Tribunais, 2015, p. 37-38.)

[96] O autor ainda esclarece que: "Adota-se, na lei, um sistema de imputação objetiva. Cuida-se de teoria funcionalista do Direito Sancionador. Desta forma, a pessoa jurídica será responsável na eventualidade de que sua conduta gere riscos proibidos. E isso dependerá muito do papel a ser desempenhado pela empresa no contexto social voltado ao combate à corrupção. Para tanto, será fundamental valorar os deveres de cada empresa e a dimensão de suas atividades, assim como as regras e mecanismos corporativos (*compliance*) que presidem sua atuação proba e eficiente." (OSÓRIO, Fabio Medina. *Compliance* Anticorrupção: Aspectos Gerais. *In:* CUEVA, Ricardo Villas Bôas; FRAZÃO, Ana. *Compliance – Perspectivas e desafios dos programas de conformidade*. Belo Horizonte: Fórum, 2018, p. 326-328).

[97] PESTANA, Marcio. *Lei anticorrupção: exame sistematizado da Lei n. 12.846/2013*. Barueri: Manole, 2016. Edição Kindle.

[98] Nas próprias palavras do autor: "Afigura-se, à evidência, de clareza meridiana que a responsabilização objetiva da pessoa jurídica será uma responsabilidade consequente à identificação da conduta que, subjetivamente movida por dolo ou culpa grave, venha a ser reconhecida e declarada para os seus agentes e representantes." (PESTANA, Marcio. *Lei anticorrupção: exame sistematizado da Lei n. 12.846/2013*. Barueri: Manole, 2016. Edição Kindle.)

las condutas previstas na legislação (prometer, oferecer, dar, financiar, custear, patrocinar, subvencionar, ocultar, dissimular, frustrar, fraudar, impedir, perturbar, afastar, manipular ou dificultar).[99]

Quanto a essa sugestão de Márcio Pestana, entende-se pela existência de uma barreira imposta na própria legislação, pois o §1º do artigo 3º preconiza que a responsabilidade da pessoa jurídica existirá mesmo diante da inexistência de responsabilidade de seus administradores. Em relação a esses, a legislação determinou a aferição de responsabilidade na medida da culpabilidade deles, mantendo a regra prevista da legislação societária de responsabilidade subjetiva, conforme redação do §2º do artigo 3º. As penas previstas estão no artigo 6º[100] e, prioritariamente, constituem-se em penas de multa pecuniária, que podem variar de 0,1% a 20% do faturamento bruto do último exercício anterior à instauração do processo administrativo.

Ainda em relação à responsabilidade da empresa e a dos seus administradores, talvez o ponto mais nevrálgico da legislação é que essa legislação se preocupou demasiadamente com a responsabilização dos entes privados, descuidando de qualquer reforço nas proibições e sanções impostas aos agentes públicos. Veja-se que, mesmo que essa legislação em específico tivesse feito a opção racional de não se ocupar do

---

[99] PESTANA, Marcio. *Lei anticorrupção: exame sistematizado da Lei n. 12.846/2013*. Barueri: Manole, 2016. Edição Kindle.

[100] BRASIL. Lei 12.846, de 1º de agosto de 2013. Dispõe sobre a responsabilização administrativa e civil de pessoas jurídicas pela prática de atos contra a administração pública, nacional ou estrangeira, e dá outras providências. Art. 6º Na esfera administrativa, serão aplicadas às pessoas jurídicas consideradas responsáveis pelos atos lesivos previstos nesta Lei as seguintes sanções:
I – multa, no valor de 0,1% (um décimo por cento) a 20% (vinte por cento) do faturamento bruto do último exercício anterior ao da instauração do processo administrativo, excluídos os tributos, a qual nunca será inferior à vantagem auferida, quando for possível sua estimação; e
II – publicação extraordinária da decisão condenatória.
§ 1º As sanções serão aplicadas fundamentalmente, isolada ou cumulativamente, de acordo com as peculiaridades do caso concreto e com a gravidade e natureza das infrações.
§ 2º A aplicação das sanções previstas neste artigo será precedida da manifestação jurídica elaborada pela Advocacia Pública ou pelo órgão de assistência jurídica, ou equivalente, do ente público.
§ 3º A aplicação das sanções previstas neste artigo não exclui, em qualquer hipótese, a obrigação da reparação integral do dano causado.
§ 4º Na hipótese do inciso I do *caput*, caso não seja possível utilizar o critério do valor do faturamento bruto da pessoa jurídica, a multa será de R$ 6.000,00 (seis mil reais) a R$ 60.000.000,00 (sessenta milhões de reais).
§ 5º A publicação extraordinária da decisão condenatória ocorrerá na forma de extrato de sentença, a expensas da pessoa jurídica, em meios de comunicação de grande circulação na área da prática da infração e de atuação da pessoa jurídica ou, na sua falta, em publicação de circulação nacional, bem como por meio de afixação de edital, pelo prazo mínimo de 30 (trinta) dias, no próprio estabelecimento ou no local de exercício da atividade, de modo visível ao público, e no sítio eletrônico na rede mundial de computadores.
§ 6º (VETADO). Disponível em: http://www.planalto.gov.br/CCIVIL_03/_Ato2011-2014/2013/Lei/L12846.htm. Acesso em 1º de julho de 2018.

agente público, outras legislações poderiam ter sido alteradas ou criadas para reforçar o combate por inteiro do delito.[101]

Outro ponto de destaque é o fato de a legislação permitir a desconsideração da personalidade jurídica pela autoridade administrativa,[102] o que, até então, pelas regras dos artigos 50 do Código Civil[103] e 133 e seguintes do Código de Processo Civil,[104] somente era possível pelo Poder Judiciário. No contexto da legislação anticorrupção, é possível a desconsideração da personalidade jurídica para o atingimento dos bens pessoais de sócios e administradores, quando verificado abuso de direito e/ou confusão patrimonial. O receio reside no alargamento do poder discricionário da administração pública para julgar uma situação de inegável tecnicidade sem que talvez tenha, o órgão competente para o julgamento, capacitação técnica para tanto.[105] Outra questão objeto de críticas é que a Lei 12.846/2013 limitou seu escopo de atuação

---

[101] Neste sentido, as palavras de Murilo Vale: "A LAE ('Lei 12.846/2013') foi concebida nessa conjuntura da necessidade de se incrementar o controle administrativo e judicial de combate à corrupção. Porém, a estratégia jurídica adotada foi concentrar na responsabilização das pessoas jurídicas no seu relacionamento com a Administração Pública, sem buscar extirpar o aspecto comportamental em si. Além disso, como veremos, o 'controle' não foi direcionado à gestão pública, por meio do aprimoramento e endurecimento das sanções contra gestores públicos, ou mesmo à celeridade do controle judicial das atividades administrativas. Em vez disso, a LAE buscou a rigorosa responsabilização da pessoa jurídica envolvida em atos lesivos à administração pública, partindo do pressuposto de que o controle das parcerias seria bastante para evitar lesões ao erário público provocados por iniciativa do particular. (VALE, Murilo Melo. A permanência da lacuna normativa na agenda de combate à corrupção: a estratégia adotada pelo UK Bribery Act e a conveniência na responsabilização de atos de corrupção entre particulares. *In*: FÉRES, Marcelo Andrade; CHAVES, Natália Cristina. *Sistema Anticorrupção e Empresa*. Belo Horizonte: Editora D'Plácido, 2018, p. 29.)

[102] BRASIL. Lei 12.846, de 1º de agosto de 2013. Dispõe sobre a responsabilização administrativa e civil de pessoas jurídicas pela prática de atos contra a administração pública, nacional ou estrangeira, e dá outras providências. Art. 14. A personalidade jurídica poderá ser desconsiderada sempre que utilizada com abuso do direito para facilitar, encobrir ou dissimular a prática dos atos ilícitos previstos nesta Lei ou para provocar confusão patrimonial, sendo estendidos todos os efeitos das sanções aplicadas à pessoa jurídica aos seus administradores e sócios com poderes de administração, observados o contraditório e a ampla defesa. Disponível em: http://www.planalto.gov.br/CCIVIL_03/_Ato2011-2014/2013/Lei/L12846.htm. Acesso em 1º de julho de 2018.

[103] BRASIL. Lei 10.406, de 10 de janeiro de 2002. Institui o Código Civil. Art. 50. Em caso de abuso da personalidade jurídica, caracterizado pelo desvio de finalidade, ou pela confusão patrimonial, pode o juiz decidir, a requerimento da parte, ou do Ministério Público quando lhe couber intervir no processo, que os efeitos de certas e determinadas relações de obrigações sejam estendidos aos bens particulares dos administradores ou sócios da pessoa jurídica. Disponível em: http://www.planalto.gov.br/ccivil_03/leis/2002/L10406.htm. Acesso em: 03 de fevereiro de 2019.

[104] BRASIL. Lei 13.105, de 16 de março de 2015. Código de Processo Civil. Art. 133. O incidente de desconsideração da personalidade jurídica será instaurado a pedido da parte ou do Ministério Público, quando lhe couber intervir no processo. § 1º O pedido de desconsideração da personalidade jurídica observará os pressupostos previstos em lei. § 2º Aplica-se o disposto neste Capítulo à hipótese de desconsideração inversa da personalidade jurídica. Disponivel em: http://www.planalto.gov.br/ccivil_03/_Ato2015-2018/2015/Lei/L13105.htm. Acesso em 04 de fevereiro de 2019.

[105] Neste sentido, MACHADO, Leonardo Ruiz; LEITE, Karina da Guia. A responsabilidade dos sócios, administradores e conselheiros perante a Lei Anticorrupção. *Revista do Advogado PGE SC*, n. 125, dez/2014, p. 51-58.

aos atos lesivos praticados contra a Administração Pública, afastando a corrupção privada.[106]

O aspecto, no entanto, que mais importa, para essa pesquisa, trazido pela nova legislação, foi a positivação dos programas de integridade, como sendo uma forma de atenuante de pena para as empresas condenadas pelas práticas previstas na legislação em comento. Muito embora a legislação não tenha obrigado a adoção desse tipo de programa, o que será debatido com maior detalhamento no decorrer deste trabalho, deu um incentivo às empresas e a seus administradores para instituírem medidas internas próprias de sinalização e combate do delito. Essa positivação nada mais é do que a assunção pelo Estado de que a luta contra corrupção exige esforços de todos os envolvidos, porque somente "o Direito Penal não oferece mecanismos efetivos ou céleres para as sociedades empresárias, muitas vezes as reais interessadas ou beneficiadas pelos atos de corrupção".[107]

A referência aos programas de integridade e, portanto, o convite do Estado para que os privados sejam atores na solução ou pelo menos no controle do problema é o primeiro passo para o rompimento do "binômio comando-sanção", incompatível com a sociedade complexa atual. E o combate à corrupção não se faz com soluções maniqueístas, de tudo ou nada: para o fim da corrupção, decreta-se a ausência do Estado ou a sua total falta de ingerência no mercado. Um pensamento mais simplista poderia levar à falaciosa afirmação de que, se a corrupção tem sempre o Estado como um dos partícipes, eliminando-se este,

---

[106] VALE, Murilo Melo. A permanência da lacuna normativa na agenda de combate à corrupção: a estratégia adotada pelo UK Bribery Act e a conveniência na responsabilização de atos de corrupção entre particulares. In: FÉRES, Marcelo Andrade; CHAVES, Natália Cristina. Sistema Anticorrupção e Empresa. Belo Horizonte: Editora D'Plácido, 2018, p. 29 e seguintes. Neste sentido também é a crítica do Relatório sobre Integridade e Empresas no Brasil (2018), da Transparência Internacional: "O artigo 21 da Convenção das Nações Unidas contra a Corrupção, da qual o Brasil é signatário, diz que os Estados que aderirem ao texto devem considerar a possibilidade de adotar 'medidas legislativas e de outras índoles' para qualificar como delito a oferta ou o recebimento de vantagens indevidas no setor privado. Diversos estados norte-americanos e praticamente todos os países da Europa contam com regras sobre o tema, que envolve irregularidades como propina, extorsão, concessão de presentes para obter vantagens e pagamento de comissões indevidas. [...] Ao ignorar o assunto, a legislação brasileira favorece situações com potencial de distorcer o mercado, elevar os custos de operações privadas, restringir a escolha dos consumidores ou ter impacto na qualidade do serviço. Trata-se de um problema que pode ainda causar danos de reputação às organizações e a seus funcionários e que necessita ser regulamentado." (TRANSPARÊNCIA INTERNACIONAL BRASIL. Integridade e Empresas no Brasil, São Paulo, 2018. Disponível em: https://transparenciainternacional.org.br/assets/files/conhecimento/relatorio-executivo.pdf. Acesso em: 02/12/2018).

[107] BRASIL. Lei nº 12.846 de 01º de agosto de 2013. Dispõe sobre a responsabilização administrativa e civil de pessoas jurídicas pela prática de atos contra a administração pública, nacional ou estrangeira, e dá outras providências. Brasília, DF: Presidência da República, 2013. Disponível em: http://www.planalto.gov.br/ccivil_03/_ato2011-2014/2013/lei/l12846.htm. Acesso em 26 de fevereiro de 2019.

o ator privado estaria sozinho, portanto sem a contraparte para a prática do delito.[108]

Como refere Delia Ferreira, Presidente da Transparência Internacional, "Corruption is like a tango. You need two to dance".[109] Sabe-se que é impossível a eliminação do Estado, e que a problemática da corrupção não é culpa exclusiva do ente público; há, sim, uma forma de relacionamento deturpada entre o público e o privado. O combate eficaz da corrupção para diminuir a sua ocorrência e minimizar seus efeitos nefastos, porque eliminá-la é impossível, passa por uma reformulação do funcionalismo público, especialmente para diminuir o poder de transigir dos funcionários e o monopólio que cada um tenha, individualmente, do exercício de alguma atividade estatal; pela imposição de regras claras e rígidas em relação à punição pelo delito; pelo Estado adotar alto nível de transparência nas suas atividades e contas; pela redução dos incentivos à propina, especificamente na desburocratização das atividades do Estado; e por um maior incentivo para que diferentes *players* participem das relações com Estado, para evitar o "capitalismo de laços".[110]

E, mesmo que o Estado cumpra com todas as suas atribuições em relação ao combate da corrupção, esta não será possível sem a comprometida participação dos entes privados. Daí a importância dos programas de integridade.

O Relatório da OCDE sobre Corrupção Internacional de 2014[111] constatou que 31% dos casos de corrupção que foram descobertos o foram pela confissão da empresa privada ou pessoa física envolvida; 13%, pela atuação das autoridades nacionais dedicadas à investigação desse crime; 13%, por cooperação internacional; 5%, por investigação de autoridades estrangeiras dedicadas à investigação desse crime;

---

[108] Sobre esse tema, ver FRAZÃO, Ana. Prefácio. *In:* FÉRES, Marcelo Andrade; CHAVES, Natália Cristina. *Sistema Anticorrupção e Empresa*. Belo Horizonte: Editora D'Plácido, 2018, p. 13.

[109] Frase integrante do discurso intitulado "Breaking the cycle of corruption", proferido no Fórum Econômico Mundial para América Latina, ocorrido em São Paulo, em 15 de março de 2018.

[110] Neste sentido, ROSE-ACKERMAN, Susan; PALIFKA, Bonnie J.. *Corruption and Government: Causes, Consequences, and Reform*. 2. ed. New York: Cambridge University Press, 2016. Edição Kindle; ROSE-ACKERMAN, Susan. A economia política da corrupção. *In:* ELLIOTT, Kimberly Ann. *A Corrupção e a Economia Global*. Tradução Marsel Nascimento Gonçalves de Souza. Brasília: Editora UNB, 2002, p. 81-94.; FRAZÃO, Ana. Prefácio. *In:* FÉRES, Marcelo Andrade; CHAVES, Natália Cristina. *Sistema Anticorrupção e Empresa*. Belo Horizonte: Editora D'Plácido, 2018, p. 16.; e VALE, Murilo Melo. A permanência da lacuna normativa na agenda de combate à corrupção: a estratégia adotada pelo UK Bribery Act e a conveniência na responsabilização de atos de corrupção entre particulares. *In:* FÉRES, Marcelo Andrade; CHAVES, Natália Cristina. *Sistema Anticorrupção e Empresa*. Belo Horizonte: Editora D'Plácido, 2018, p. 27.

[111] ORGANIZATION FOR ECONOMIC COOPERATION AND DEVELOPMENT – OECD. *Informe de la OCDE sobre Cohecho Internacional*, Paris, 2015. Disponível em https://read.oecd-ilibrary.org/governance/informe-de-la-ocde-sobre-el-soborno-internacional_9789264226654-es#page23. Acesso em: 15 de janeiro de 2019.

e 2%, por denúncias. Dos 31% de casos que foram descobertos por confissão dos privados envolvidos, 31% deles se deram por ação da auditoria interna; 28%, por procedimentos de *due diligence* para operações de M&A (*merger and acquisition*); e 17%, por denúncias feitas nos canais de ética implementados pelas empresas.

Esses dados são significativos para demonstrar que a iniciativa privada é muito mais eficiente no combate à corrupção, como já foi em tantas outras fraudes empresariais. Basta ver que os movimentos de autorregulação das empresas datam da década de 80, sendo fortemente praticados e incentivados ainda hoje. O desenvolvimento desses movimentos, o direcionamento e suas práticas são de fundamental importância para compreensão da relação das fraudes empresariais com os deveres dos administradores da sociedade.

2.3. O movimento da governança corporativa

Quando Adam Smith escreveu o livro "A Riqueza das Nações", em 1776, talvez não imaginasse que a frase que tornou célebre a sua obra, qual seja, "a mão invisível do mercado", permaneceria, ao longo dos séculos seguintes, com tanto significado. A mão invisível do mercado, que é uma ordenação dos participantes do mercado para determinadas condutas de sobrevivência e melhor desempenho, materializada mais comumente nas curvas de oferta e procura, também pode ser vista em comportamentos que não diretamente se relacionarão com a demanda, mas que podem refletir nesta.

O movimento da Governança Corporativa pode ser considerado como um efeito da mão invisível do mercado nas empresas que a ele aderiram. Sem qualquer imposição ou determinação legal, empresas de todo o mundo, ao longo das últimas décadas, foram paulatinamente vinculando-se a melhores práticas de Governança Corporativa, seja por necessidade de sobrevivência, seja para alcançarem melhor desempenho em relação às suas concorrentes. Cabe analisar este processo.

2.3.1. As Origens Da Governança

Muitos são os fatores que levaram ao surgimento do movimento da Governança Corporativa, na década de 80. Fatores como o gigantismo e o poder das corporações, a diluição do capital e do controle, a separação entre propriedade e gestão, a globalização da economia, o acontecimento de graves escândalos financeiros e crises empresariais, a ascensão dos investidores institucionais e a necessidade de se criar um sistema mais ágil de regulamentação que o processo legislativo estatal podem ser elencados como alguns dos motivos propulsores da Governança.[112] Sob a ótica das empresas, o problema se pautava pela necessidade de se criar mecanismo de confiabilidade dos acionistas e de outros investidores nas corporações, especialmente na sua administração, pois os problemas percebidos pelo mercado passavam por questões que envolviam transparência e conflitos de interesses existentes entre propriedade e gestão.[113]

Anteriormente a todo esse movimento, Berle e Means já alertavam que um dos problemas da Sociedade Anônima está na separação entre propriedade e controle, pois, na visão dos autores, a "posição de proprietário foi reduzida à de ter uma série de interesses legais e de fato na empresa, enquanto o grupo que chamamos de controle (no caso, os administradores) está em condições de ter poderes legais de fato sobre ela". A questão que surge é de saber se os interesses dos proprietários estão alinhados com os interesses – ou poderes – dos administradores, alertando os autores que "a resposta a essa questão depende do grau em que os interesses próprios[114] dos indivíduos que dispõem do controle (administradores) possam coincidir com os interesses dos proprietários e, à medida que divirjam, a resposta depende dos entraves ao uso do poder estabelecido por condições, políticas, econômicas ou sociais".[115]

Somado a essa separação entre propriedade e poder, identificada por Berle e Means, tem-se a chamada "relação de agência", axioma for-

---

[112] Sobre este tema, ver ANDRADE, Adriana; ROSSETTI, José Paschoal. *Governança Corporativa – Fundamentos, Desenvolvimento e Tendências*. 2. ed. São Paulo: Atlas, 2006, p. 29.

[113] Nesse sentido, "Así, los orígenes del concepto de gobierno corporativo se vinculan con la necesidad de articular mecanismos de vigilancia y control que permitiesen reducir los problemas de agencia entre los propietarios/accionistas y los agentes/directivos, así como las disparidades y tensiones entre los acionistas mayoritarios y los minoritarios". (ROMERO CASTRO, Noelia; PIÑEIRO CHOUSA, Juan. Prácticas de buen gobierno y creación de valor: retos para los administradores societarios. *In*: FERNÁNDEZ-ALBOR BALTAR, Ángel; PÉREZ CARRILLO, Elena F.; TORRES CARLOS, Marcos R. *Actores, actuaciones y controles del buen gobierno societario y financiero*. Madrid: Marcial Pons, 2018, p. 292).

[114] Os interesses próprios referidos por Berle e Means são evidentes nas hipóteses que preenchem o conteúdo de cada um dos vértices da fraude, tais como necessidade de manter-se no cargo, interesse no recebimento de bônus por atingimento de metas, conhecimento das falhas dos sistemas de controles internos e externos, capacidade de persuadir outras pessoas da organização, análise de custo benefício, dentre outras, e direcionam-se perfeitamente aos administradores, sendo eles os maiores beneficiados pelas condutas fraudulentas. Destaca-se, de todas as possíveis origens da fraude, o distanciamento do dano da pessoa do administrador fraudador, pois mesmo que este venha a ser condenado em esfera administrativa ou judicial pelo descumprimento de algum dos seus deveres de conduta, a penalidade imposta jamais fará frente aos danos causados à companhia. (BERLE, Adolf Augustus; MEANS, Gardiner C. *A moderna sociedade anônima e a propriedade privada*. Tradução Dinah de Abreu Azevedo. 2. ed. São Paulo: Nova Cultural, 1987, p. 123-124)

[115] *Ibid.*, p. 123-124.

mulado por Jesen e Meckling,[116] em que há a constatação da inexistência de agentes perfeitos. Os autores explicam que, em uma relação de agência, um "principal" utiliza-se de um "agente" para executar tarefas em seu nome. Essas tarefas requerem que o principal delegue certo poder de decisão ao agente. O problema é que nem sempre o agente agirá de acordo com os interesses do principal, pois os seus próprios interesses podem ser divergentes. Na tentativa de eliminar essa distorção, surge o custo de agência, que pode ser materializado pelas "despesas de monitoramento por parte do principal, despesas com a concessão de garantias contratuais por parte do agente" e/ou redução do bem-estar vivenciado pelo principal devido a divergências de interesses, chamada de custo residual.[117]

A separação da propriedade da gestão, problemática central dos estudos referidos acima, evidencia outra circunstância sensível que permeia a relação do "principal" com o "agente": a assimetria de informação. A assimetria de informação foi objeto de estudo emblemático, ainda na década de 70, por George Akerlof, economista que recebeu o Prêmio Nobel de Economia pelo estudo intitulado *The Market of the Lemons*. Neste estudo, Akerlof, utilizando-se do exemplo do mercado

---

[116] JENSEN, Michael C.; MECKLING, Wlliam H. Theory of the firm: managerial behavior, agency costs and ownership structure. *Journal of Financial Economics*, v. 3, sessão 4, p. 305-360, 1976.

[117] Romero Castro e Piñeiro Chousa identificam pelo menos seis problemas na relação entre acionistas e administradores, a saber: "1. La insuficiente dedicación e implicación del directivo, que puede llevarle a eludir sus responsabilidades, incumplir alguna de sus funciones o, en general, no realizar los esfuerzos necesarios para optmizar su gestión; 2. El empeño en incrementar la autofinanciación y el consecuente riesgo de sobre-inversión, pues el directivo puede preferir retener el flujo de caja libre y destinarlo en ocasiones a proyectos que no incrementan el valor de la empresa en recurrir al mercado de capitales en busca de recursos financeiros (acciones o deuda) para no exponerse al control de los mercados o al riesgo de impago; 3. El enfoque en el corto plazo, motivado por su relación temporal con la empresa, que induce a los directivos a empreender proyectos de coste reducido y rapidos plazos de recuperación de la inversión frente a proyectos que, aun siendo más costosos, pueden contribuir a generar valor para los acionistas en el horizonte del largo plazo; 4. La toma de decisiones basadas en la propia percepción del riesgo del directivo, que depende fundamentalmente de su permanencia en el cargo y su remuneración, y que no tiene por qué coincidir con el riesgo percebido por los accionistas. En ocasiones los directivos son excesivamente conservadores, aumentando la diversificación del negocio o limitando el endeudamiento de la empresa o el reparto de dividendos para evitar la posibilidad de quiebra y retener financiación interna. En otras ocasiones toman decisiones demasiado arriesgadas para tratar de conseguir de modo rápido un buen resultado de gestión que afiance su posición en el cargo; 5. La perpetuación en el cargo a pesar de una gestión ineficiente, ya que para la empresa resulta muy costoso evaluar a los directivos y reemplazarlos para formar un nuevo equipo gestor, mientras que los directivos pueden realizar diversas acciones que dificulten su reemplazo, como invertir em proyectos estrechamente ligados a sus particulares competencias y habilidades; 6. La toma de decisiones o la utilización de activos de la empresa en beneficio propio o para uso privado, tanto com carácter material (utilización de coches de la empresa) como para mejorar su prestigio profesional (incrementar el tamaño de la empresa por encima del óptimo, mantener una plantilla sobredimensionada, o asegurar su sucesión en el cargo por una persona de confianza que no ponga en duda la gestión previa)". (ROMERO CASTRO, Noelia; PIÑEIRO CHOUSA, Juan. Prácticas de buen gobierno y creación de valor: retos para los administradores societarios. *In:* FERNÁNDEZ-ALBOR BALTAR, Ángel; PÉREZ CARRILLO, Elena F.; TORRES CARLOS, Marcos R. *Actores, actuaciones y controles del buen gobierno societario y financeiro*. Madrid: Marcial Pons, 2018, p. 292-293).

de carros usados nos Estados Unidos, constatou que a disparidade de informações existentes entre o vendedor do carro e o comprador podem gerar distorções nos mercados, que foram chamadas de seleção adversa e *moral hazard*. Na situação proposta por Akerlof, a seleção adversa guarda relação com a fase pré-contratual, em que uma das partes possui melhores e maiores informações do que a outra e aproveita-se disso para conseguir um acordo mais benéfico aos seus interesses. Já o risco moral (*moral hazard*) verifica-se após o acordo firmado, através da conduta inadequada ou sem a devida cautela de uma das partes que "arrisca-se" por estar garantida pelo acordo.

Esse amadurecimento da compreensão dos eventuais problemas da separação da propriedade e da gestão, somados com a promulgação da FCPA pelos motivos já aventados anteriormente, causou um impacto no tratamento das sociedades empresariais, especialmente porque essas passaram a ser cobradas pelos seus investidores em relação a políticas de maior transparência dos atos da gestão, e os grandes fundos de investimentos tiveram papel relevantíssimo nesse cenário. Um dos principais protagonistas de todo esse movimento foi o Fundo CalPERS (*California Public Employees Retirement System*), fundo dos funcionários públicos do Estado da Califórnia, que desencadeou o *leading case* do desenvolvimento da Governança Corporativa: o fundo era investidor da Texaco e se posicionou contrariamente a uma decisão dos administradores da empresa que, em 1984, utilizando-se da regra do *American Companies Act*, recompraram ações da companhia a um preço acima do valor de mercado, para evitar sua aquisição por parte de um acionista minoritário, Bass Brothers, visto como ameaça à posição corporativa de executivos (essa operação denomina-se *greenmail operation*, uma espécie de chantagem financeira). A aquisição referida custou aos acionistas da Texaco US$ 137 milhões de ágio. Depois do ocorrido, o fundo manifestou-se dizendo que não admitiria comportamento similar ao ocorrido na Texaco em outras companhias do seu portfólio de investimentos, esperando ainda que essas adotassem práticas que resguardassem os direitos dos acionistas. Essas práticas são hoje traduzidas pelas Melhores Práticas de Governança Corporativa.

Nesse contexto, muitos grupos de estudos se formaram para discutir os novos caminhos do Direito de Sociedades, entre os quais se devem destacar três marcos históricos: o trabalho realizado pelo *"American Law Institute"* (ALI), que iniciou em 1978 e, depois de 15 anos, publicou, em 1994, os *Principles of Corporate Governance: Analysis and Recommendations*, texto que parte da premissa de que as empresas privadas são essenciais para o desenvolvimento da livre economia, mas, para que isso se desenvolva a contento, elas devem transmitir confiabilidade aos seus investidores, ao Poder Judiciário e ao governo. Com base nisso, o texto traz uma série de recomendações sobre conduta da empresa, no que tange ao relacionamento com acionistas e com o mercado, bem como sobre a conduta de seus administradores, especialmente em relação aos seus deveres de diligência e de evitar conflitos de interesses.[118]

O segundo marco para o desenvolvimento da Governança Corporativa foi o *Relatório Cadbury*, documento elaborado na Inglaterra por Adrian Cadbury, como fruto de pressões e mobilização de grupos influentes no cenário empresarial e do Banco da Inglaterra, que entendiam que os conselhos das empresas não estavam atuando da forma como deveriam.[119] Referido documento teve como premissas básicas a "prestação de contas responsável" e a "transparência" e, disso direcionou as suas recomendações aos diretores e conselheiros, com foco na separação das responsabilidades de cada um desses órgãos da administração e na constituição dos conselhos de administração. Algumas de suas recomendações são que o conselho deve reunir-se regularmente, manter o controle da companhia e monitorar a diretoria; a constituição do conselho deve ser, na sua maioria, composta por conselheiros independentes, primando-se pela ausência de conflitos de interesses; as remunerações dos conselheiros devem ter divulgação total e clara e se sujeitarem às recomendações de um comitê composto por conselheiros independentes; o conselho deve apresentar avaliação equilibrada e compreensível da situação da companhia, assegurar a implementação de comitê de auditoria e reportar a eficácia do sistema de controles.[120]

---

[118] A premissa básica do documento é que a empresa deve dar retorno aos seus acionistas, sem descuidar do cumprimento da lei e do comportamento ético que deve pautar as relações de mercado: "§2.01. The objective and conduct of the Corporation. (a) Subject to the provisions of Subsection (b) and § 6.02 (Action of Directors that has the foreseeable effect of blocking unsolicited tender offers), a corporation (§ 1.12) should have as its objective the conduct of business activities with a view to enhancing corporate profit and shareholder gain. (b) Even if corporate profit and shareholder gain are not thereby enhanced, the corporation, in the conduct of its business: (1) Is obliged, to the same extent as a natural person, to act within the boundaries set by law; (2) May take into account ethical considerations that are reasonably regarded as appropriate to the responsible conduct os business; and (3) May devote a reasonable amount of resources to public welfare, humanitarian, educational, and philanthropic purposes." THE AMERICAN LAW INSTITUTE. *Principles of Corporate Governance: Analysis and Recommendations*. v. 1, parts I – VI. Washington: St. Paul Minn. American Law Institute Publishers, 1994, p. 55.

[119] Conforme ensina Jorge Manuel Coutinho de Abreu: "O movimento da governação societária chegou à Europa (mais exportado de além-Atlântico do que importado daqui) na passada década de 90. Primeiro, ao Reino Unido. Uma vez mais sob o acicate de escândalos financeiros e derrocadas empresariais (Maxwell, Polly Peck International, Brent Walker, etc.), fraco desempenho de muitas administrações, apesar de glutónicas nas remunerações. Rapidamente surgiram reacções em formas de 'códigos' de *corporate governance* (o Cadbury Report, de dezembro de 1992, é um dos primeiros e mais importantes)". COUTINHO DE ABREU, Jorge Manuel. *Governação das Sociedades*. 2. ed. Almedina: Coimbra, 2010, p. 11

[120] Nesse sentido SPIRA, Laura F.; SLINN, Judy. *The Cadbury Committee – A History*. Oxford: Oxford University Press, 2013 e ANDRADE, Adriana; ROSSETTI, José Paschoal. *Governança Corporativa. Fundamentos, Desenvolvimento e Tendências*. 2. ed. São Paulo: Atlas, 2006, p. 164-169.

Coutinho de Abreu atribui a gênese e o desenvolvimento mais acentuado da Governança primeiramente nos Estados Unidos e na Inglaterra à estrutura societária preponderante nas empresas desses países, qual seja a de capital disperso. Referido autor argumenta que a separação entre propriedade e controle leva a um desincentivo para que os acionistas, em regra com pequenas participações societárias, intervenham na vida societária e fiscalizem os administradores, que, em desvios de condutas, podem agir de acordo com os seus próprios interesses em detrimento dos interesses da sociedade. Nessa linha de raciocínio, poder-se-ia pensar, então, que a solução para o governo das sociedades estaria na concentração de capital, ou seja, na existência de sociedades com um acionista controlador definido que, por conta de sua participação societária, poderia determinar os rumos da companhia. Coutinho de Abreu adverte, em relação a essa perspectiva, que também nas sociedades com controlador definido há problemas de Governança, uma vez que os administradores podem sucumbir aos interesses dos controladores, em detrimento dos acionistas minoritários.[121]

Não obstante as questões de propriedade e gestão, que permeiam boa parte dos debates de Governança, tem-se, também, especialmente no cenário americano, a forma de financiamento da atividade empresarial, que, nesse contexto, se dá prioritariamente pelo recurso de investidores, e não pelos recursos ofertados por instituições financeiras. Nessa perspectiva, é de suma importância que as empresas apresentem informações sensatas e apresentem-se como seguras e responsáveis do ponto de vista da sua administração.[122]

Assim, justifica-se o terceiro marco da Governança Corporativa, qual seja, a edição dos *Principles of Corporate Governance* da OCDE, em 1999. Foi por meio desse trabalho que houve uma difusão, em nível global, da Governança Corporativa e uma larga propagação dos Códigos de Melhores Práticas. Os destinatários desse trabalho foram os países-membros da organização, com o principal objetivo de auxiliá-los na promoção e no desenvolvimento da Governança Corporativa. Com isso, parte-se das premissas de "mobilização de mercados de capitais maduros e confiáveis", "crescimento dos negócios corporativos" e "desenvolvimento econômico das nações", para a elaboração das recomen-

---

[121] COUTINHO DE ABREU, Jorge Manuel. *Governação das Sociedades*. 2. ed. Almedina: Coimbra, 2010, p. 14-16. No mesmo sentido Ana Perestrelo: "No caso de estruturas de propriedade concentradas, o problema de agência entre principal e agente não se coloca, em virtude dos meios ao alcance dos sócios maioritários para controlar os administradores. Surge, porém, um outro problema de agência, que resulta do risco de comportamentos oportunistas e de extração de benefícios privados, em prejuízo dos minoritários." (OLIVEIRA, Ana Perestrelo de. *Manual de Governo das Sociedades*. Coimbra: Almedina, 2017. Edição do Kindle).
[122] MENEZES CORDEIRO, António. *Direito das Sociedades*. Parte Geral. 3. ed. vol. I, Coimbra: Almedina, 2011, p. 892.

dações. Alguns outros fatores adicionais contribuíram para o escopo de atuação do grupo de trabalho da organização, que foi intitulado de *Business Sector Advisory Group on Corporate Governance*, tais como a globalização e a necessidade de padrão de governo nas empresas que desse maior confiabilidade ao investidor, especialmente estrangeiro; e a superação de modelos distintos de governança, com a adoção de práticas que podem ser desenvolvidas internacionalmente, sem que haja qualquer ferimento à identidade cultural dos países ou das corporações, tais como práticas contábeis.[123] Por pretender ser um guia de orientação, e não um código com regras estanques, o trabalho da OCDE pauta-se por seis grandes princípios, que são sintetizados por Adriana Andrade e José Paschoal Rossetti:[124]

> 1. Enquadramento das empresas: as empresas devem buscar o seu eficaz enquadramento e contribuir na geração de condições institucionais para as boas práticas de governança corporativa.
>
> 2. Direitos dos *shareholders*: a governança corporativa deve proteger os direitos dos acionistas.
>
> 3. Tratamento equânime dos *shareholders*: a estrutura de governança deve assegurar tratamento equânime a todos os acionistas, majoritários/minoritários, nacionais/estrangeiros.
>
> 4. Direitos de outros *stakeholders*: a estrutura da governança deve reconhecer direitos legalmente consagrados de outras partes interessadas na criação de riquezas e na sustentação de corporações economicamente sólidas.
>
> 5. Divulgação e transparência: a governança corporativa deverá assegurar a divulgação oportuna e precisa de todos os fatos relevantes referentes à empresa.
>
> 6. Responsabilidade do conselho de administração: a governança deverá definir as responsabilidades dos conselhos, envolvendo orientação, fiscalização e prestação de contas das corporações.

O grande legado do trabalho da OCDE foi a disseminação da criação de Códigos de Melhores Práticas de Governança, não só por organizações que se dedicaram ao estudo de promoção do tema, mas também por empresas privadas.

---

[123] Pode-se referir pelo menos dois grandes modelos operacionais e filosóficos de Governança: O modelo *outsider system* caracterizado por uma grande pulverização de capital e pela ausência dos acionistas na administração da companhia. Este modelo, comum nos Estados Estado Unidos e na Inglaterra, tem como foco o atendimento dos interesses dos acionistas, priorizando a maximização de retorno aos mesmos. O outro modelo é chamado de *Insider system* e caracteriza-se pela concentração de capital em poucos acionistas, que geralmente exercem administração da empresa. Este modelo é praticado na Europa Continental e no Japão, tendo uma forte tendência a preocupar-se mais enfaticamente com os interesses dos *stakeholders*. (ANDRADE, Adriana; ROSSETTI, José Paschoal. *Governança Corporativa. Fundamentos, Desenvolvimento e Tendências*. 2. ed. São Paulo: Atlas, 2006, p. 334 e seguintes)

[124] ANDRADE, Adriana; ROSSETTI, José Paschoal. *Governança Corporativa. Fundamentos, Desenvolvimento e Tendências*. 2. ed. São Paulo: Atlas, 2006, p. 174.

E esses Códigos de Melhores Práticas representam o ponto de contato com a autorregulação referida no item anterior. Muito embora o movimento da Governança não tenha origem no combate à corrupção, propriamente dito, pois o seu maior objetivo era proteger investidores contra condutas abusivas e arbitrárias dos administradores (especialmente a manipulação contábil), esses documentos já representavam uma oportunidade de a empresa se "autoimpor" regras e modelos de condutas, em uma clara promessa de comportamento aos investidores. Com diferentes nomes e sem qualquer baliza quanto ao seu conteúdo e sua implementação, eram esses documentos os primórdios dos programas de integridade hoje referidos pela legislação.

É importante referir que a adoção de melhores práticas de Governança, neste momento histórico que ora se relata, era totalmente voluntária, não havendo qualquer imposição legal, ao menos no Brasil. As empresas poderiam aderir, ou não, e, em aderindo, poderiam seguir o modelo proposto por alguma entidade ou então criar o seu próprio modelo de Governança. A opção da empresa de se submeter à adoção de melhores práticas estava ligada a sua necessidade de transmitir maior credibilidade ao mercado.[125]

No Brasil, a Governança Corporativa foi introduzida na década de 90, acompanhando as mudanças econômicas e políticas por que o país passava. Os movimentos estratégicos que desencadearam essa nova tendência não foram distintos daqueles que deram origem ao movimento de forma global, destacando-se a inserção global, a integração regional, a abertura econômica, as privatizações, novos marcos regulatórios (criação de agências nacionais, por exemplo) e a desmonopolização.[126]

Em 1995, foi criado o Instituto Brasileiro de Governança Corporativa (IBGC), que lançou, em caráter oficial, o primeiro *Código de*

---

[125] Nesse sentido, a lição de Ana Perestrelo: "Em suma, ao invés de eliminar os conflitos de interesses, as regras e mecanismos de governo societário procuram gerir esses conflitos, em benefício da sociedade como um todo, dos seus acionistas e *stakeholders*. Para o efeito, é possível o recurso a duas estratégias regulatórias: (i) A primeira consiste na emissão de regras estritas (relevando sobretudo do direito societário), aplicáveis a todas as empresas (a tradicionalmente designada *hard law*). Foi nesta linha que se inseriu a reforma do Código das Sociedades Comerciais levada a cabo pelo Decreto-lei nº 76-A/2006, de 29 de março, que alterou múltiplas regras de organização societária, abrindo mais amplas opções de governo e, sobretudo, estimulando o debate em torno do governo societário. (ii) A segunda implica o recurso a regras de conduta e standards de melhores práticas, entregando a *compliance* às empresas, na conhecida linha comply or explain ('cumprir ou explicar'): permite-se, assim, às empresas adotarem os mecanismos de governo que melhor se adaptam às suas características (*soft law*). A importância dos códigos de governo é, de resto, clara no desenvolvimento da corporate governance, ainda que se denote uma progressiva erosão do espaço deixado à *soft law* e à autonomia privada de cada organização." (OLIVEIRA, Ana Perestrelo de. *Manual de Governo das Sociedades*. Coimbra: Almedina, 2017. Edição Kindle).

[126] ANDRADE, Adriana; ROSSETTI, José Paschoal. *Governança Corporativa. Fundamentos, Desenvolvimento e Tendências*. 2. ed. São Paulo: Atlas, 2006, p. 399.

Melhores Práticas de Governança Corporativa como sugestão de documento a ser seguido pelas empresas. Ademais da sua relevante atuação para a propagação da Governança, o IBGC foi fundamental para a formação teórica e a construção de seu conceito, princípios e definições do que seriam as melhores práticas no contexto empresarial e mercadológico brasileiro.

2.3.2. Melhores práticas e destinatários da governança

Ancorada nos princípios da transparência,[127] equidade,[128] prestação de contas[129] e responsabilidade corporativa,[130] a Governança é definida[131] como um "sistema pelo qual as empresas e demais organizações são dirigidas, monitoradas e incentivadas, envolvendo os relacionamentos entre sócios, conselho de administração, diretoria, órgãos de fiscalização e controle e demais partes interessadas".[132]

---

[127] "Consiste no desejo de disponibilizar para as partes interessadas as informações que sejam de seu interesse e não apenas aquelas impostas por disposições de leis ou regulamentos. Não deve restringir-se ao desempenho econômico-financeiro, contemplando também os demais fatores (inclusive intangíveis) que norteiam a ação gerencial e que condizem à preservação e à otimização do valor da organização." (INSTITUTO BRASILEIRO DE GOVERNANÇA CORPORATIVA. *Código de Melhores Práticas de Governança Corporativa*. 5. ed., 2015. Disponível em: https://ibgc.org.br/governanca/governanca-corporativa/principios-basicos. Acesso em: 24 de setembro de 2018).

[128] "Caracteriza-se pelo tratamento justo e isonômico de todos os sócios e demais partes interessadas (stakeholders), levando em consideração seus direitos, deveres, necessidades, interesses e expectativas." (INSTITUTO BRASILEIRO DE GOVERNANÇA CORPORATIVA. *Código de Melhores Práticas de Governança Corporativa*. 5. ed., 2015. Disponível em: https://ibgc.org.br/governanca/governanca-corporativa/principios-basicos. Acesso em: 24 de setembro de 2018).

[129] "Os agentes de governança devem prestar contas de sua atuação de modo claro, conciso, compreensível e tempestivo, assumindo integralmente as consequências de seus atos e omissões e atuando com diligência e responsabilidade no âmbito dos seus papéis." (INSTITUTO BRASILEIRO DE GOVERNANÇA CORPORATIVA. *Código de Melhores Práticas de Governança Corporativa*. 5. ed., 2015. Disponível em: https://ibgc.org.br/governanca/governanca-corporativa/principios-basicos. Acesso em: 24 de setembro de 2018).

[130] "Os agentes de governança devem zelar pela viabilidade econômico-financeira das organizações, reduzir as externalidades negativas de seus negócios e suas operações e aumentar as positivas, levando em consideração, no seu modelo de negócios, os diversos capitais (financeiro, manufaturado, intelectual, humano, social, ambiental, reputacional, etc.) no curto, médio e longo prazos." (INSTITUTO BRASILEIRO DE GOVERNANÇA CORPORATIVA. *Código de Melhores Práticas de Governança Corporativa*. 5. ed., 2015. Disponível em: https://ibgc.org.br/governanca/governanca-corporativa/principios-basicos. Acesso em: 24 de setembro de 2018).

[131] Arnoldo Wald, sobre o conceito de Governança Corporativa, coloca que, "do ponto de vista técnico, podemos dizer que o conjunto de medidas que assegura o funcionamento eficiente, rentável e equilitativo das empresas deve assegurar a prevalência do interesse social sobre os eventuais interesses particulares dos acionistas, sejam eles controladores, representantes da maioria ou da minoria. Trata-se, portanto, da criação do Estado de Direito dentro da sociedade anônima, em oposição ao regime anterior de onipotência e de poder absoluto e discricionário do controlador ou do grupo de controle". (WALD, Arnoldo. O Governo das Empresas. In: *Revista de Direito Bancário, do Mercado de Capitais e da Arbitragem*, São Paulo: Revista dos Tribunais, n. 15, 2002, p. 55).

[132] Disponível em https://ibgc.org.br/governanca/governanca-corporativa, consultado em 24 de setembro de 2018, às 16h19min. Entre os portugueses o conceito mantem a mesma essência, como se verifica da definição trazia por Paulo Olavo Cunha, para quem "O sistema de governação das

Esse "sistema" referido no conceito pode ser considerado como um *modus operandi* da administração na gestão de uma empresa, que cria mecanismos de prevenção e combate daqueles elementos que podem levar aos desvios empresariais, quais sejam, o conflito de agência e a assimetria informacional. Na esteira do pensamento de Menezes Cordeiro, a governança corporativa não é definida em termos jurídicos, mas, sim, como medida a ser implementada na gestão da empresa, sendo a sua "grande vantagem (é) a sua natureza não legalista. Lidamos com regras flexíveis, de densidade variável, adaptáveis a situações profundamente distintas e que não vemos como inserir num Código de Sociedades Comerciais".[133]

Diante disso, as melhores práticas de Governança sugerem algumas condutas para os administradores que erradicam ou minimizam os problemas, tornando a empresa mais confiável no mercado e, portanto, mais interessante para os investidores.[134] Algumas dessas melhores práticas, sugeridas no Código do IBGC, são: cada ação ou quota deve dar direito a um voto; previsão estatutária de eventuais mecanismos de proteção contra tomada de controle; previsão estatutária de adoção da arbitragem e/ou outras formas de resolução de conflitos para a solução de disputas societárias; realização de Oferta Pública de Ações (OPA) para as transações que implicarem alienação do controle, devendo ser ofertado o mesmo preço a todos os acionistas; realização de OPA sempre que um acionista ou grupo de acionistas atingir participação relevante no capital votante, ou seja, 30% ou mais do capital; Conselho de Administração formado prioritariamente por conselheiros independentes; separação entre presidente do Conselho e diretor-presidente; diretor-presidente não deve ser membro do Conselho de Administração; criação de comitês para assessoramento do Conselho de Administração; existência concomitante de comitê de auditoria e Conselho

---

sociedades ou corporate governance é o conjunto de regras e princípios que o órgão de gestão de uma sociedade anónima aberta deve respeitar no exercício da respectiva actividade; e que se caracteriza por incluir regras que visam tornar transparente a administração da sociedade, definir a responsabilidade dos respectivos membros e assegurar que na composição da administração se reflectem, tanto quanto possível, as diversas tendências accionistas". (CUNHA, Paulo Olavo. Corporate & Public Governance nas sociedades anónimas: primeira reflexão. In: *Direito das Sociedades em Revista*, set 2010, ano 2, v. 4, Coimbra: Almedina, p.170.)

[133] MENEZES CORDEIRO, António. *Direito das Sociedades*. Parte Geral. 3. ed. vol. I, Coimbra: Almedina, 2011, p. 901-902.

[134] Segundo Francisco Reyes, "(...) considera-se que existe uma relação diretamente proporcional entre o desenvolvimento de um determinado mercado de capitais e a natureza e efetividade das regras leais ali aplicáveis. De maneira mais específica, pode-se afirmar que os objetivos dos princípios de organização societária (governança corporativa) se referem à necessidade de melhorar os sistemas de revelação de informação, facilitar uma vigilância que garanta a efetividade na atuação dos Conselhos de Administração, assegurar a independência dos auditores e garantir a autonomia dos denominados conselheiros independentes, isto é, aqueles membros de Conselho de Administração que não ocupam cargos executivos na empresa." (REYES, Francisco. *Direito Societário Americano – Estudo Comparativo*. São Paulo: Quartier Latin, 2013, p. 251).

Fiscal; implementação de código de conduta que reflita princípios éticos, identidade e cultura organizacional e canal de denúncias para que sejam apurados descumprimentos desse documento; divulgação de informações, financeiras e quaisquer outras que possam afetar a companhia, de forma clara, objetiva e completa; desenvolvimento de política de prevenção e detecção de atos de natureza ilícita.[135]

Também foi de grande relevância no cenário nacional, para o fomento da Governança Corporativa, a criação, em 2001, dos "Níveis Diferenciados de Governança Corporativa" pela então BOVESPA, hoje denominada de B3.

A B3, seguindo a tendência das Bolsas mundiais, lançou em 2001 um seguimento de mercado destinado a empresas que observavam regras de Governança Corporativa em sua gestão. Esse seguimento, dividido em Nível 1, Nível 2 e Novo Mercado, tem regras especiais de participação, impondo às empresas aderentes práticas de Governança, que, se descumpridas, podem levar à exclusão dos níveis diferenciados. A vantagem de participar desses seguimentos é a maior credibilidade que eles garantem, pela observância de condutas transparentes, em alguns casos superando o exigido pela legislação nacional,[136] entre outras em que baseiam o movimento da Governança.

Ainda em 2001, outro acontecimento foi relevante para o cenário da Governança Corporativa. A promulgação da Lei 10.303/2001, que alterou dispositivos da Lei 6.404/1976, trouxe para dentro do ordenamento jurídico brasileiro princípios de Governança, que já estavam sendo disseminados e, em alguma medida, adotados pelo mercado. As principais alterações trazidas pela Lei 10.303/2001 que se coadunam com as melhores práticas de Governança são: (1) no artigo 4º, § 4º, a "proteção aos acionistas minoritários na hipótese de fechamento do capital da companhia, estipulando a obrigação de se realizar oferta pública, por preço justo, sujeita à revisão por solicitação de acionistas que representem pelo menos 10% do capital social"; (2) artigo 15, § 2º, a "redução na proporção, no capital social, entre ações preferenciais e ordinárias, para 50%, exigindo maior representatividade do capital social em ações com direito a voto (...)"; (3) no artigo 141, II, a "eleição de um membro do conselho de administração por acionistas titulares de ações preferenciais que detenham pelo menos 10% do capital social";

---

[135] INSTITUTO BRASILEIRO DE GOVERNANÇA CORPORATIVA. Código de Melhores Práticas de Governança Corporativa. 5. ed., 2015. Disponível em: https://ibgc.org.br/governanca/governanca-corporativa/principios-basicos. Acesso em: 24 de setembro de 2018.

[136] Exemplo disso é a regra do Novo Mercado para as empresas que participam deste segmento, que 100% das suas ações emitidas sejam ordinárias, isto é, com direito a voto. Essa regra supera a exigência do artigo 15, § 2º, da Lei 6.404/76, a saber: (...) § 2º O número de ações preferenciais sem direito a voto, ou sujeitas a restrição no exercício desse direito, não pode ultrapassar 50% (cinquenta por cento) do total das ações emitidas.

(4) artigo 254-A o "direito dos acionistas titulares de ações com direito a voto de alienar suas ações por preço correspondente a 80% do valor das ações integrantes do bloco de controle, em oferta pública a ser realizada quando da alienação do controle da companhia".[137]

Outro marco importante, mais recentemente, é lançamento do *Código Brasileiro de Governança Corporativa – Companhias Abertas*, em 2016, que foi elaborado por 11 entidades[138] relacionadas ao Mercado de Capitais, que tem por objetivo nortear as empresas brasileiras e os investidores naquelas práticas que foram consideradas como primordiais em matéria de Governança. A edição desse Código também objetiva devolver ao Brasil a posição de protagonismo que até então ocupava em matéria de desenvolvimento e implementação de Governança

---

[137] PARENTE, Norma. Principais inovações introduzidas pela Lei n. 10.303, de 31 de outubro de 2001, à Lei de Sociedades por Ações. *In*: LOBO, Jorge. *Reforma da Lei das Sociedades Anônimas*. 2. ed. Rio de Janeiro: Forense, 2002, p. 15. A introdução de práticas de boa governança nas legislações societárias dos países firma-se como uma tendência. Apesar de ainda existirem questionamentos sobre os benefícios de uma boa governança, parece não haver sobre os malefícios de uma má governança. Nesse sentido, verifica-se a exposição de motivos da Ley 31/2014, que alterou a "Ley de Sociedades de Capital para la mejora del gobierno corporativo" na Espanha: "Tanto desde una perspectiva económica como jurídica, el gobierno corporativo de las sociedades viene adquiriendo en los últimos años una transcendencia tal que se ha incorporado, con carácter estructural y permanente, a la agenda regulatoria de las autoridades y a los planes estratégicos de actuación de las instituciones privadas. A su vez, el conjunto de materias o áreas que es objeto de reflexión a la luz de los principios de buen gobierno corporativo se amplía progresivamente. Así, si en origen el gobierno corporativo se centraba en el estudio del consejo de administración y en las posibles soluciones a los problemas de agencia y de información asimétrica de las sociedades mercantiles, en la actualidad, junto con estas cuestiones, se analizan pormenorizadamente otras como las relativas a las retribuciones y profesionalización de administradores y directivos. Este creciente interés por el buen gobierno corporativo se fundamenta en dos pilares principales. Por una parte, el convencimiento generalizado de la utilidad de este tipo de prácticas empresariales. Los agentes económicos y sociales reconocen en el valor de una gestión adecuada y transparente de las sociedades, y muy especialmente, de las sociedades cotizadas, cuantificando el impacto de contar con este tipo de medidas y procedimientos, y adoptando sus criterios de inversión en función de los resultados de este análisis. Desde este punto de vista, el buen gobierno corporativo es un factor esencial para la generación de valor en la empresa, la mejora de la eficiencia económica y el refuerzo de la confianza de los inversores. Por otra parte, los líderes de la Unión Europea y del G-20 coinciden en señalar que la complejidad en la estructura de gobierno corporativo de determinadas entidades, así como su falta de transparencia e incapacidad para determinar eficazmente la cadena de responsabilidad dentro de la organización, se encuentran entre las causas indirectas y subyacentes de la reciente crisis financiera. Efectivamente, tanto entidades financieras como empresas de carácter no financiero se han visto afectadas por la asunción imprudente de riesgos, por el diseño de sistemas de retribución inapropiados, así como por la deficiente composición de los órganos de dirección y administración. En consecuencia, el gobierno corporativo ha vivido un renovado impulso. Así se plasmó en la declaración de Pittsburgh de septiembre de 2009 o en la publicación en el año 2011 del Libro Verde para analizar la eficacia de la regulación no vinculante sobre gobierno corporativo por parte de la Comisión Europea, que dejaba la puerta abierta a una mayor regulación sobre gobierno corporativo en normas de carácter vinculante." (ESPAÑA. Ley 31/2014, de 3 de diciembre, por la que se modifica la Ley de Sociedades de Capital para la mejora del gobierno corporativo. Disponível em https://www.boe.es/eli/es/l/2014/12/03/31. Acesso em: 22 de janeiro de 2019, às 11:00).

[138] ABRAPP, ABRASCA, ABEVCAP, AMEC, ANBIMA, APIMEC, BM&FBOVESPA, BRAiN, IBGC, IBRI, Instituto IBMEC.

Corporativa e que foi maculada pela atual crise econômica e escândalos empresariais vivenciados nos últimos anos nos país.

A implementação de um programa de Governança Corporativa em uma companhia passa pela elaboração de um *Código de Melhores Práticas* (o documento da autorregulação), que conterá os princípios norteadores daquela empresa na condução de seus negócios. Esse documento poderá ser construído pela própria empresa ou então adotado de alguma entidade. Quanto ao seu conteúdo, poderá tratar separadamente dos assuntos correlatos à gestão e ao relacionamento com os investidores e as questões éticas e de responsabilidade (situação em que a empresa terá dois documentos distintos) ou poderá tratar ambos os assuntos em um único documento. Como bem colocado por Coutinho de Abreu, "não existe modelo único de boa governação societária".[139] [140]

A adoção de um sistema de Governança atingirá todos os envolvidos em uma empresa, sejam colaboradores internos, externos, *shareholders*, clientes, consumidores, entre outros. O impacto da Governança em cada um desses atores será distinto, alguns percebendo seus possíveis benefícios, outros tendo que desenvolver uma nova forma de trabalho que deverá observar aquelas melhores práticas que a empresa passa a aderir. No entanto, o maior protagonismo em um processo de Governança é da alta administração da empresa, ou seja, seus diretores e conselheiros de administração. Primeiro, porque o planejamento de implementação da Governança é papel do Conselho de Administração, dentro dos seus deveres de desenhar as melhores estratégias para a companhia, pensando sempre no seu desenvolvimento e continuidade a longo prazo. A implementação efetiva desse programa é tarefa da Diretoria Executiva, no exercício de seguir as recomendações do Conselho, ou a outra instância da empresa para isso designada, mas sempre com a supervisão desses órgãos. Após a implementação da Governança, o seu monitoramento e fiscalização também devem ser reportados aos órgãos de administração, pois eventuais situações de riscos detectadas podem impactar nas decisões que esses órgãos tomarão em nome da companhia. E, não obstante tudo isso, um sistema de Governança somente funcionará se o "topo" da companhia se comprometer e tornar o cumprimento das melhores práticas parte da cultura organizacional. É a reconhecida expressão "o tom que vem do topo".

---

[139] COUTINHO DE ABREU, Jorge Manuel. *Governação das Sociedades*. 2. ed. Almedina: Coimbra, 2010, p. 20.

[140] Sobre os códigos de condutas empresariais tivemos a oportunidade de escrever sobre sua natureza jurídica e vinculação destes aos princípios de direito no texto "Códigos de Condutas Empresariais: Um Ensaio de Qualificação Jurídica", disponível em http://www.publicadireito.com.br/conpedi/manaus/arquivos/Anais/sao_paulo/2104.pdf.

A análise da Governança feita até aqui teve por objetivo ressaltar que foram iniciativas eminentemente privadas que deram origem a esse sistema, e a adoção pelas empresas desse *modus operandi* sempre foi voluntário.[141] A liberdade de escolha em relação à Governança também se verifica, na medida em que as empresas não necessitam vincular-se a todas as melhores práticas sugeridas, tampouco seguir os modelos de códigos internos propostos por qualquer organização. Pode a empresa construir o seu modelo de Governança, com base em suas necessidades, sua estrutura e seus recursos. Ainda, talvez no seu surgimento, não fosse a intenção de que esse mecanismo de gestão se impusesse como uma obrigação dos administradores, a ponto de vinculá-los e atribuir-lhes responsabilidades.[142]

Pois bem, entende-se que este cenário mudou.[143] Muito embora não exista nenhuma regra no ordenamento jurídico brasileiro que im-

---

[141] Neste sentido, Coutinho de Abreu, ao se referir sobre e proliferação dos códigos de melhores práticas na Europa, entre os anos de 1998 e 2002, explica que: "Estes textos de recomendações e sugestões, de iniciativa privada na maioria dos casos, não são juridicamente vinculativos. Embora possam impor-se de facto (por força, sobretudo, da pressão dos investidores), e ser fonte de usos societários". (COUTINHO DE ABREU, Jorge Manuel. *Governação das Sociedades*. 2. ed. Almedina: Coimbra, 2010, p. 12-13). Também sobre o assunto manifesta-se Paulo Olavo Cunha, com quem concorda-se parcialmente, pois entende-se que a adoção de melhores práticas de Governança não se dá tão somente por "simples reconhecimento social": "Apesar da pressão crescente a que o legislador tem estado sujeito, nomeadamente para conceder carácter injuntivo a um número cada vez maior de regras relativas à *corporate governance*, a verdade é que o sistema de governação societário é caracterizado por muitas disposições que se reconduzem à chamada "*soft law*", correspondente à autorregulação que as sociedades anónimas se propõem observar na procura do (simples) reconhecimento social e, consequente, afirmação no mercado." (CUNHA, Paulo Olavo. Corporate & Public Governance nas sociedades anónimas: primeira reflexão. In: Direito das Sociedades em Revista, set 2010, ano 2, v. 4, Coimbra: Almedina, p.175.)

[142] Neste sentido, o caso Brehm *v.* Eisner, julgado pela Suprema Corte de Delaware: "Essa liberdade, todavia, não deve ser usada para incorporar deveres e responsabilidades que não são razoáveis, evitando-se transformar opiniões pessoais ou recomendações em regras legais. Neste sentido, embora se reconheça a importância do movimento da governança corporativa – que nas sábias palavras de Paul Davies no tradicional Gowers (1997, p. 66), é uma palavra moderna para uma questão tão antiga quanto o surgimento da grande companha aberta – é fundamental se ter presente que muitas das sugestões e recomendações desse movimento devem ser apenas assim consideradas, e não como regra legal, que não são". Foi isso o que decidiu a Suprema Corte de Delaware, ao destacar que: "todas as boas práticas de governança corporativa incluem o cumprimento de regras estatutárias e precedentes judiciais que estabelecem obrigações fiduciárias. A aspiração a boas práticas de governança corporativa que perpassem os limites mínimos legais impostos pela lei societária, no que tange ao Conselho de Administração, são extremamente recomendáveis, o que normalmente tende a beneficiar acionistas e, por vezes, reduz litígios, assim como evita a responsabilização dos administradores. Não obstante, esses ideais não são exigidos pela legislação e não definem padrões de responsabilização." (Disponível em https://www.courtlistener.com/opinion/2206496/brehm-v-eisner/?q=Brehm+v.+Eisner. Acesso em: 05 de janeiro de 2019).

[143] "El buen gobierno es entendido hoy como un 'deber' inherente a la estructura de toda corporación cotizada en bolsa debidamente organizada cuyo cumplimiento es necesario para poder emitir y colocar en el mercado las acciones y las obligaciones de esa empresa. No hay discusión tampoco acerca de que el buen gobierno corporativo responde a unos estándares internacionales bien conocidos, predecibles y relativamente fáciles de constrastar, muy bien valorados por autoridades e inversores, por encima o con independencia de lo que puedan establecer las leyes nacionales y los códigos de buen gobierno vigentes en cada país. Por tanto, cualquier actitud contraria,

ponha a adoção de sistemas de Governança Corporativa às empresas privadas, existe um contexto legislativo e mercadológico, que passa pelo combate às fraudes e pela responsabilidade dos administradores, que torna, sim, a adoção de melhores práticas compromisso da agenda de qualquer companhia.

2.3.3. O compliance

Aproximadamente desde o ano de 2013, com a promulgação da Lei 12.846, um novo vocábulo, oriundo da língua inglesa, tomou conta do mundo corporativo: inseriu-se como um compromisso das empresas a necessidade de implementar e manter programas de *compliance*. *Compliance* significa conformidade; a expressão é proveniente do verbo *to comply*, que significa cumprir. E o significado do *compliance* empresarial, não se distancia do seu significado linguístico, ou seja, trata-se de as empresas manterem conduta cumpridora da lei e de seus regimentos internos. Para isso, as empresas podem adotar os chamados programas de integridade ou conformidade em que, em um exercício de "autorregulação", criarão normas de condutas, padrões éticos e mecanismos de controle e efetividade do cumprimento dessas normas, que atendem o previsto na legislação, mas também podem impor condutas para além da lei. Esses programas de integridade visam à proteção da reputação da empresa, à garantia de valor e confiança do investidor e à redução nas incertezas das transações comerciais, pois, se bem implementados, ajudam a evitar, detectar, remediar e denunciar condutas não conformes.[144]

Em uma primeira análise, pode-se pensar que não há nada de novo em cumprir a lei. Muito pelo contrário, esse é o dever básico de qualquer destinatário de uma legislação. No entanto, a excitação em torno dos "movimentos de *compliance*",[145] analisando-se especialmente o ce-

---

de oposición o simulación, ante la aplicación de ese fondo común de 'Derecho internacional de Buen Gobierno de las Sociedades Cotizadas', se verá penalizada en el mercado, aunque pudiera no infringir normas jurídicas vinculantes". (ROS, Rafael Mateu de. Principales reformas recientes en materia de Gobierno Corporativo: normas legales y recomendaciones. Especial referencia a Sociedades Cotizadas. *In*: BALTAR, Ángel Fernández-Albor; CARRILLO, Elena F. Pérez; CARLOS, Marcos R. Torres. *Actores, actuaciones y controles del buen gobierno societario y financiero*. Madrid: Marcial Pons, 2018, p. 65.)

[144] CRIMINAL DIVISION OF THE U.S. DEPARTMENT OF JUSTICE; THE ENFORCEMENT DIVISION OF THE U.S. SECURITIES AND EXCHANGE COMMISSION . *FCPA – A Resource Guide to the U.S. Foreign Corrupt Practices Act*, 2012. Disponível em: https://www.justice.gov/sites/default/files/criminal-fraud/legacy/2015/01/16/guide.pdf. Acesso em: 19 de janeiro de 2019.

[145] O Superior Tribunal de Justiça já decidiu tendo o *compliance* como um dos fundamentos da decisão: "Ocorre que, para não haver forte redução do grau de diligência ou a assunção de riscos excessivos pelo gestor, o que comprometeria tanto a atividade de compliance da empresa quanto as boas práticas de governança corporativa, a apólice do seguro de RC D&O não pode cobrir atos dolosos, principalmente se cometidos para favorecer a própria pessoa do administrador. De fato,

nário brasileiro, parece não ser sem razão. Primeiro, porque a sociedade em geral, diante de tantos escândalos envolvendo a corrupção nos últimos anos, clama por um retorno à ética. Segundo, sob a perspectiva das empresas, há uma grande preocupação com a produção e disseminação de notícias (algumas inclusive falsas) que podem impactar negativamente na sua imagem e, por consequência, nas suas finanças. O efeito nefasto de uma notícia que envolva fraude é imediato. Exemplo disso é a "Operação Carne Fraca" em que foram apuradas irregularidades na fiscalização de frigoríficos com a conivência de alguns membros do Ministério da Agricultura Pecuária e Abastecimento. A operação foi deflagrada em 17 de março de 2017; já na semana seguinte, o DIEESE[146] apurou uma queda de 14,3% nas exportações de carne brasileira. No dia 5 de março de 2018, iniciou a terceira fase da operação, denominada de "Trapaça", que resultou na prisão de alguns membros da Diretoria da empresa BRFoods. Nesse mesmo dia, as ações da empresa tiveram baixa de 19,75%, que representou uma perda de 5 bilhões de reais em valor de mercado.[147] E esse cuidado, das empresas preocupadas em não se verem envolvidas em escândalos de corrupção, se dissemina para os seus parceiros de negócios, que acabam por ser compelidos a adotarem as mesmas práticas de conformidade para que possam manter ou estabelecer as relações negociais.[148]

No entanto, não foi somente pelo clamor popular e pela necessidade das empresas de serem e parecerem éticas e cumpridoras da lei, que

---

a garantia securitária do risco não pode induzir a irresponsabilidade." (BRASIL. Superior Tribunal de Justiça. Recurso Especial 1.601.555. RECURSO ESPECIAL. CIVIL. SEGURO DE RESPONSABILIDADE CIVIL DE DIRETORES E ADMINISTRADORES DE PESSOA JURÍDICA (SEGURO DE RC D&O). RENOVAÇÃO DA APÓLICE. QUESTIONÁRIO DE AVALIAÇÃO DE RISCO. INFORMAÇÕES INVERÍDICAS DO SEGURADO E DO TOMADOR DO SEGURO. MÁ-FÉ. CONFIGURAÇÃO. PERDA DO DIREITO À GARANTIA. INVESTIGAÇÕES DA CVM. PRÁTICA DE INSIDER TRADING. ATO DOLOSO. FAVORECIMENTO PESSOAL. ATO DE GESTÃO. DESCARACTERIZAÇÃO. AUSÊNCIA DE COBERTURA. Min. Ricardo Villas Bôas Cueva, 20 de fevereiro de 2017. Disponível em: http://www.stj.jus.br/SCON/jurisprudencia/doc.jsp. Acesso em 05 de janeiro de 2019.)

[146] Informações sobre os impactos da Operação Carne é Fraca em DIEESE – DEPARTAMENTO INTERSINDICAL DE ESTATÍSTICAS E ASSUNTOS SOCIOECONÔMICOS. Impactos da operação carne fraca sobre o setor pecuário e os empregos, 2017. Disponível em: https://www.dieese.org.br/notatecnica/2017/notaTec176CarneFraca.pdf. Acesso em: 18 de janeiro de 2019.

[147] O ESTADO DE SÃO PAULO. BRF perde quase R$5 bi em valor de marcado após PF deflagrar a 03ª fase da Carne Fraca, 05 de março de 2018. *Estadão*. Disponível em https://economia.estadao.com.br/noticias/geral,acoes-da-brf-despencam-apos-pf-deflagrar-a-terceira-fase-da-operacao-carne-fraca,70002214271. Acesso em: 18 de janeiro de 2019.

[148] Neste sentido, Frazão e Medeiros: "Grandes sociedades empresárias, como a Nestlé, por exemplo, impõem aos fornecedores um Código de Ética e Conduta, cuja não observância abre espaço para o encerramento unilateral da relação contratual. Alguns autores como Martín sugerem que esse tipo de exigência por uma multinacional em um país tradicionalmente corrupto poder ser, inclusive, mais efetivo para evitar os ilícitos do que a assinatura de vários convênios internacionais." (FRAZÃO, Ana; MEDEIROS, Ana Rafaela Martinez. Desafios para a efetividade dos programas de *compliance. In*: CUEVA, Ricardo Villas Bôas; FRAZÃO, Ana. *Compliance – Perspectivas e desafios dos programas de conformidade*. Belo Horizonte: Fórum, 2018, p. 79).

o legislador brasileiro optou por inserir no texto da Lei 12.846/2013 referência expressa aos programas de integridade, vindo, posteriormente, mediante Decreto 8.420/2015, a regulamentá-los. Acredita-se que houve o reconhecimento no cenário nacional da ineficiência do Estado em combater sozinho os atos lesivos à administração pública, a exemplo do que já havia ocorrido em outros ordenamentos. Retome-se o dado já referido da OCDE de que a maioria dos casos de corrupção internacional descobertos de 1999 a 2014 se deu por obra dos controles internos das empresas, e não pela ação do poder de polícia do Estado. O próprio caso envolvendo o Grupo JBS, referido nesta pesquisa, veio ao conhecimento público por denúncia espontânea de seus administradores.

A legislação norte-americana de combate à corrupção prevê incentivos para a adoção de programas de integridade que sejam considerados "geralmente" eficazes. Por "geralmente" eficazes devem ser entendidos aqueles programas que prioritariamente detectam as fraudes, havendo uma consciência do legislador e dos aplicadores da lei de que é impossível exigir-se um programa de integridade infalível. Os critérios para se considerar um programa geralmente eficaz podem ser verificados no *US Sentencing Guidelines*,[149] que parte da premissa de que a eficácia de um programa começa com o empenho da empresa em exercer a devida diligência para prevenir e detectar condutas criminosas e promover uma cultura organizacional que encoraje a conduta ética e um compromisso com o cumprimento da lei. Para atingir esse último ponto, a organização deve estabelecer padrões e procedimentos para prevenir e detectar a conduta criminosa, e a administração da empresa deve estar bem informada sobre o conteúdo e a operação do programa de conformidade e ética.

Ainda, também é tarefa da administração da empresa implementar o programa de integridade e exercer uma supervisão razoável em relação à eficácia desse programa, com o auxílio de profissional designado especialmente para fazer a operação rotineira do programa de conformidade e ética. Em relação ao conteúdo e às práticas mínimas que devem integrar os padrões e os procedimentos de conformidade, o documento refere que ninguém deve estar fora do alcance do programa, devendo este contar com o comprometimento da gestão e ser claro e acessível a todos os colaboradores; a organização deve tomar medidas razoáveis no momento da contratação de terceiros, fazendo revisões sistemáticas dessas contratações; promover treinamento periódico sobre os padrões e os procedimento do seu programa de *compliance*, a

---

[149] UNITED STATES SENTENCING COMMISSION. *Guidelines Manual*, 2020. Disponível em: https://www.justice.gov/criminal-fraud/file/1292051/download. Acesso em: 29 de agosto de 2020.

todos os seus colaboradores, incluindo a alta administração; garantir que o programa de conformidade e ética da organização seja seguido, incluindo monitoramento e auditoria para detectar condutas criminosas; avaliar periodicamente a eficácia do programa de conformidade e ética da organização; destinar quantidade de recursos para a implementação e execução do programa de *compliance* compatíveis com o tamanho e riscos da organização; e ter e divulgar um sistema, que pode incluir mecanismos que permitam o anonimato ou a confidencialidade, por meio do qual os funcionários e os agentes da organização podem relatar ou buscar orientação sobre conduta criminosa potencial ou real sem medo de represálias.

Além disso, o programa de ética e conformidade da organização deve ser promovido e aplicado de forma consistente em toda a organização por meio de incentivos apropriados[150] para o seu cumprimento e prever medidas disciplinares condizentes para o caso de ocorrência de condutas indesejáveis. Em havendo a detecção de alguma conduta criminosa, além de comunicar imediatamente a autoridade competente, a organização deve adotar medidas razoáveis para responder adequadamente à conduta e impedir outras similares, inclusive fazendo quaisquer modificações necessárias ao programa de conformidade e ética da organização.

O incentivo dado pela legislação americana para a adoção de programas de integridade pode ser desde a não acusação da pessoa jurídica até a diminuição das penas no caso de a empresa ser condenada pela FCPA. Esses incentivos, no entanto, podem deixar de ser aplicados se a empresa retardar em comunicar à autoridade pública a ocorrência do delito, se houver participação ou ignorância intencional da alta administração nas empresas com mais de 200 funcionários e, quando há a verificação de que o programa de integridade não é eficaz (há a presunção de ineficácia do programa, quando houver envolvimento da administração nas empresas de pequeno porte e, em qualquer empresa, quando pessoas com cargo gerencial – não necessariamente os admi-

---

[150] Destaca-se que o guia sugere que os incentivos positivos ao cumprimento, como por exemplo, uma promoção ou um bônus salarial, são mais eficazes para atingir os objetivos do que as punições: "DOJ and SEC recognize that positive incentives can also drive compliant behavior. The incentives can take many forms such as personnel evaluations and promotions, rewards for improving and developing a company's compliance program, and rewards for ethics and compliance leadership.337 Some organizations, for example, have made adherence to compliance a significant metric for management's bonuses so that compliance becomes an integral part of management's everyday concern. Beyond financial incentives, some companies have highlighted compliance within their organizations by recognizing compliance professionals and internal audit staff. Others have made working in the company's compliance organization a way to advance an employee's career." (UNITED STATES SENTENCING COMMISSION. *Guidelines Manual*, 2020. Disponível em: https://www.justice.gov/criminal-fraud/file/1292051/download. Acesso em: 29 de agosto de 2020, p. 61).

nistradores – participaram, toleraram ou ignoraram intencionalmente o delito).[151]

Na mesma linha de incentivo ao combate privado da corrupção, segue o UK Bribery Act de 2010, que na "section 7"[152] prevê que as empresas que forem envolvidas em casos de corrupção poderão utilizar os programas de integridade em sua defesa. Após a edição da legislação, o Ministério da Justiça lançou o *Ministry of Justice's Guidance*, uma espécie de guia de instruções da legislação, com alguns comentários e esclarecimentos sobre o que se esperava dela, especialmente sobre o conteúdo mínimo dos programas de integridade para que pudessem ser valorados na dosimetria da pena dos casos de corrupção.

Não diferindo muito em relação às exigências norte-americanas, as recomendações anglo-saxãs ditam que as empresas devem fazer uma detalhada avaliação dos riscos aos quais estão submetidas, para adotar procedimentos de integridade compatíveis com esses. Deverão ser considerados o tamanho da organização, a complexidade de suas atividades, o tipo e a natureza de pessoas associadas à empresa, a dependência de terceiros, a existência de negociações internacionais e onde elas ocorrem. Avaliados os riscos, o programa deve abordar, minima-

---

[151] CRIMINAL DIVISION OF THE U.S. DEPARTMENT OF JUSTICE; THE ENFORCEMENT DIVISION OF THE U.S. SECURITIES AND EXCHANGE COMMISSION . *FCPA – A Resource Guide to the U.S. Foreign Corrupt Practices Act*, 2012. Disponível em: https://www.justice.gov/sites/default/files/criminal-fraud/legacy/2015/01/16/guide.pdf. Acesso em: 19 de janeiro de 2019 e UNITED STATES SENTENCING COMMISSION. *Guidelines Manual*, 2020. Disponível em: https://www.justice.gov/criminal-fraud/file/1292051/download. Acesso em: 29 de agosto de 2020.

[152] Section 7 Failure of commercial organisations to prevent bribery
(1) A relevant commercial organisation ("C") is guilty of an offence under this section if a person ("A") associated with C bribes another person intending– (a) to obtain or retain business for C, or (b) to obtain or retain an advantage in the conduct of business for C.
(2) But it is a defence for C to prove that C had in place adequate procedures designed to prevent persons associated with C from undertaking such conduct.
(3) For the purposes of this section, A bribes another person if, and only if, A– (a) is, or would be, guilty of an offence under section 1 or 6 (whether or not A has been prosecuted for such an offence), or (b) would be guilty of such an offence if section 12(2)(c) and (4) were omitted.
(4) See section 8 for the meaning of a person associated with C and see section 9 for a duty on the Secretary of State to publish guidance.
(5) In this section – "partnership" means – (a) a partnership within the Partnership Act 1890, or (b) a limited partnership registered under the Limited Partnerships Act 1907, or a firm or entity of a similar character formed under the law of a country or territory outside the United Kingdom, "relevant commercial organisation" means – (a) a body which is incorporated under the law of any part of the United Kingdom and which carries on a business (whether there or elsewhere), (b) any other body corporate (wherever incorporated) which carries on a business, or part of a business, in any part of the United Kingdom, (c) a partnership which is formed under the law of any part of the United Kingdom and which carries on a business (whether there or elsewhere), or (d) any other partnership (wherever formed) which carries on a business, or part of a business, in any part of the United Kingdom, and, for the purposes of this section, a trade or profession is a business. (UNITED KINGDOM. Bribery Act, 08th April 2010. An Act to make provision about offences relating to bribery; and for connected purposes. Disponível em: https://www.legislation.gov.uk/ukpga/2010/23/section/7. Acesso em: 26 de janeiro de 2019)

mente, o comprometimento da alta administração; mecanismos de *due diligence* de pessoas relacionadas; políticas de presentes, doações e outros pagamentos de facilitações; políticas de relações laborais, incluindo recrutamento, remunerações e sanções disciplinares; políticas de relações negociais, incluindo obrigações pré e pós-contratuais; políticas de controles financeiros, contabilidade, auditoria e prestação de contas; transparência e divulgação de informações; prevenção e combate da tomada de decisões em situações de conflito de interesses; medidas e sanções decorrentes da prática de corrupção; política de implementação do programa de integridade; treinamento de todos os envolvidos com a empresa, monitoramento, revisão e avaliação dos procedimento anticorrupção.[153]

A comprovação da eficácia do programa de integridade no Reino Unido pode levar não só à diminuição da pena da pessoa jurídica, mas, sim, à sua absolvição, independentemente da eventual condenação das pessoas que agiram em seu nome.

A Lei 12.846/2013, seguindo uma tendência mundial, como já referido, contemplou os programas de integridade como uma forma de atenuante da pena das empresas eventualmente condenadas pelas práticas lesivas à administração pública previstas naquele diploma legislativo.[154] A previsão consta no inciso VIII do artigo 7º da referida legislação:

> Art. 7º Serão levados em consideração na aplicação das sanções:
> I – a gravidade da infração;
> II – a vantagem auferida ou pretendida pelo infrator;
> III – a consumação ou não da infração;
> IV – o grau de lesão ou perigo de lesão;
> V – o efeito negativo produzido pela infração;
> VI – a situação econômica do infrator;
> VII – a cooperação da pessoa jurídica para a apuração das infrações;
> VIII – a existência de mecanismos e procedimentos internos de integridade, auditoria e incentivo à denúncia de irregularidades e a aplicação efetiva de códigos de ética e de conduta no âmbito da pessoa jurídica;

---

[153] MINISTRY OF JUSTICE. *The Bribery Act 2010 – Guidance*. 2010. Disponível em: https://www.justice.gov.uk/downloads/legislation/bribery-act-2010-guidance.pdf. Acesso em: 26 de janeiro de 2019.

[154] Seguindo esta mesma linha, em 2016, o Conselho Administrativo de Defesa Econômica lançou o Guia Programas de *Compliance*, para incentivar as empresas a adotarem medidas de conformidade concorrencial. O benefício da adoção resulta em possíveis diminuições das multas impostas pelo CADE, quando do julgamento do processo administrativo por ilícito concorrencial. (CONSELHO ADMINISTRATIVO DE DEFESA ECONÔMICA. *Guia Programas de Compliance*. Janeiro de 2016. Disponível em http://www.cade.gov.br/acesso-a-informacao/publicacoes-institucionais/guias_do_Cade/guia-compliance-versao-oficial.pdf. Acesso em: 28 de janeiro de 2019)

IX – o valor dos contratos mantidos pela pessoa jurídica com o órgão ou entidade pública lesados; e

X – (VETADO).

Parágrafo único. Os parâmetros de avaliação de mecanismos e procedimentos previstos no inciso VIII do *caput* serão estabelecidos em regulamento do Poder Executivo federal.

Os parâmetros de avaliação dos referidos programas, prometidos pelo parágrafo único do artigo transcrito vieram mediante Decreto 8.420/2015, nos artigos 41 e 42, a saber:

Art. 41. Para fins do disposto neste Decreto, programa de integridade consiste, no âmbito de uma pessoa jurídica, no conjunto de mecanismos e procedimentos internos de integridade, auditoria e incentivo à denúncia de irregularidades e na aplicação efetiva de códigos de ética e de conduta, políticas e diretrizes com objetivo de detectar e sanar desvios, fraudes, irregularidades e atos ilícitos praticados contra a administração pública, nacional ou estrangeira.

Parágrafo Único. O programa de integridade deve ser estruturado, aplicado e atualizado de acordo com as características e riscos atuais das atividades de cada pessoa jurídica, a qual por sua vez deve garantir o constante aprimoramento e adaptação do referido programa, visando garantir sua efetividade.

Art. 42. Para fins do disposto no § 4º do art. 5º, o programa de integridade será avaliado, quanto a sua existência e aplicação, de acordo com os seguintes parâmetros:

I – comprometimento da alta direção da pessoa jurídica, incluídos os conselhos, evidenciado pelo apoio visível e inequívoco ao programa;

II – padrões de conduta, código de ética, políticas e procedimentos de integridade, aplicáveis a todos os empregados e administradores, independentemente de cargo ou função exercidos;

III – padrões de conduta, código de ética e políticas de integridade estendidas, quando necessário, a terceiros, tais como, fornecedores, prestadores de serviço, agentes intermediários e associados;

IV – treinamentos periódicos sobre o programa de integridade;

V – análise periódica de riscos para realizar adaptações necessárias ao programa de integridade;

VI – registros contábeis que reflitam de forma completa e precisa as transações da pessoa jurídica;

VII – controles internos que assegurem a pronta elaboração e confiabilidade de relatórios e demonstrações financeiros da pessoa jurídica;

VIII – procedimentos específicos para prevenir fraudes e ilícitos no âmbito de processos licitatórios, na execução de contratos administrativos ou em qualquer interação com o setor público, ainda que intermediada por terceiros, tal como pagamento de tributos, sujeição a fiscalizações, ou obtenção de autorizações, licenças, permissões e certidões;

IX – independência, estrutura e autoridade da instância interna responsável pela aplicação do programa de integridade e fiscalização de seu cumprimento;

X – canais de denúncia de irregularidades, abertos e amplamente divulgados a funcionários e terceiros, e de mecanismos destinados à proteção de denunciantes de boa-fé;

XI – medidas disciplinares em caso de violação do programa de integridade;

XII – procedimentos que assegurem a pronta interrupção de irregularidades ou infrações detectadas e a tempestiva remediação dos danos gerados;

XIII – diligências apropriadas para contratação e, conforme o caso, supervisão, de terceiros, tais como, fornecedores, prestadores de serviço, agentes intermediários e associados;

XIV – verificação, durante os processos de fusões, aquisições e reestruturações societárias, do cometimento de irregularidades ou ilícitos ou da existência de vulnerabilidades nas pessoas jurídicas envolvidas;

XV – monitoramento contínuo do programa de integridade visando a seu aperfeiçoamento na prevenção, detecção e combate à ocorrência dos atos lesivos previstos no art. 5º da Lei nº 12.846, de 2013; e

XVI – transparência da pessoa jurídica quanto a doações para candidatos e partidos políticos.

§ 1º Na avaliação dos parâmetros de que trata este artigo, serão considerados o porte e especificidades da pessoa jurídica, tais como:

I – a quantidade de funcionários, empregados e colaboradores;

II – a complexidade da hierarquia interna e a quantidade de departamentos, diretorias ou setores;

III – a utilização de agentes intermediários como consultores ou representantes comerciais;

IV – o setor do mercado em que atua;

V – os países em que atua, direta ou indiretamente;

VI – o grau de interação com o setor público e a importância de autorizações, licenças e permissões governamentais em suas operações;

VII – a quantidade e a localização das pessoas jurídicas que integram o grupo econômico; e

VIII – o fato de ser qualificada como microempresa ou empresa de pequeno porte.

§ 2º A efetividade do programa de integridade em relação ao ato lesivo objeto de apuração será considerada para fins da avaliação de que trata o *caput*.

§ 3º Na avaliação de microempresas e empresas de pequeno porte, serão reduzidas as formalidades dos parâmetros previstos neste artigo, não se exigindo, especificamente, os incisos III, V, IX, X, XIII, XIV e XV do *caput*.

§ 4º Caberá ao Ministro de Estado Chefe da Controladoria-Geral da União expedir orientações, normas e procedimentos complementares referentes à avaliação do programa de integridade de que trata este Capítulo.

§ 5º A redução dos parâmetros de avaliação para as microempresas e empresas de pequeno porte de que trata o § 3º poderá ser objeto de regulamentação por ato conjunto do Ministro de Estado Chefe da Secretaria da Micro e Pequena Empresa e do Ministro de Estado Chefe da Controladoria-Geral da União.

A leitura dos incisos do artigo 42 demonstra que o legislador brasileiro não inovou muito em relação aos outros ordenamentos analisados, no que tange ao conteúdo dos programas de integridade. O que vale destacar é o significado dessa nova regulamentação no ordenamento jurídico brasileiro.

Nem a Lei 12.846/2013, nem o Decreto 8.420/2015 obrigam as empresas, por intermédio de seus administradores a implementar um programa de integridade. Assim como ocorreu com o movimento da Governança Corporativa, a adoção de determinadas condutas e o tornar público este compromisso ao mercado, mediante divulgação de documentos de "melhores práticas", a formalização do *compliance* por meio de um programa estruturado é ato volitivo das empresas.[155] No entanto, pela forma como foi disposta na legislação, verifica-se o interesse estatal no assunto, pois ele induz o destinatário da legislação à adoção dos programas, por incentivos, que no caso em apreço, é a possibilidade da diminuição da pena a ser aplicada em uma eventual condenação sob a égide da Lei 12.846/2013. Essa previsão de diminuição da pena consta do artigo 18 da referida legislação, que refere a possibilidade de diminuição da multa imposta em percentuais que podem variar de 1% a 4%:[156]

---

[155] Em alguns casos, a implementação de programas de integridade é obrigatório, como por exemplo, nas instituições financeiras. (BANCO CENTRAL DO BRASIL. Resolução 4.595, de 28 de agosto de 2017. Dispõe sobre a política de conformidade (*compliance*) das instituições financeiras e demais instituições autorizadas a funcionar pelo Banco Central do Brasil. Disponível em: https://www.bcb.gov.br/pre/normativos/busca/downloadNormativo.asp?arquivo=/Lists/Normativos/Attachments/50427/Res_4595_v1_O.pdf. Acesso em: 05 de março de 2019). Da mesma forma, alguns Estados da Federação instituíram a obrigatoriedade, para aquelas empresas que desejam contratar com o Poder Público Estadual, de possuírem implementados programas de integridade. São exemplos dessa prática os Estados do Amazonas (Lei Estadual 4.730/2018), Distrito Federal (Lei Estadual 6.112/2018), Espírito Santo (Lei Estadual 10.793/2017), Goiás (Lei Estadual 20.489/2019), Mato Grosso (Decreto 522/2016), Rio de Janeiro (Lei Estadual 7.753/2017) e Rio Grande do Sul (Lei Estadual 15.228/2018).

[156] A fixação do percentual de diminuição da multa ocorrerá de acordo com previsto na Portaria CGU 909/2015. Para a avaliação, a empresa deverá apresentar um relatório de perfil contendo ramo de atividade; descrição de atuação nacional e/ou estrangeira; estrutura organizacional; número de colaboradores; interações estabelecidas com a administração pública nacional e/ou estrangeiras; participações societárias como controladora, controlada, coligada ou consorciada; e informação se é microempresa ou empresa de pequeno porte. Além disso, deverá apresentar um relatório de conformidade do programa, indicando quais parâmetros do Decreto 8.420/2015 foram implementados; demonstrar o funcionamento do programa com dados, estatísticas e casos concretos; demonstrar a atuação do programa na prevenção, detecção e remediação de atos lesivos. Programas que forem considerados meramente formais não ensejarão nenhuma diminuição na pena. (CONTROLADORIA GERAL DA UNIÃO. Portaria CGU n. 909, de 07 de abril de 2015. Dispõe sobre a avaliação de programas de integridade de pessoas jurídicas. Disponível em: http://www.cgu.gov.br/sobre/legislacao/arquivos/portarias/portaria_cgu_909_2015.pdf. Acesso em: 28 de janeiro de 2019). Ainda, existente desde 2010, ganhando significativo destaque a partir de 2014, há o programa desenhado pela Controladoria Geral da União (CGU) e pelo Instituto Ethos, denominado Empresa Pró Ética. A empresa interessada em participar do programa submete-se a uma avaliação que passa pela demonstração de regularidade fiscal, inexistência de condenação em Processo Administrativo de Responsabilidade, regularidade no FGTS, ausência de débitos trabalhistas, demonstração de aderência ao Pacto Empresarial pela Integridade e Contra a Corrupção do Instituto Ethos, inexistência de negociação para acordo de leniência ou figuração como ré em Processo Administrativo de Responsabilidade no âmbito da Lei 12.846/2013. Além disso, a empresa é avaliada no seu Programa de Integridade, levando-se em consideração para atribuição de nota o comprometimento da alta direção e o compromisso com a ética, políticas e procedimentos, comunicação treinamento, canais de denuncia e remediação, análise de riscos e monitoramento, transparência e responsabilidade social. A empresa que cumpre todos os requisi-

Art. 18. Do resultado da soma dos fatores do art. 17 serão subtraídos os valores correspondentes aos seguintes percentuais do faturamento bruto da pessoa jurídica do último exercício anterior ao da instauração do PAR, excluídos os tributos:
I – um por cento no caso de não consumação da infração;
II – um e meio por cento no caso de comprovação de ressarcimento pela pessoa jurídica dos danos a que tenha dado causa;
III – um por cento a um e meio por cento para o grau de colaboração da pessoa jurídica com a investigação ou a apuração do ato lesivo, independentemente do acordo de leniência;
IV – dois por cento no caso de comunicação espontânea pela pessoa jurídica antes da instauração do PAR acerca da ocorrência do ato lesivo; e
V – um por cento a quatro por cento para comprovação de a pessoa jurídica possuir e aplicar um programa de integridade, conforme os parâmetros estabelecidos no Capítulo IV.

O legislador brasileiro deixou clara a sua intenção de ver os programas de integridade disseminados pelo mercado, nas empresas privadas, para tê-las como cúmplices no combate às fraudes empresariais. Não poderia impor a implementação desses programas, primeiro, porque feriria o mais básico princípio da atividade empresarial, que é a autonomia do empresário em determinar a forma de condução e os elementos integrantes da sua organização empresarial;[157] segundo, porque a eficácia desses programas depende da adequação às particularidades de cada organização. Então, recorreu o legislador aos estímulos, utilizando a norma como um instrumento[158] de realização do ideal do Estado, não de forma punitiva, mas, sim, de forma premial.

---

tos estabelecidos ganha o "Selo de Empresa Pró-Ética". Informações disponíveis em http://www.cgu.gov.br/assuntos/etica-e-integridade/empresa-pro-etica. Acesso em: 29 de janeiro de 2019.

[157] Neste sentido, a precisa lição de Alfredo Lamy Filho: "(...) as instituições comerciais nasceram e se moldaram à revelia dos doutos, muita vez contra os próprios princípios universalmente aceitos pelo Direito comum, com suas primeiras compilações recolhidas por comerciantes e práticos, até hoje anônimos, e escritos em latim bárbaro. A grande força criadora do Direito Comercial sempre foi o engenho humano à procura do lucro, e o comerciante para alcança-lo buscou e soube abrir seus próprios caminhos. Foi na liberdade de contratar que o empresário encontrou o grande instrumento criador de riqueza e instituidor de inovações, e esta grande e tradicional via não deve ser obstruída pelas regulamentações excessivas ou minuciosas, que esterilizam a capacidade criadora dos homens, e terminariam por igualar, numa medíocre burocracia comercial, a grande e fecunda luta de competição e concorrência que fez a grandeza econômica de tantos povos. Não vemos por que alterar o que então dissemos: liberdade nos campos em que possa legitimamente prosperar a inventiva do empresário; responsabilidade para os que abusarem dessa liberdade e disciplina onde o interesse público o exige. É evidente que essa liberdade não exclui a disciplina necessária, nem a regulação oportuna. O problema é, apenas, de medida, e deve ser ponderado como advertência e resguardar-nos de excessos cesaristas". (LAMY FILHO, Alfredo. A reforma da lei de sociedades anônimas. In: Revista de Direito Mercantil, Industrial, Econômico e Financeiro, n. 7, 1972, 0. 123-158, pp. 125/126, p. 138).

[158] Pedro Adamy ensina que: "O direito regula condutas. Além de as regular, pode as influenciar, modificando a intenção dos indivíduos através de incentivos ou desincentivos. Ao influenciar, modifica o comportamento dos destinatários das normas, buscando um determinado fim, um objetivo, uma finalidade. A esse fenômeno pode-se dar o nome de instrumentalização do direito, isto é, o direito sendo usado como instrumento, como meio, como ferramenta, para a indução

Essa técnica legislativa, além de evidenciar o interesse do Estado em que as empresas adotem programas de integridade, demonstra o reconhecimento deste de que a punição oriunda de uma legislação que é confeccionada para a coletividade, imposta por quem não conhece realidade específica da atividade empresarial, é tão ineficiente quanto não possuir qualquer regra a respeito. E, veja-se, não há como ser diferente, ante a impossibilidade de fazerem-se legislações específicas para cada caso concreto. Em matéria de *compliance* empresarial, e aqui entendido como medidas preventivas adotadas pelas empresas para evitar ilícitos e, em eles ocorrendo, descobrir imediatamente a prática e tomar as devidas medidas (até mesmo antes da descoberta pela autoridade pública), a disposição e o compromisso de cumprimento deve ser endógeno, pesando, sobretudo, nos deveres dos administradores, como se verá na sequência desta pesquisa.

O que de melhor o Estado pode fazer neste cenário, e o fez nas realidades analisadas – Estados Unidos, Reino Unido e Brasil –, é valer-se de técnicas legislativas que o permitam estimular os destinatários da lei. Ao invés de punir a empresa que não adota o programa de integridade, há um prêmio para as empresas que o adotam, pois estarão elas cumprindo com os objetivos de um governo. Há, portanto, um afastamento do conceito clássico de que a norma impõe um comando e uma sanção necessariamente punitiva. A sanção deve ser vista também com vieses positivos, que premia aquele que cumpre o comando legal.[159] Eros Grau explica esse fenômeno como sendo "normas-objetivo", que revelam a utilização da norma como um instrumento de governo, um vetor para a concreção de políticas públicas para os quais o sistema como um todo está voltado.[160]

Ana Frazão e Ana Rafaela Medeiros chamaram esse movimento de "autorregulação regulada". Apesar de concordarem com os bene-

---

do comportamento, com vistas a uma finalidade estatal. (..) O direito, portanto, atua em ambas as etapas da ação, seja concedendo incentivos ou desincentivos para determinada conduta, seja, em outros casos, definindo quais as finalidades estatais são legítimas e devem ser buscadas. O direito busca conduta dos destinatários das normas, gerando efeitos em função destas mudanças comportamentais, para que, de forma direta ou indireta, se atinjam os objetivos buscados pelo ordenamento jurídico." (ADAMY, Pedro. Instrumentalização do Direito Tributário. In: ÁVILA, Humberto. *Fundamentos do Direito Tributário*. São Paulo: Marcial Pons, 2012, p. 302).

[159] Nas próprias palavras de Maurício Benevides Filho: "Sanção jurídica deve ser compreendida, modernamente, como uma reação ou retribuição prevista no ordenamento normativo, blindando-se esta contraprestação de uma feição premial (sanção), quando o agente adota a conduta aprovada ou esperada, ou um caráter punitivo (sanção negativa), quando o ato praticado é indesejado ou dissonante. Diante dessa nova realidade, da mutabilidade e da abertura das regras jurídicas ao progresso e à mudança social, imperioso, reformular-se o vetusto e arraigado pensamento jurídico, a fim de se abrir espaço para a existência e aceitação doutrinária da sanção premial." (BENEVIDES FILHO, Maurício. *A Sanção Premial no Direito*. Brasília: Brasília Jurídica, 1999, p. 112-113).

[160] GRAU, Eros Roberto. *Ensaio Discurso sobre a Interpretação/Aplicação do Direito*. São Paulo: Malheiros, 2009, p. 45.

fícios – a superação do regime de comando-sanção, o incentivo ao desenvolvimento de uma cultura de conformidade, a manutenção, nas mãos do Estado, do poder de dar as diretrizes que lhe parecem mais relevantes, dando ao mesmo tempo ao particular uma liberdade orientada para conformar o programa de *compliance* às suas características específicas e às suas necessidades –, elas questionam se realmente os incentivos conferidos pela legislação brasileira foram suficientes para motivar as empresas a adotarem tais programas.

Como foi verificado nos três ordenamentos analisados, os incentivos passam pela responsabilização da pessoa jurídica. O caso brasileiro guarda relação com a heterorresponsabilidade, em que a pessoa jurídica sempre será responsável pelos atos ilícitos praticados pelos seus administradores, diferentemente dos demais casos, que remetem à responsabilidade própria, em que a pessoa jurídica responderá na medida da sua culpabilidade.

As autoras explicam que o primeiro sistema, da heterorresponsabilidade, constitui um desincentivo à adoção dos programas de integridade, pois não importa o esforço da empresa em evitar a ocorrência do delito; em ele ocorrendo, ela sempre será responsável. Ainda, essa modalidade contribui para o acobertamento das más condutas, pois a denúncia espontânea tende a não ocorrer para se evitar a atribuição de responsabilidade, deixando integralmente a cargo do Estado a investigação e descoberta do delito.

No segundo sistema, avalia-se a culpabilidade própria da pessoa jurídica, ou seja, se ela agiu ou deixou de agir para evitar a ocorrência do delito. Neste caso, a implementação de um robusto programa de *compliance* pode servir como uma excludente de responsabilidade da empresa, que empreendeu todos os esforços possíveis para evitar o delito. O problema em adotar a segunda teoria é a grande dificuldade em distinguir os programas de *compliance* de "fachada" e aqueles que realmente funcionam, conduzindo à adoção do primeiro sistema de heterorresponsabilidade, que, como já referido, não inspira muitos incentivos.

Essa linha de pensamento[161] põe os programas de integridade em uma relação de custo-benefício, que não parece ser o espírito do legis-

---

[161] E outro texto, Ana Frazão é mais incisiva em relação aos incentivos: "Com efeito, de acordo com a teoria do defeito de organização, se a empresa toma as providências que estariam ao seu alcance para evitar o ilícito, se é capaz de identificá-lo prontamente e ainda toma as medidas necessárias para restaurar imediatamente a legalidade – inclusive no que diz respeito ao dever de se reportar às autoridades competentes – não deveria ser responsabilizada do ponto de vista punitivo, sem prejuízo da responsabilidade individual das pessoas naturais que, contrariamente às normas da organização, praticaram o ilícito, e sem prejuízo da responsabilidade civil objetiva da empresa por eventuais danos causados. (...) Ao assim prever, é duvidoso que o atual tratamento jurídico da matéria realmente ofereça os incentivos adequados para que agentes possam assumir todos

lador, tampouco de todo esse movimento de *compliance* que ocupa o mercado atualmente.[162] Muito embora o desconto de 1% a 4% concedido no caso brasileiro possa ser pequeno, a possibilidade de absolvição da pessoa jurídica ser inexistente, o custo de implementação por vezes elevado e significar, em alguns casos, um aumento de burocratização da empresa, o incentivo maior da legislação é incutir nas empresas que o grande ganho será a prevenção.

Há algo maior a ser preservado em fraudes relacionadas à corrupção, para além de cada empresa individualmente considerada. Há uma tentativa de resgate da credibilidade do mercado, especialmente o brasileiro, que é assolado pela percepção de corrupção disseminada. O Relatório Índice da Percepção da Corrupção aponta que, muito embora esteja ocorrendo nos últimos anos todo um descortinar de esquemas de corrupção no país, a percepção da sua existência pela sociedade só aumenta. Mesmo com todo o movimento da Operação Lava Jato, com as legislações surgidas nos últimos anos e um esforço de aparelhamento tanto do Estado quanto das empresas para o combate à corrupção, não se perceberam melhoras no ambiente que a corrupção ainda ocupa. No ano de 2016, o Brasil ocupava a 79ª posição no Índice de Percepção da Corrupção. Em 2017, ocupou a 96ª e, em 2018, a 105ª posição. Ou seja, de 2016 a 2018 houve uma piora nos resultados obtidos pelo país.[163]

Já se referiu aqui nesta pesquisa que a corrupção não apresenta boas facetas. Apesar de ela poder proporcionar, em alguns casos,

---

os custos – financeiros e não financeiros – para implementar regras efetivas de *compliance*. Afinal, por mais que a empresa tenha um excelente programa de integridade – apto a evitar ilícitos ou identificá-los prontamente, caso ocorram, a fim de tomar medidas para restaurar imediatamente a legalidade –, jamais poderá ser exonerada de responsabilidade no âmbito punitivo, estando sujeita apenas à redução da pena em percentual não tão expressivo e que ainda será fixado de acordo com a discricionariedade da autoridade administrativa." (FRAZÃO, Ana; CARVALHO, Angelo Gamba Prata. Corrupção, cultura e *compliance*: o papel das normas jurídicas na construção de uma cultura de respeito ao ordenamento. In: CUEVA, Ricardo Villas Bôas; FRAZÃO, Ana. *Compliance – Perspectivas e desafios dos programas de conformidade*. Belo Horizonte: Fórum, 2018, p. 142 e 151).

[162] Várias são as situações que colocam uma empresa em risco, inclusive algumas que fazem parte da rotina: participações em licitações, licenciamento ambiental, oferecimento de benefícios a funcionários públicos, fusões, aquisições e reestruturações, fixação de preços, execução de projetos em comunidades, elaboração de demonstrativos financeiros, contratação de fornecedores, obtenção de registros, permissões, licenças ou outras autorizações, obtenção de tratamento fiscal diferenciado, oferecimento e recebimento de patrocínios e doações, elaboração de revisão de contratos de obras e serviços, compra e venda de valores mobiliários, prestação de serviços. Os programas de integridade, quando eficazes, ademais de servirem como atenuantes da pena para os casos previstos na Lei 12.846/2013, costumam trazer alguns benefícios tais como proteção à marca e à sustentabilidade da empresa, ganho de imagem, credibilidade e reputação, proteção à alta administração, ampliação ao acesso e mercados financeiros, identificação e mitigação de riscos, redução do risco financeiro e do custo de capital, manutenção do acesso à contratos públicos, alocação eficiente de recursos, atração de parcerias e de funcionários.

[163] TRANSPARENCY INTERNATIONAL. *Índice de Percepção da Corrupção*. Berlim, 2019. Disponível em https://s3-sa-east-1.amazonaws.com/tibr-downloads/CPI-2018.pdf. Acesso em: 29 de janeiro de 2019.

resultados satisfatórios momentâneos, as suas bases são frágeis e calcadas em deturpações do mercado. Adequada é a assertiva de Modesto Carvalhosa no sentido de que a companhia que não consegue cumprir as leis, abstendo-se da prática de ilícitos, fere as regras e a confiança do mercado, causando danos aos seus investidores.[164] O desvelar da corrupção mediante uma investigação estatal pode ainda ser mais lesiva, diante dos apelos midiáticos que o assunto atrai.[165] As empresas já citadas nesta pesquisa sabem bem desta realidade: em 2014, as ações da Petrobras fecharam o ano em queda, com perda de 37,6% no valor das ações preferenciais, e as ações ordinárias tiveram desvalorização de 37,9%. Além disso, a empresa perdeu R$ 87,182 bilhões em valor de mercado, caindo de R$ 214,688 bilhões, em 2013, para R$ 127,506 bilhões em 2014. Em 22 de junho de 2015, um dia útil após a prisão de Marcelo Odebrecht, as ações da Odebrecht registraram queda de 9,5%. Nessa mesma semana, no dia 19/6/2015, os títulos da Andrade Gutierrez tinham registrado baixa de 15%. Ainda sobre a Odebrecht, no ano de 2015, a empresa registrou um faturamento de R$132 bilhões, contra R$ 90 bilhões apurados em 2016. Em relação ao JBS não foi diferente.

---

[164] O referido autor se posiciona sobre este quando em parecer de sua autoria sobre a responsabilidade da Petrobras frente aos seus investidores pelos atos de corrupção descobertos por ocasião da Operação Lava Jato: "Na espécie, a Petrobras, enquanto companhia aberta, objetivamente descumpriu seu dever fundamental de atender às leis e aos princípios que regem o seu relacionamento com o mercado, sendo em consequência responsável – dever jurídico sucessivo ao ilícito – pelas infrações legais que cometeu e que causam danos aos investidores. É, portanto, objetiva a responsabilidade da companhia aberta por falta de informação fidedigna, causando danos aos investidores de mercado e, assim, à economia popular. Ocorrendo o dano, ele deve ser ressarcido, independentemente da verificação da culpa ou dolo do agente que elaborou ou enviou as informações financeiras para a publicação, uma vez que tal omissão e/ou fornecimento de informação falsa e incompleta é sempre ilícita, em violação às leis que regulam o mercado de capitais. Não restam dúvidas, no caso presente, que o ato ilícito imputado à Petrobras é um ato de gestão ordinária praticado por seus administradores, sendo irrelevante se estes o praticaram com dolo, culpa ou contrariamente à Lei ou ao estatuto social. Ora, a obrigação legal de publicação de demonstrações financeiras verdadeiras e completas é um dever indelegável da diretoria, enquanto órgão da companhia. É um ato *intra vires* típico, que, inclusive, independe de autorização dos acionistas. É incontroverso que o administrador, ao elaborar e divulgar as contas da administração e as demonstrações financeiras, pratica um ato de gestão ordinária imputável à própria companhia. Não houve a prática de ato extraordinário alheio à função de diretor ou que precisasse ter sido autorizado por outro órgão da sociedade. [...] No caso presente, há claro dano causado pelos administradores da Petrobras aos investidores de mercado – ferindo a economia popular e atentando contra a credibilidade de todo o mercado de capitais –, o qual seve ser ressarcido integralmente pela companhia estatal." (CARVALHOSA, Modesto. Parecer Jurídico. *In*: CARVALHOSA, Modesto; LEÃES, Luiz Gastão Paes de Barros; WALD, Arnoldo. *A responsabilidade civil da empresa perante os investidores – contribuição à modernização e moralização do mercado de capitais*. São Paulo: Quartier Latin, 2018, p. 32).

[165] Neste sentido, Frazão e Medeiros alertam que a responsabilização do ponto de vista jurídico não deve ser a única motivação para a adoção de um programa de conformidade; as repercussões midiáticas e mercadológicas de um escândalo empresarial, que poderiam ter sido evitadas por mecanismos internos de controle, devem ser sopesadas quando da decisão. (FRAZÃO, Ana; MEDEIROS, Ana Rafaela Martinez. Desafios para a efetividade dos programas de *compliance*. *In*: CUEVA, Ricardo Villas Bôas; FRAZÃO, Ana. *Compliance – Perspectivas e desafios dos programas de conformidade*. Belo Horizonte: Fórum, 2018, p. 74-80).

No dia seguinte à divulgação do áudio gravado por Joesley Batista, a empresa teve queda de 37% no preço das suas ações, e estima-se uma perda de valor de mercado de aproximadamente R$ 3,5 bilhões.[166]

Esses dados revelam perdas consideráveis nas empresas envolvidas, mas principalmente uma perda inestimável no mercado de capitais brasileiro. A ideia original da sociedade anônima, como tipo societário que possibilita a captação de recursos da economia popular, para o desenvolvimento de grandes empreendimentos, bem como de ser a espécie que possibilita que um investidor de deter propriedade acionária, sem precisar se ocupar com a rotina e a administração do negócio, vê-se maculada com esses escândalos.[167]

Assim, quando há uma conjuntura de esforços em nível mundial, que é incorporado pelo legislador nacional, havendo o chamado da iniciativa privada a colaborar, não se pode ter a miopia de esperar somente boas retribuições individuais. Vive-se outro cenário, especialmente com o avanço das formas de comunicação; há ciência de que a corrupção de um, prejudica a todos. Portanto, o principal incentivo a ser perseguido é um ambiente mercadológico livre ou com a corrupção controlada.

E, partindo-se desse cenário, onde se devem mitigar os riscos da empresa e buscar a preservação do mercado como um todo, entende-se que a adoção de programas de integridade pode ser opcional pela leitura isolada da Lei 12.846/2013, mas não o é pelo dever de diligência dos administradores, assunto que se passa a analisar.

---

[166] Dados disponíveis em www.infomoney.com.br, www.exame.abril.com.br, www.folha.uol.com.br, consultados em 29 de janeiro de 2019.

[167] Neste aspecto, sempre é válido lembrar as definições basilares de Direito Societário, especialmente sobre sociedade anônima: "[...] Sua função econômica e social é da máxima importância, porque ela facilita a captação de economias nas camadas mais vastas da poupança popular, angariando capitais que, no conjunto, superam os cabedais dos indivíduos isolados, ou mesmo de pequenos grupos. Com isso, possibilita a reunião de vultosos capitais, que, de outro modo, talvez permanecessem inertes, e, no entanto, se fazem necessários a grandes e duradouros empreendimentos, que vão beneficiar a coletividade. Graças ao que a produção é incrementada, gerando novas e variadas utilidades, em bens e em serviços, com que se aumenta a massa da riqueza e se proporcionam novos e diferentes empregos. Por outra parte, rende ensejo a que participem de tais empreendimentos aqueles que, pessoalmente, não teriam ou recursos suficientes, ou aptidões, mas disso podem, em tal caso, prescindir, logrando associar-se a outros mais." (ESTRELLA, Hernani. *Curso de Direito Comercial*. Rio de Janeiro: José Konfino Editor, 1973, p. 395). No mesmo sentido: "Ambos os princípios (responsabilidade limitada e divisão do capital em ações) coadunam-se com a exigência econômica fundamental a que atende a sociedade anônima, a saber: a constituição de um instrumento que visa a facilitar o espírito de empreendimento e, ainda, a mobilizar economias de vastas camadas da população; com o objetivo de 'coletivização' do financiamento, de tal modo que, no interesse geral, possa ser incrementado o progresso industrial. Tudo para que possa ser criada e desenvolvida a grande indústria com suas elevadas inversões em bens instrumentais, os quais, por sua vez exigem capitais de vulto que requerem a cooperação de muitos indivíduos, proporcionando, a seu turno, a possibilidade de cooperar na constituição de uma empresa industrial e participar nos lucros respectivo, mesmo àqueles que não o poderiam fazer direta e pessoalmente." (ASCARELLI, Tulio. *Problemas das Sociedades Anônimas e Direito Comparado*. São Paulo: Quorum, 2008, p. 461-462).

3. O impacto dos movimentos de combate à corrupção no dever de diligência dos administradores

É inegável que a Lei 12.846/2013 atingiu a disciplina dos deveres e das responsabilidades dos administradores. Primeiro, porque a própria legislação atribuiu a esses responsabilidade pelos atos lesivos praticados contra a administração pública, na medida da sua culpabilidade. Segundo, porque sugeriu a implementação dos programas de integridade, que funcionam como atenuante de penas no caso de uma condenação. Especialmente em relação ao segundo aspecto, verifica-se o apelo aos administradores ao dever de implementar o programa e zelar pelo seu bom funcionamento, que refletirá na mitigação de riscos da companhia que, diga-se, também é dever inerente à administração.

Contudo, verificou-se que tanto na FCPA, na UK Bribery Act, quanto na legislação brasileira, há a disposição incisiva de que a premissa maior para a validade de um programa de integridade é o comprometimento da alta administração da empresa, em uma clara positivação da máxima "o tom que vem do topo". Como preceituado nas orientações da UK Bribery Act, "those at the top of an organization are in the best position to foster a culture of integrity where bribery is unacceptable".[168]

Assim, havendo o chamado dos administradores a agirem em relação à implementação dos programas de integridade, zelar pela sua eficácia e eles próprios cumprirem referidos programas, não há como negar que essas novas disposições atingiram o padrão de conduta esperado dos administradores de companhias. Resta saber como.

---

[168] MINISTRY OF JUSTICE. *The Bribery Act 2010 – Guidance*. 2010. Disponível em: https://www.justice.gov.uk/downloads/legislation/bribery-act-2010-guidance.pdf. Acesso em: 26 de janeiro de 2019. Em tradução nossa, "aqueles no topo de uma organização estão na melhor posição para promover uma cultura de integridade onde o suborno é inaceitável".

3.1. A administração da sociedade anônima e o seu papel perante as fraudes empresariais

Em 2016, a consultoria Ernest Young publicou a 14ª Pesquisa Global sobre Fraudes, em que haviam sido entrevistados 2.825 executivos, em 62 países e territórios distintos. Os resultados da pesquisa revelam que 42% dos entrevistados confessaram que poderiam justificar condutas antiéticas ou ilegais para o atingimento de resultados financeiros, sendo que e esse percentual sobe para 46% quando se analisa somente o grupo de executivos vinculados à área financeira da empresa; 83% dos respondentes concordam que a propositura de ações judiciais contra executivos envolvidos em fraudes ajudaria a diminuir o problema, havendo aumento desse percentual para 100%, quando se analisa somente o resultado obtido entre os respondentes brasileiros; 52% dos respondentes na China acreditam que pagamentos em espécie podem ser justificados para reter ou obter negócios em tempos de recessão econômica.[169] O Relatório da OCDE sobre a Corrupção Internacional, também do ano de 2014, já referido anteriormente, constatou que, em 53% dos 427 casos de corrupção analisados, havia o envolvimento da alta administração da empresa. Além dos casos narrados como sendo motivadores desta pesquisa, quais sejam, das empresas Petrobras e JBS, em que há o conhecimento público da participação ativa de seus diretores, administradores e outros executivos com poder de decisão (acontecendo o mesmo com as demais empresas envolvidas na Operação Lava Jato[170]), ainda pode-se citar o exemplo do "Caso Embraer" julgado pela CVM. Neste caso, os administradores da empresa foram acusados do pagamento de propina a um Coronel da Força Aérea da República Dominicana para viabilizar a aquisição de aeronaves da Embraer. Como fundamento para a condenação do então Diretor da Embraer, Orlando Ferreira Neto, o Diretor Relator do órgão regulatório, Pablo Renteria, valeu-se dos seguintes argumentos:

> O estratagema engendrado envolveu a interposição de intermediários – Globaltix e sociedades 4D, Ferroboc e Magycorp – bem como a simulação de despesas falsas – e.g., comissões de venda e consultoria – de maneira a ludibriar os controles internos da Companhia. O acusado contribuiu efetivamente para que os pagamentos fossem realizados

---

[169] ERNEST YOUNG. *14ª Pesquisa Global sobre Fraude*, 2016. Disponível em: https://www.ey.com/Publication/vwLUAssetsPI/fraud_survey/$FILE/PB_Fraud_Survey_PT.pdf. Acesso em: 25 de janeiro de 2019.

[170] Exemplo disso é o executivo Marcelo Odebrecht que foi condenado a mais de 19 anos de prisão pelos crimes de corrupção ativa, lavagem de dinheiro e associação criminosa. (BRANDT, Ricardo; VASSALLO, Luiz; AFFONSO, Julia; MACEDO, Fausto. Tribunal da Lava Jato mantém 19 anos de pena para Marcelo Odebrecht. *Estadão*, 12 de setembro de 2018. Disponível em: https://politica.estadao.com.br/blogs/fausto-macedo/tribunal-da-lava-jato-mantem-19-anos-de-pena-para-marcelo-odebrecht/. Acesso em: 25 de janeiro de 2019.

de tal modo que não seria conhecida a real natureza dos serviços supostamente contratados e tampouco revelada a verdadeira identidade dos beneficiários. Para tanto, valeu-se da autoridade hierárquica e das prerrogativas de seu cargo, assinando documentos e autorizações administrativas, bem como movimentando número considerável de funcionários da Companhia, que, por serem seus subordinados, agiam sob suas ordens.

Desse modo, Orlando Ferreira Neto orientou, deliberadamente, os recursos humanos e financeiros que estavam sob seu poder para que ocorressem pagamentos fraudulentos, que, de outro modo, seriam reprovados pelos controles de integridade da Companhia. Agiu em evidente desvio de finalidade, buscando, por meio de suas ações, resultados totalmente estranhos ao interesse social.

Resta, assim, caracterizada a infração ao disposto no art. 154, *caput*, da Lei nº 6.404/1976, segundo o qual "o administrador deve exercer as atribuições que a lei e o estatuto lhe conferem para lograr os fins e no interesse da companhia, satisfeitas as exigências do bem público e da função social da empresa.[171]

Essas situações, infelizmente, corroboram a afirmação de Menezes Cordeiro:

Pois bem: o que façam ou deixem de fazer as sociedades, nas mais diversas circunstâncias, lícita ou ilicitamente, é obra dos administradores. O papel da administração das sociedades assume uma dimensão considerável: por certo que a mais importante de quantas são legitimadas pelo Direito das sociedades e das mais significativas das reconhecidas pelos diversos ramos jurídicos.[172]

Muitas dúvidas podem surgir em relação a essa afirmação, especialmente quando se está tratando de grandes conglomerados empresariais, em que a figura do administrador esteja distante e talvez sequer seja personificada para os operadores diretos da atividade. No entanto, na esteira do já estudado anteriormente, o processo da fraude requer uma posição de confiança e um poder decisório, seja no sentido ativo, de praticar a fraude, manipulando sistemas e controles para ocultá-la, seja no sentido passivo, de permitir a ocorrência da fraude, pela não criação e desenvolvimento de mecanismos que impeçam a sua ocorrência ou possibilitem a sua rápida detecção.

Neste cenário, é impossível não se voltar à análise do papel dos administradores em um processo de fraude, especificamente a corrupção, que é o escopo principal desta pesquisa. Para isso, passa-se a breves considerações sobre a administração da sociedade anônima, naqueles pontos que se entende serem pertinentes à análise para atingir o objeto deste estudo.

---

[171] COMISSÃO DE VALORES MOBILIÁRIOS. Processo Administrativo Sancionador RJ2015/1760. Apurar a responsabilidade de administradores da Embraer S.A por descumprimento do dever de atuar no interesse social da companhia. Infração ao art. 154, *caput*, da Lei no 6.404/76. *Inabilitação temporária. Absolvição*. Relator Pablo Renteria, julgado em 11 de setembro de 2018. Disponível em: http://www.cvm.gov.br/export/sites/cvm/noticias/anexos/2018/20180911_PAS_2015_1760_Embraer_Voto_DPR.pdf. Acesso em: 30 de janeiro de 2019.

[172] MENEZES CORDEIRO, António. *Direito das Sociedades*. Parte Geral. 3. ed. vol. I, Coimbra: Almedina, 2011, p. 841.

3.1.1. Natureza jurídica e finalidade da administração da sociedade anônima

A Lei 6.404/76 contempla a existência de três órgãos obrigatórios nas sociedades anônimas, que podem ser classificados em órgãos de deliberação (assembleia geral), execução (conselho de administração – nem sempre obrigatório – e diretoria) e fiscalização (conselho fiscal).[173] Por serem normas cogentes, que, além de determinarem a existência desses órgãos, lhes outorgam atribuições e poderes, não podem ser modificadas ou alteradas por estatuto, nem mesmo pode haver a criação de outras estruturas para substituir as determinadas por lei.[174] [175]

Para os objetivos desta pesquisa, importa o estudo dos órgãos de administração, quais sejam, o Conselho de Administração e a Diretoria. Como refere Tavares Borba: "Os órgãos administrativos são os que dão vida à sociedade, fazendo-a funcionar".[176] Ainda, é importante lembrar que este trabalho setá centrado nas Sociedades Anônimas de capital

---

[173] "[...] A diversa função, que lhes cabe desempenhar, no plano social, levou alguns teoristas a fazer desses órgãos associativos uma imagem parecida com aquela dos três poderes, no governo democrático. À semelhança da divisão destes três poderes políticos, como a preconizou Montesquieu, no seu famoso livro, ter-se-ia também a respeito das sociedades anônimas, a clássica trindade: executivo, controlador e legislativo. [...] Aqui, em relação às sociedades anônimas, não tem cabida semelhante comparação. Começa que os seus aludidos três órgãos, embora executem funções diversas, não têm, entre si, aquela rigorosa e intransponível separação de poderes, no sentido próprio de competência privativa, improrrogável e indelegável, como muito bem esclarecem Giuseppe e Romano Pavoni. Sob esta ressalva, por conseguinte, é lícito falar acerca desses órgãos das sociedades anônimas que são: diretoria, conselho fiscal e assembleia geral. E, para servir-nos, agora, de uma comparação antropomórfica, diremos que a sociedade, apesar de ser um ente abstrato, no sentido de que, no fundo, é mera criação da lei, tem sua composição morfológica. Entendida esta, porém, como a existência, nesse ente moral, de certos meios, através dos quais e só por via deles, pode externar sua vontade, dirigindo-a à consecução de seus fins. Esses meios nascem com ele e lhe são inerentes, como partes inseparáveis de um todo, pelo que se lhes dá o nome de órgãos." (ESTRELLA, Hernani. *Curso de Direito Comercial*. Rio de Janeiro: José Konfino Editor, 1973, p. 424.)

[174] "Exacerbando a teoria, pode-se dizer, numa figuração, que a Assembleia Geral é o cérebro, que manifesta a vontade social; o Conselho de Administração, quando existente, e a Diretoria correspondem, respectivamente, à boca que exterioriza e à mão que executa essa vontade; e o Conselho Fiscal, a consciência, que controla e mantém, nos limites legais, a atuação da companhia na persecução de seus fins". (GONÇALVES NETO, Alfredo de Assis. *Manual das Companhias ou Sociedades Anônimas*. 2. ed., São Paulo: Editora Revista dos Tribunais, 2010, p. 147)

[175] Neste sentido, Rodrigo Tellechea explica que "o limite fundamental ao exercício da autonomia privada dos acionistas nas sociedades anônimas está no respeito aos traços fundamentais desse tipo societário, já examinados, a saber: (I) estrutura organizativa rígida, formada por órgãos sociais cujas competências são indelegáveis; (II) o regime da responsabilidade limitada dos acionistas; e (III) a circulação das participações societárias ou a transmissão da posição jurídica de sócio". (TELLECHEA, Rodrigo. *Autonomia Privada no Direito Societário*. São Paulo: Quartier Latin, 2016, p. 292). Modesto Carvalhosa elogia o sistema adotado pela legislação brasileira, que instituiu por lei e não por faculdade de estatuto, a bicameralidade do órgão de administração. O autor entende que isso revela o caráter institucional do Direito Societário Brasileiro, atribuindo-lhe maior segurança jurídica. (CARVALHOSA, Modesto. *Comentários à Lei de Sociedade Anônimas*. v. 3, 6. ed., São Paulo: Saraiva, 2014,p. 52).

[176] TAVARES BORBA, José Edwaldo. *Direito Societário*. 16. ed. São Paulo: Atlas, 2018, p. 376.

aberto em que há, senão na integralidade, mas pelo menos uma relativa separação da propriedade e da gestão, com todas as implicações trazidas por Berle e Means, já citadas anteriormente.

O órgão de execução, que é o órgão de administração efetiva da sociedade, tem natureza dúplice, composto pelo Conselho de Administração e pela Diretoria, sendo esta última sempre obrigatória. O Conselho de Administração somente terá obrigatoriedade nas companhias de capital aberto, nas de capital autorizado e nas sociedades de economia mista. Conforme explica Luciano de Souza Leão Jr., a divisão da administração da sociedade em dois órgãos se deve à constatação da necessidade de uma instância de planejamento, orientação e fiscalização da administração, pois a assembleia geral de acionistas não conseguiu cumprir esse papel, seja por falta de conhecimento técnico especializado,[177] pelo caráter esporádico de suas reuniões ou pelo desinteresse de seus partícipes em acompanhar os negócios sociais. Outro fator, ressaltado por Modesto Carvalhosa, é a necessidade, nas companhias de capital aberto, de se conciliarem os interesses dos acionistas controladores com os minoritários. Assim, ganha espaço o Conselho de Administração que pode acompanhar mais proximamente a gestão da companhia, com membros eleitos pelos acionistas, com uma agenda própria e mais frequente de reuniões.[178]

Partindo desse cenário em que nem sempre são os acionistas que farão a administração da sociedade, três teorias ganharam relevância na tentativa de explicar a natureza jurídica da administração das sociedades anônimas. A primeira delas, chamada de "representação voluntária", constitui-se a prática de atos em nome de outra pessoa (neste caso, a pessoa jurídica sociedade). Como expõe Marcelo Barbosa Sacromone,[179] nessa concepção, "a sociedade possuiria uma vontade coletiva e independente, expressa pela assembleia geral dos acionistas, a qual não poderia, todavia, expressá-la diretamente a terceiros. Para tanto,

---

[177] Assim é a lição de Georges Ripert: "A concepção democrática da sociedade não resistiu às necessidades econômicas. Defedeu-se durante certo tempo pela consideração de que a sociedade é criada sobre uma base contratual. Mas à medida que a ideia institucional se afirmou, a fragilidade se mostrou maior. Como admitir praticamente o governo direto pelo povo quando se trata de questões técnicas ou financeiras? Que competência pode ter a assembleia geral para aprovar balanço, fixar dividenco, constituir reservas, decidir da emissaodedebêntures e, com maior razão, modificar os estatutos, aumentar ou reduzir capital, resgatar partes de fundadores? De fato, a decisão da assembleia é uma aprovação cega da decisão prévia do conselho de administração". (RIPERT, Georges. *Aspectos Jurídicos do Capitalismo Moderno*. Campinas: Red Livros, 2002, p. 116-117)

[178] LEÃO JR., Luciano de Souza. Administração da Companhia. *In*: LAMY FILHO, Alfredo; PEDREIRA, José Luiz Bulhões. *Direito das Companhias*. 2. ed. Rio de Janeiro: Editora Forense, 2017, p. 747-748. Também sobre o assunto, CARVALHOSA, Modesto. *Comentários à Lei de Sociedade Anônimas*. v. 3, 6. ed., São Paulo: Saraiva, 2014, p. 55.

[179] SACROMONE, Marcelo Barbosa. *Administradores de Sociedades Anônimas – Relação Jurídica entre o Administrador e a Sociedade*. São Paulo: Almedina, 2014, p. 64-67.

os administradores deveriam representar a pessoa coletiva, substituindo a vontade formada pelos sócios na assembleia geral". Essa teoria encontra algumas dificuldades que, segundo o mesmo autor, residem na autonomia privada e na previsão legal. A sociedade não tem como manifestar a sua vontade se não o for por intermédio dos administradores, e a existência deles faz parte da própria concepção de pessoa jurídica. Assim, resta pelo menos impróprio dizer-se que é "representação voluntária" sabendo-se que a representação é estrutural e inerente à existência da sociedade. Ademais, a voluntariedade pressuporia: (i) a possibilidade de limitação de poderes de forma livre e espontânea, o que também não ocorre, pois a legislação determina deveres e responsabilidades dos administradores; (ii) a ausência de responsabilidade dos administradores, que agiriam como mandatários, portanto, em nome e sob responsabilidade do mandante, o que também não se verifica, pois os administradores possuem responsabilidades legais dos seus atos; e (iii) a possibilidade de fazer-se substituir nas suas funções, o que também é vedado pela legislação.[180]

A segunda teoria é a da "representação legal", em que o administrador assumiria esse encargo por uma disposição legal, à semelhança dos tutores e curadores, pois se "pressupõe a falta de capacidade deste (do representado), ou seja, a impossibilidade jurídica de o representado exercer, por si próprio, os atos necessários à tutela de seus interesses".[181] Há, na representação legal, como em qualquer outra modalidade de representação, a substituição da vontade do representado pela vontade do representante.

Essa última afirmação já demonstra a deficiência dessa teoria. Isso porque não há uma vontade própria do administrador, mas a formação de uma vontade pelos órgãos de poder da sociedade anônima, quais sejam, a assembleia geral, a diretoria executiva e o conselho de administração, quando houver.[182] Não obstante, o administrador não é es-

---

[180] Neste sentido, também os ensinamentos de CORREIA, Luís Brito. *Os Administradores de Sociedades Anónimas*. Coimbra: Almedina, 1993, p. 198-199. O autor complementa a ideia aduzindo que "[...] a teoria da representação voluntária não explica satisfatoriamente como é que a sociedade – ou seja, na perspectiva da teoria da ficção, todos os sócios – fica obrigada por administradores-representantes eleitos apenas por alguns sócios (embora maioritários). Nem permite colocar no mesmo plano administradores eleitos pelos sócios (e, por isso, seus representantes) e administradores nomeados pelo Estado/Administração Pública ou pelo tribunal, ou até por um terceiro (quando tal seja possível)".

[181] SACROMONE, Marcelo Barbosa. *Administradores de Sociedades Anônimas – Relação Jurídica entre o Administrador e a Sociedade*. São Paulo: Almedina, 2014, p. 68

[182] Como esclarece Luís Brito Correia: "À teoria da representação legal têm sido opostas, porém, várias críticas. Em primeiro lugar, diz-se que a representação legal é ainda uma espécie de representação por substituição de vontades: a vontade (presumivelmente sã) do representante substitui-se à vontade (presumivelmente deficiente) do incapaz. Ora, não é isso que se verifica no caso do administrador de uma sociedade anónima (ou de outra pessoa colectiva): a pessoa colectiva não tem outra vontade senão a dos seus administradores (ou de outros órgãos, em posição análo-

colhido ou determinado pela Lei ou pelo Poder Judiciário, mas, sim, é eleito por vontade dos acionistas ou dos conselheiros de administração. A adoção dessa teoria ainda se torna mais dificultosa, quando se pretende justificar como a sociedade anônima pode ser responsabilizada pelos atos de seus administradores, mesmo quando estes agem em desacordo com a lei ou com os poderes que lhes foram outorgados.[183]

Diante das limitações das duas teorias referidas, surge uma terceira vertente, que é mais amplamente aceita pela doutrina, chamada de "representação institucional ou orgânica", que se sustenta em uma relação estrutural entre a pessoa jurídica e seu gestor, pois aquela só pode agir por intermédio deste.[184] Nesse sentido, a administração é considerada um órgão[185] da pessoa jurídica, essencial para que esta possa atingir seu fim social; e, sendo o órgão "elemento integrante e necessário do ente coletivo", entre eles não se estabelecem relações jurídicas.[186] Os defensores dessa teoria afastam a "delegação" de poderes, pois há pelo menos um mínimo de condutas que são de atribuição exclusiva dos administradores e, sobretudo, porque a vontade do órgão nada mais é do que a vontade coletiva. Sendo assim, não se confunde com a representação,[187] pois não há substituição de vontades, mas, sim, a concepção de que a vontade do órgão é a vontade da sociedade.[188] Segundo Marcelo

---

ga); não há substituição possível." (CORREIA, Luís Brito. *Os Administradores de Sociedades Anônimas*. Coimbra: Almedina, 1993, p. 200).

[183] Neste sentido, SACROMONE, Marcelo Barbosa. *Administradores de Sociedades Anônimas – Relação Jurídica entre o Administrador e a Sociedade*. São Paulo: Almedina, 2014, p. 68 e GONÇALVES NETO, Alfredo de Assis. *Manual das Companhias ou Sociedades Anônimas*. 2. ed. São Paulo: Revista dos Tribunais, 2010, p. 150.

[184] GONÇALVES NETO, Alfredo de Assis. *Manual das Companhias ou Sociedades Anônimas*. 2 ed. São Paulo: Editora Revista dos Tribunais, 2010, p. 149-153. No mesmo sentido, Hernani Estrella afirma que "previna-se o aluno de que a teoria organicista, aplicada ao mecanismo funcional das sociedades, facilita a compreensão deste fenômeno. Sob esta reserva, pode-se, então, denominar órgãos funcionais das sociedades as pessoas ou grupos de pessoas físicas que, por disposição de lei, são autorizadas a manifestar a vontade e a desenvolver a atividade do ente coletivo, para que este logre seus objetivos". (ESTRELLA, Hernani. *Curso de Direito Comercial*. Rio de Janeiro: José Konfino Editor, 1973, p. 425).

[185] Segundo Luís Brito Correia, órgão é "o centro de imputação de poderes funcionais a exercer por um ou mais indivíduos, que nele estiverem providos, para formar e manifestar a vontade juridicamente imputável à pessoa colectiva. Ou ainda que o órgão é o meio de formação e expressão da vontade da pessoa colectiva." (CORREIA, Luís Brito. *Os Administradores de Sociedades Anônimas*. Coimbra: Almedina, 1993, p. 203).

[186] ADAMEK, Marcelo Vieira von. *Responsabilidade Civil dos Administradores de S/A e as ações correlatas*. São Paulo: Saraiva, 2009, p.12.

[187] Luciano de Souza Leão Jr. esclarece, neste sentido, que "diretores são os órgãos da companhia que têm atribuições de comandar a empresa e praticar atos perante terceiros. Não a representam, no sentido de substituí-la, ou estar em seu lugar, como ocorre com o mandatário, porque são órgãos, ou partes da organização da companhia." (LEÃO JR., Luciano de Souza. Administração da Companhia. In: LAMY FILHO, Alfredo; PEDREIRA, José Luiz Bulhões. *Direito das Companhias*. 2. ed. Rio de Janeiro: Forense, 2017, p. 749).

[188] Modesto Carvalhosa leciona que "Nas companhias, a manifestação da vontade social perante terceiros faz-se eficazmente por meio dos diretores. O exercício dessas atribuições próprias do

Barbosa Sacromone,[189] essa teoria foi absorvida pela Lei 6.404/76, que inclusive utiliza a expressão "órgão"[190] referindo-se ao centro de poder da sociedade. Não há que se discutir, também, com base na própria interpretação da legislação, uma possível confusão entre o "órgão" da administração e as pessoas físicas que exercem a tarefa de administrador, pois o centro de poder é "órgão", e as pessoas físicas são somente seus membros que lhe dão suporte, aparecendo de forma destacada do conjunto, quando violarem a lei e/ou os estatutos, assumindo assim, responsabilidade pessoal pelas obrigações contraídas, a teor do artigo 158.[191]

Esclarecido quem são os responsáveis pelas decisões nas companhias, importa analisar qual o interesse social de uma companhia, que

---

cargo de diretor da sociedade anônima configura, com efeito, a representação orgânica por inexistirem, no caso, duas pessoas: representante e representado. Há apenas uma pessoa: a própria companhia. [...] Daí resulta que os diretores da sociedade anônima, ao representarem a companhia, não são mandatários ou procuradores dela. Como diretores exercem a função de manifestar a vontade da sociedade. A representação de que fala a Lei, portanto, é função e não mandato." (CARVALHOSA, Modesto. *Comentários à Lei de Sociedade Anônimas*. v. 3, 6. ed. São Paulo: Saraiva, 2014,p. 63-64).

[189] SACROMONE, Marcelo Barbosa. *Administradores de Sociedades Anônimas – Relação Jurídica entre o Administrador e a Sociedade*. São Paulo: Almedina, 2014, p. 69-78.

[190] BRASIL. Lei 6.404, de 15 de dezembro de 1976. Dispõe sobre a Sociedade por Ações. Disponível em http://www.planalto.gov.br/ccivil_03/leis/L6404consol.htm. Acesso em 1º de dezembro de 2018. Art. 139. As atribuições e poderes conferidos por lei aos órgãos de administração não podem ser outorgados a outro órgão, criado por lei ou pelo estatuto.
Art. 146, *caput*. Poderão ser eleitas para membros dos órgãos de administração pessoas naturais, devendo os diretores ser residentes no País.

[191] BRASIL. Lei 6.404, de 15 de dezembro de 1976. Dispõe sobre a Sociedade por Ações. Disponível em http://www.planalto.gov.br/ccivil_03/leis/L6404consol.htm. Acesso em 1º de dezembro de 2018. Art. 158. O administrador não é pessoalmente responsável pelas obrigações que contrair em nome da sociedade e em virtude de ato regular de gestão; responde, porém, civilmente, pelos prejuízos que causar, quando proceder:
I – dentro de suas atribuições ou poderes, com culpa ou dolo;
II – com violação da lei ou do estatuto.
§ 1º O administrador não é responsável por atos ilícitos de outros administradores, salvo se com eles for conivente, se negligenciar em descobri-los ou se, deles tendo conhecimento, deixar de agir para impedir a sua prática. Exime-se de responsabilidade o administrador dissidente que faça consignar sua divergência em ata de reunião do órgão de administração ou, não sendo possível, dela dê ciência imediata e por escrito ao órgão da administração, no conselho fiscal, se em funcionamento, ou à assembleia geral.
§ 2º Os administradores são solidariamente responsáveis pelos prejuízos causados em virtude do não cumprimento dos deveres impostos por lei para assegurar o funcionamento normal da companhia, ainda que, pelo estatuto, tais deveres não caibam a todos eles.
§ 3º Nas companhias abertas, a responsabilidade de que trata o § 2º ficará restrita, ressalvado o disposto no § 4º, aos administradores que, por disposição do estatuto, tenham atribuição específica de dar cumprimento àqueles deveres.
§ 4º O administrador que, tendo conhecimento do não cumprimento desses deveres por seu predecessor, ou pelo administrador competente nos termos do § 3º, deixar de comunicar o fato à assembleia geral, tornar-se-á por ele solidariamente responsável.
§ 5º Responderá solidariamente com o administrador quem, com o fim de obter vantagem para si ou para outrem, concorrer para a prática de ato com violação da lei ou do estatuto.

deve ser perseguido e atendido pelos seus administradores e como isso se relaciona com o processo das fraudes empresariais.[192] Duas teorias dominam o debate, quais sejam, a teoria contratualista e a teoria institucionalista.[193]

Pela teoria contratualista, o interesse social confunde-se com o interesse dos seus sócios atuais, devendo o planejamento da companhia ser voltado para o atendimento destes que momentaneamente ocupam a posição acionária. A moderna concepção dessa teoria, baseada na doutrina americana do *shareholder value*, defende que devem ser atendidos não só os interesses dos sócios atuais, mas também os dos sócios futuros, pois, em um cenário de mercado de capitais, o que importa garantir para o acionista é a boa precificação de sua ação. Nesse cenário, o órgão de maior importância dentro de uma sociedade anônima é a assembleia de acionistas e a sua vontade soberana.

A teoria institucionalista defende interesses para além dos interesses dos sócios ou dos acionistas. Essa vertente considera que a sociedade anônima, especialmente, tem interesses econômicos e mercadológicos, que atingem uma conotação pública, superiores aos interesses privados dos seus acionistas. Isso não significa um necessário antagonismo ao contratualismo, mas, sim, que, em se adotando as premissas insti-

---

[192] João Pedro Scalzilli, ao analisar este tema sob a ótica das ofertas hostis e técnicas de defesa, esclareceu que se trata de tema que ocupa, há muito, os estudos de direito societário, sendo considerado por alguns autores como o maior problema a ser resolvido nesta área do conhecimento. Scalzilli afirma que "[...] não se trata de questão inócua, com a qual se regozijam apenas acadêmicos despreocupados com o dia a dia da vida empresarial. Em realidade, trata-se de questão verdadeiramente essencial ao direito societário, com desdobramentos sobre vários campos dessa disciplina [...]". SCALZILLI, João Pedro. *Mercado de Capitais Ofertas Hostis e Técnicas de Defesa*. São Paulo: Quartier Latin, 2015, p. 53.

[193] Sobre este assunto, as leituras de SALOMÃO FILHO, Calixto. *O Novo Direito Societário*. 4. ed. São Paulo: Malheiros, 2011, p. 28-49; CARVALHOSA, Modesto. *Comentários à Lei de Sociedade Anônimas*. v. 3, 6. ed., São Paulo: Saraiva, 2014,p. 71-74; SCALZILLI, João Pedro. *Mercado de Capitais Ofertas Hostis e Técnicas de Defesa*. São Paulo: Quartier Latin, 2015, p. 51-74. Na Espanha, a doutrina também se ocupou deste debate. Nerea Iraculis Aregui entende que a Teoria Contratualista "parte de la idea de que el interés social debe entenderse como el interés común de todos los socios. Está basada en la existencia de una relación de coincidencia de los intereses de los socios en tanto que tales, por lo que se prescinde de los intereses de otros sujetos que no sean los socios (los de los trabajadores o empleados de la sociedad, los de los acreedores sociales, la comunidade en general, etc.)". Já a Teoria Institucionalista "[...] el interés social responde al interés de la empresa y la empresa en su conjunto debe considerarse como objeto merecedor de tutela. Desde ese enfoque, el interés social se identifica con una suerte de interés autónomo de la empresa, en el que se concilian y cristalizan los intereses no siempre convergentes de los distintos grupos que en ella participan: socios, trabajadores, proveedores, clientes, comunidad local, etc. El planteamiento institucionalista parte de la idea de que hay que proteger a la empresa en tanto que ente productivo; la empresa, em sí misma, es considerada titular de un interés propio, cuya protección debe ser imediata y preferente frente a cualquier otro. El interés social se configura asi como un interés superior al de los socios (incluso transpersonal y, por ende, diferente), por lo que el interés tutelado no es únicamente el interes de los socios, sino que se protegen, además, otros intereses (de los trabajadores, acreedores o, em general, la economía local o nacional)." (IRACULIS AREGUI, Nerea. *Conflictos de interés del socio – cese del administrador nombrado por accionista competidor*. Madrid: Marcial Pons, 2013, p. 92-94).

tucionalistas, outros interesses também são relevantes e considerados para que a empresa possa cumprir a sua finalidade. Neste contexto, os órgãos da administração ganham destaque, pois surgem como limitadores aos eventuais interesses egoísticos da assembleia geral. Essa corrente também é conhecida como *stakeholder value*.

Há uma tendência, segundo Ana Perestrelo de Oliveira, que os ordenamentos jurídicos anglo-americanos adotem o modelo do *shareholder value*, como os ordenamentos jurídicos da Europa Continental, e aqueles mais próximos aos modelos deste, como o brasileiro, por exemplo, filiem-se ao modelo do *stakeholder value*. A autora chama a atenção, no entanto, para casos em que se contrariam um pouco essa tendência: em Portugal, pela interpretação do artigo 64° do Código das Sociedades Comerciais,[194] portanto, do ponto de vista legislativo, há uma vinculação ao sistema de *shareholder value*, sendo esta temperada por orientações do modelo do *stakeholder value*, especialmente pelas recomendações de bom governo societário.[195] Já na Inglaterra, a Companies Act de 2006,[196] ao estabelecer os deveres dos administradores, dispõe no artigo 172[197] que o administrador deve agir de "forma que, de

---

[194] PORTUGAL. Códigos das Sociedades Comerciais, de 02 de setembro de 1986. Artigo 64 do Código de Sociedades Comerciais: 1 – Os gerentes ou administradores da sociedade devem observar: a) Deveres de cuidado, revelando a disponibilidade, a competência técnica e o conhecimento da actividade da sociedade adequados às suas funções e empregando nesse âmbito a diligência de um gestor criterioso e ordenado; e b) Deveres de lealdade, no interesse da sociedade, atendendo aos interesses de longo prazo dos sócios e ponderando os interesses dos outros sujeitos relevantes para a sustentabilidade da sociedade, tais como os seus trabalhadores, clientes e credores. 2 – Os titulares de órgãos sociais com funções de fiscalização devem observar deveres de cuidado, empregando para o efeito elevados padrões de diligência profissional e deveres de lealdade, no interesse da sociedade. Disponível em: https://www.cmvm.pt/pt/legislacao/legislacaocomplementar/emitentesofertasinformcaovaloresmobiliarios/pages/csc20060414.aspx. Acesso em: 4 de fevereiro de 2019.

[195] OLIVEIRA, Ana Perestrelo de. *Manual de Governo das Sociedades*. Coimbra: Almedina, 2017. Edição Kindle.

[196] UNITED KINGDOM. Companies Act 2006, 8th November 2006. An Act to reform company law and restate the greater part of the enactments relating to companies; to make other provision relating to companies and other forms of business organisation; to make provision about directors' disqualification, business names, auditors and actuaries; to amend Part 9 of the Enterprise Act 2002; and for connected purposes. Disponível em: https://www.legislation.gov.uk/ukpga/2006/46/contents. Acesso em: 21 de dezembro de 2018.

[197] "Companies Act 2006, 172 Duty to promote the success of the company
(1) A director of a company must act in the way he considers, in good faith, would be most likely to promote the success of the company for the benefit of its members as a whole, and in doing so have regard (amongst other matters) to – (a) the likely consequences of any decision in the long term, (b) the interests of the company's employees, (c) the need to foster the company's business relationships with suppliers, customers and others, (d) the impact of the company's operations on the community and the environment, (e) the desirability of the company maintaining a reputation for high standards of business conduct, and (f) the need to act fairly as between members of the company.
(2) Where or to the extent that the purposes of the company consist of or include purposes other than the benefit of its members, subsection (1) has effect as if the reference to promoting the success of the company for the benefit of its members were to achieving those purposes.

boa-fé, considera ser mais adequada para promover o sucesso da sociedade em benefício dos seus membros como um todo, tendo em atenção um conjunto de fatores". Esses fatores referidos pela legislação inglesa são, conforme explica Ana Perestrelo de Oliveira, a viabilidade da decisão no longo prazo, o impacto desta nos empregados, nos fornecedores, nos clientes, na comunidade e no meio ambiente e o grau de lealdade da decisão do administrador em relação à sociedade administrada.[198]

No cenário brasileiro, Modesto Carvalho defende que os interesses a serem protegidos são aqueles da companhia, estando compreendidos nesses interesses o atendimento às exigências do bem público e da função social da empresa. Nessa seara, entende o referido doutrinador que a Lei 6.404/76 adotou o regime institucionalista, sendo tarefa dos administradores conterem eventuais interesses egoístas dos acionistas, para resguardar os demais interesses envolvidos em uma companhia.[199]

Essa discussão, originalmente travada no âmbito do Direito Societário, mas oriunda de um viés político-econômico,[200] ganha novamente destaque no movimento de Governança Corporativa. Como já referido, esta busca atender interesses dos investidores (acionistas) que exigem um maior grau de transparência nas empresas, entre outras medidas que possam tornar os aportes financeiros mais seguros e confiáveis. Com o avanço desse movimento, ele passou a apresentar uma derivação, no sentido de também tentar proteger interesses que não aqueles exclusivos dos acionistas. Ganharam destaque, neste contexto, modelos de Governança que buscavam equalizar as relações da empresa não só com seus investidores, mas com trabalhadores, consumidores, meio

---

(3) The duty imposed by this section has effect subject to any enactment or rule of law requiring directors, in certain circumstances, to consider or act in the interests of creditors of the company." Disponível em: https://www.legislation.gov.uk/ukpga/2006/46/contents. Acesso em: 21 de dezembro de 2018.

[198] OLIVEIRA, Ana Perestrelo de. *Manual de Governo das Sociedades*. Coimbra: Almedina, 2017, Edição Kindle.

[199] CARVALHOSA, Modesto. *Comentários à Lei de Sociedade Anônimas*. v. 3, 6. ed. São Paulo: Saraiva, 2014,p. 79-80. Nas palavras do próprio autor: "E, com efeito, o administrador exerce sua atividade no interesse da companhia, em obediência a um dever e em razão de um poder próprio. Seus poderes de deliberação, de gestão e de representação são exercidos no interesse da companhia, devendo ainda ser satisfeitas as exigências do bem público e cumprida a função social da empresa. Esses deveres legais, de amplo espectro, implicam, por sua vez, a distinção entre interesse da companhia e interesse dos acionistas. Ao tomar a Lei expressamente o partido institucionalista, no tocante à finalidade das atribuições dos administradores (arts. 154 e s.), mais uma vez declara que existe um interesse social independente ou, pelo menos, não totalmente identificado com os interesses dos acionistas. Assim, do claro texto do art. 154 e da interpretação da Lei, nitidamente institucionalista, conclui-se que o interesse social transcende ao do acionista, por isso que de ordem superior e de natureza autônoma".

[200] Sobre esses aspectos ver SALOMÃO FILHO, Calixto. *O Novo Direito Societário*. 4. ed. São Paulo: Malheiros, 2011, p. 32-37.

ambiente, entre outros.[201] Neste cenário, Henry Hansmaan e Reinier Kraakman retomaram essa discussão no texto *The end of history corporate Law*,[202] na tentativa de concluir qual modelo representa de forma mais eficiente os interesses da companhia e, consequentemente, quais os objetivos que devem pautar a conduta dos administradores.

Os autores afirmam que o modelo a ser seguido é o *shareholder value*, pela existência de três forças: a lógica, o exemplo e a competitividade. Pela lógica, os acionistas serão mais incentivados a investir, se tiverem a certeza de que a condução da companhia está direcionada ao atendimento de seus interesses. A força do exemplo, utiliza-se da comparação com os modelos de *stakeholder value* – principalmente o alemão e o japonês –, citados pelo autor, em que não se constataram desempenhos tão estimulantes das empresas quanto naquelas dos países em que o modelo do *shareholder value* é mais observado. A terceira força, da competividade, também compara os modelos de *shareholder value* e *stakeholder value*, concluindo que, no primeiro, existe o acesso ao capital acionário a um custo mais baixo, e que os investimentos são mais eficientes. Aliás, nessa técnica de comparação entre os modelos, o critério que mais pesa a favor do *shareholder value* é a maior facilidade de se descontinuar um investimento que não está trazendo o retorno esperado, pois só há o interesse dos acionistas a ser observado.[203]

Apesar de declararem expressamente que o modelo a ser seguido é o que privilegia o interesse dos acionistas, Hansmaan e Kraakman o fazem com duas ressalvas, que, no sentir desta pesquisa, são as validadoras do estudo como um todo: (i) o atendimento dos interesses dos

---

[201] Sobre o assunto ver ANDRADE, Adriana; ROSSETTI, José Paschoal. *Governança Corporativa. Fundamentos, Desenvolvimento e Tendências*. 2. ed. São Paulo: Atlas, 2006, p. 334-380. Os autores destacam que os modelos originários de Governança (americano e anglo-saxão) se voltam para uma preocupação com o mercado, pois a principal fonte de financiamento das empresas são seus acionistas. No modelo alemão, a principal fonte de financiamento são os bancos que acabam ganhando um papel de relevo nas companhias. Além disso, por conta das difíceis experiências vivenciadas pelos alemães nas guerras, este país tem uma dificuldade em aceitar estruturas muito autoritárias, buscando a via do consenso sempre que possível. Assim, a estrutura de administração das empresas na Alemanha conta com representantes dos sindicatos e dos trabalhadores, que acabam por dar contornos distintos à condução das sociedades se comparado com a Inglaterra e com os Estados Unidos.

[202] HANSMANN, Henry; KRAAKMAN, Reinier. *The end of history corporate law*. Cambridge: Harvard Law School, 2000. Disponível em: http://www.law.harvard.edu/programs/olin_center/papers/pdf/280.pdf. Acesso em: 4 de fevereiro de 2019.

[203] Essa discussão também já foi objeto de discussões em âmbito judicial, a exemplo do caso Dodge v. Ford Mortors Co., originado por uma decisão de administração de Henry Ford de não distribuir lucros aos acionistas da empresa por um período para poder investir na redução de custos aos consumidores finais e na criação de mais postos de trabalho. A decisão proferida pelo Supremo Tribunal do Michigan assentou que a finalidade primária de uma empresa é a geração de lucros aos seus acionistas, não podendo um ato de gestão, suprimir destes a participação nos resultados da empresa, ainda mais para benefício direto de terceiros. (OLIVEIRA, Ana Perestrelo de. *Manual de Governo das Sociedades*. Coimbra: Almedina, 2017, Edição Kindle)

acionistas se estende a "todos" os acionistas, inclusive (e talvez, principalmente) aos minoritários, especialmente os protegendo contra atitudes arbitrárias e prejudiciais dos controladores;[204] (ii) o atendimento dos interesses dos acionistas não significa o desrespeito ou a negação dos interesses dos demais *stakeholders* envolvidos com a empresa; para esses, deve-se buscar a proteção de contratos e da regulação, tendo a companhia o dever de respeito e de reparar eventuais prejuízos decorrentes de práticas suas causadoras de danos.[205]

Não se trata de ser "pró-shareholder" ou "pró-stakeholder". Os interesses de ambos podem estar mais entrelaçados do que separados, sendo tarefa da administração da empresa cotejar os anseios dos acionistas sem descuidar dos demais envolvidos na empresa. É certo que os acionistas merecem um tratamento privilegiado, pois sem eles não há que se falar em sociedade anônima, ainda mais de capital disperso. São os acionistas que depositam seus recursos financeiros em prol de um empreendimento, acreditando que esse empreendimento possa lhes retornar positivamente. Também não se pode olvidar que a atividade empresarial tem por objetivo precípuo a lucratividade; empresa que não gera lucros, não consegue se manter no mercado, seja pelo descontentamento de seus investidores, seja porque não acumula reservas para momentos de infortúnios ou para realizar investimentos na própria operação.

Acredita-se, no entanto, que a adoção de condutas que privilegiem a *shareholder value* pelos membros da administração deve ser

---

[204] "The shareholder-oriented model does more than assert the primacy of shareholder interests, however. It asserts the interests of *all* shareholders, including minority shareholders. More particularly, it is a central tenet in the standard model that minority or noncontrolling shareholders should receive strong protection from exploitation at the hands of controlling shareholders. In publicly-traded firms, this means that all shareholders should be assured an essentially equal claim on corporate earnings and assets. There are two conspicuous reasons for this approach, both of which are rooted in efficiency concerns. One reason is that, absent credible protection for noncontrolling shareholders, business corporations will have difficulty raising capital from the equity markets. The second reason is that the devices by which controlling shareholders divert to themselves a disproportionate share of corporate benefits commonly involve inefficient investment choices and management policies." (HANSMANN, Henry; KRAAKMAN, Reinier. *The end of history corporate law*. Cambridge: Harvard Law School, 2000. p. 11. Disponível em: http://www.law.harvard.edu/programs/olin_center/papers/pdf/280.pdf. Acesso em: 4 de fevereiro de 2019)

[205] "Of course, asserting the primacy of shareholder interests in corporate law does not imply that the interests of corporate stakeholders must or should go unprotected. It merely indicates that the most efficacious legal mechanisms for protecting the interests of nonshareholder constituencies -- or at least all constituencies other than creditors -- lie outside of corporate law. For workers, this includes the law of labor contracting, pension law, health and safety law, and antidiscrimination law. For consumers, it includes product safety regulation, warranty law, tort law governing product liability, antitrust law, and mandatory disclosure of product contents and characteristics. For the public at large, it includes environmental law and the law of nuisance and mass torts." (HANSMANN, Henry; KRAAKMAN, Reinier. *The end of history corporate law*. Cambridge: Harvard Law School, 2000. p. 10. Disponível em: http://www.law.harvard.edu/programs/olin_center/papers/pdf/280.pdf. Acesso em: 4 de fevereiro de 2019)

tomada em caso de "dúvida", depois de superadas as etapas básicas de um processo decisório: (i) qualquer decisão deve observar o estrito cumprimento das leis as quais estejam subordinados os acionistas, a companhia e os demais envolvidos; (ii) qualquer decisão deve objetivar a perenidade e o desenvolvimento a longo prazo da organização; (iii) qualquer decisão deve avaliar os riscos aos quais a companhia esteja mais suscetível, com vistas à mitigação desses riscos , para evitar prejuízos à empresa e aos seus acionistas; (iv) qualquer decisão deve avaliar as externalidades produzidas pela companhia a terceiros, que possam lhe causar impactos financeiros e reputacionais, a fim de evitar prejuízos à empresa e aos seus acionistas.

A observação desses critérios atende os interesses dos acionistas e dos envolvidos com a empresa, pois tende a conduzir esta a um terreno de segurança das suas atividades, minimizando prejuízos, especialmente pelo respeito à lei e pela atuação com riscos controlados.[206] Se superadas essas premissas, ainda existirem dúvidas quanto aos interesses a serem atendidos, aí, sim, aplica-se o modelo do *shareholder value*. O que não se admite é o cometimento de fraudes empresariais, sejam elas ilícitas e/ou antiéticas, sob o argumento de que se está agindo em prol dos interesses dos acionistas ou com o objetivo de alcançar metas previamente estabelecidas. Nenhum interesse, seja da organização, seja dos acionistas, pode-se sobrepor ao cumprimento da lei.

3.1.2. Órgãos integrantes da administração: conselho de administração e diretoria

Como já referido, a administração da companhia caberá ao Conselho de Administração e à Diretoria.[207] Ressalvadas as características e

---

[206] Nesta linha de raciocínio, a pertinente lição de Menezes Cordeiro: "[...] A sociedade é sempre um regime jurídico. Ela não sofre nem ri: apenas o ser humano o pode fazer. Separar a sociedade dos sócios é má escolha: despersonaliza um instituto que uma longa experiência mostrou melhor estar no Direito privado. O administrador servirá, pois, os sócios. Mas não enquanto pessoas singulares: antes enquanto partes que puseram a gestão dos seus valores num modo coletivo de tutela e proteção. Nesse modo coletivo interferem normas que recordarão, entre outros aspectos: que a boa saúde das sociedades é vantajosa para o mercado; que há sectores sensíveis onde regras técnicas e prudenciais devem ser seguidas: banca e seguros; que as sociedades a que se acolhem empresas dão empregos e criam riquezas para o País. Tudo isso tem que ser acatado. Poderemos exprimi-lo dizendo que os administradores servem a sociedade, na qual os sócios têm um papel importante, mas não exclusivo. E as vantagens dos sócios são prosseguidas em modo coletivo, o que é dizer: de acordo com as regras societárias aplicáveis". (MENEZES CORDEIRO, António. *Direito das Sociedades*. Parte Geral. 3. ed. vol. I, Coimbra: Almedina, 2011, p. 844-845).

[207] BRASIL. Lei 6.404, de 15 de dezembro de 1976. Dispõe sobre a Sociedade por Ações. Disponível em http://www.planalto.gov.br/ccivil_03/leis/L6404consol.htm. Acesso em 1º de dezembro de 2018. Art. 138. A administração da companhia competirá, conforme dispuser o estatuto, ao conselho de administração e à diretoria, ou somente à diretoria. § 1º O conselho de administração é órgão de deliberação colegiada, sendo a representação da companhia privativa dos diretores.

as atribuições específicas de cada um desses agentes da administração empresarial, estes detêm o poder da administração ordinária da companhia, ou seja, de agir autonomamente naquelas situações em que não há competência privativa de deliberação da assembleia geral.[208]

O Conselho de Administração está previsto pelo artigo 140[209] da Lei 6.404/76 e trata-se de órgão de deliberação colegiada,[210] composto por, pelo menos, três membros, eleitos pela assembleia geral de acionistas. Este órgão será obrigatório nas sociedades anônimas de capital aberto, nas de capital autorizado e nas sociedades de economia mista.

Até a entrada em vigor da Lei 12.431/2011, que, entre outras providências, alterou o artigo 146[211] da Lei 6.404/76, era obrigatório que os membros do Conselho de Administração fossem acionistas da com-

---

§ 2º As companhias abertas e as de capital autorizado terão, obrigatoriamente, conselho de administração.

[208] Segundo o art. 122 da Lei 6.404/76, compete privativamente à assembleia geral reformar o estatuto social; eleger ou destituir, a qualquer tempo, os administradores e fiscais da companhia, ressalvado o disposto no inciso II do art. 142; tomar, anualmente, as contas dos administradores e deliberar sobre as demonstrações financeiras por eles apresentadas; autorizar a emissão de debêntures, ressalvado o disposto nos §§ 1º, 2º e 4º do art. 59; suspender o exercício dos direitos do acionista (art. 120); deliberar sobre a avaliação de bens com que o acionista concorrer para a formação do capital social; autorizar a emissão de partes beneficiárias; deliberar sobre transformação, fusão, incorporação e cisão da companhia, sua dissolução e liquidação, eleger e destituir liquidantes e julgar-lhes as contas; e autorizar os administradores a confessar falência e pedir concordata. (BRASIL. Lei 6.404, de 15 de dezembro de 1976. Dispõe sobre a Sociedade por Ações. Disponível em http://www.planalto.gov.br/ccivil_03/leis/L6404consol.htm. Acesso em 1º de dezembro de 2018)

[209] BRASIL. Lei 6.404, de 15 de dezembro de 1976. Dispõe sobre a Sociedade por Ações. Disponível em http://www.planalto.gov.br/ccivil_03/leis/L6404consol.htm. Acesso em 1º de dezembro de 2018. Art. 140. O conselho de administração será composto por, no mínimo, 3 (três) membros, eleitos pela assembleia geral e por ela destituíveis a qualquer tempo, devendo o estatuto estabelecer: I – o número de conselheiros, ou o máximo e mínimo permitidos, e o processo de escolha e substituição do presidente do conselho pela assembleia ou pelo próprio conselho; II – o modo de substituição dos conselheiros; III – o prazo de gestão, que não poderá ser superior a 3 (três) anos, permitida a reeleição; IV – as normas sobre convocação, instalação e funcionamento do conselho, que deliberará por maioria de votos, podendo o estatuto estabelecer *quorum* qualificado para certas deliberações, desde que especifique as matérias. Parágrafo único. O estatuto poderá prever a participação no conselho de representantes dos empregados, escolhidos pelo voto destes, em eleição direta, organizada pela empresa, em conjunto com as entidades sindicais que os representem.

[210] Cada conselheiro tem, individualmente, o dever de diligência de buscar as informações necessárias para instruir as deliberações do Conselho. Neste sentido, CARVALHOSA, Modesto. *Comentários à Lei de Sociedade Anônimas*. v. 3, 6. ed., São Paulo: Saraiva, 2014, p. 119.

[211] BRASIL. Lei 6.404, de 15 de dezembro de 1976. Dispõe sobre a Sociedade por Ações. Disponível em http://www.planalto.gov.br/ccivil_03/leis/L6404consol.htm. Acesso em 1º de dezembro de 2018. Art. 146. Poderão ser eleitas para membros dos órgãos de administração pessoas naturais, devendo os diretores serem residentes no País. § 1º A ata da assembleia geral ou da reunião do conselho de administração que eleger administradores deverá conter a qualificação e o prazo de gestão de cada um dos eleitos, devendo ser arquivada no registro do comércio e publicada. § 2º A posse do conselheiro residente ou domiciliado no exterior fica condicionada à constituição de representante residente no País, com poderes para receber citação em ações contra ele propostas com base na legislação societária, mediante procuração com prazo de validade que deverá estender-se por, no mínimo, 3 (três) anos após o término do prazo de gestão do conselheiro.

panhia. Essa alteração legislativa, atualiza a lei societária para deixá-la em consonância com as melhores práticas de Governança Corporativa, que sugerem a composição do Conselho de Administração pelo maior número de membros independentes[212] [213] possíveis em relação à companhia.[214]

As deliberações do Conselho de Administração são tomadas de forma colegiada, em regra por maioria, salvo se o estatuto dispuser de forma contrária em relação ao quórum. Diferentemente do que ocorre no Conselho Fiscal, não há no Conselho de Administração competências individuais, sendo a tomada de decisão sobre a questão que lhe é submetida sempre emanada pelo órgão, e não por qualquer conselheiro individualmente. A diferença entre as decisões do Conselho e da Diretoria, é que aquele órgão tem competência interna, não representando a companhia perante terceiros.

O Conselho de Administração deve tomar decisões de forma autônoma e independente, sempre no estrito interesse da companhia. O Código de Melhores Práticas de Governança Corporativa do IBGC recomenda que "os conselheiros devem atuar de forma técnica, com isenção emocional, financeira e sem a influência de quaisquer relacionamentos pessoais ou profissionais. Os conselheiros devem criar e

---

[212] O Instituto Brasileiro de Governança Corporativa divide os Conselheiros em três categorias: internos, externos e independentes. Os Conselheiros internos são aqueles que ocupam posição de diretores ou são empregados da empresa; os conselheiros externos são aqueles que não são empregados da empresa, mas também não independentes em relação a ela, pois mantêm ou mantiveram algum vínculo, tal como, ex-empregado, prestador de serviço, colaborador de outra empresa do mesmo grupo econômico, etc.; já o Conselheiro independente é aquele não possui qualquer laço com a empresa ou seus sócios/acionistas, nem em aspectos profissionais, nem em aspectos pessoais/familiares. (INSTITUTO BRASILEIRO DE GOVERNANÇA CORPORATIVA. *Código de Melhores Práticas de Governança Corporativa*. 5. ed., 2015. Disponível em: https://ibgc.org.br/governanca/governanca-corporativa/principios-basicos. Acesso em: 24 de setembro de 2018)

[213] A recomendação de que os Conselhos mantenham Conselheiros independentes não é somente uma realidade brasileira. Coutinho de Abreu, referindo-se ao cenário português, esclarece que: "Reclama-se a presença de administradores independentes para contrabalançar os poderes que têm dominado o conselho de administração. Nas sociedades de propriedade accionária dispersa, eles são vistos como contrapeso e instrumento de controlo dos administradores executivos; nas sociedades com acionistas de controlo, intenta-se que eles contrapesem a influência destes acionistas na administração e tenham também (ou mais) em conta, portanto, os interesses dos sócios minoritários – a independência é aqui definível em relação quer aos executivos quer aos sócios dominantes". (COUTINHO DE ABREU, Jorge Manuel. *Governação das Sociedades*. 2. ed. Almedina: Coimbra, 2010, p. 81.)

[214] O Instituto Brasileiro de Governança Corporativa (IBGC) sugere práticas de boa governança por meio do Código de Melhores Práticas de Governança Corporativa, sendo algumas delas direcionadas ao Conselho de Administração. Exemplificativamente, cita-se a sugestão de que o conselho seja composto entre cinco e onze membros, que o mandato não seja superior a dois anos, a eleição de conselheiros internos deve ser evitada, priorizando-se os conselheiros externos e independentes. (INSTITUTO BRASILEIRO DE GOVERNANÇA CORPORATIVA. *Código de Melhores Práticas de Governança Corporativa*. 5. ed., 2015. Disponível em: https://ibgc.org.br/governanca/governanca-corporativa/principios-basicos. Acesso em: 24 de setembro de 2018)

preservar valor para a organização como um todo, observados os aspectos legais e éticos envolvidos".[215] Não obstante, o mesmo documento ainda orienta que os conselheiros devem sempre votar tendo em vista os interesses da organização, fazendo análise crítica de eventuais acordos de votos existentes entre os acionistas.

A independência dos Conselhos de Administração é tema que ocupa e preocupa não só a doutrina, mas também os estudiosos de Governança Corporativa. O ideal de independência de um Conselho de Administração funda-se na necessidade de esse órgão ser, de fato, um órgão de administração da sociedade, dentro das competências que lhe são atribuídas por lei e pelo estatuto social, e não somente um instrumento de homologação das decisões tomadas em assembleia. Lembre-se de que um dos propósitos da criação do Conselho de Administração, já referido, é de intermediar as relações de acionistas controladores com os acionistas minoritários, imbuído no espírito de evitar lesões a estes últimos.

Assumindo a perspectiva de serem os Conselhos submissos à assembleia geral, assume-se também a possibilidade de serem os acionistas os atores das fraudes empresariais. Nesse sentido, alerta Calixto Salomão Filho[216] em relação àquelas empresas com controle definido, que o Conselho de Administração somente seria um "instrumento de consolidação do poder do controlador",[217] pois, diante de todas as

---

[215] INSTITUTO BRASILEIRO DE GOVERNANÇA CORPORATIVA. *Código de Melhores Práticas de Governança Corporativa*. 5. ed. 2015. Disponível em: https://ibgc.org.br/governanca/governanca-corporativa/principios-basicos. Acesso em: 24 de setembro de 2018.

[216] SALOMÃO FILHO, Calixto. *O Novo Direito Societário*. 4. ed. São Paulo: Malheiros, 2011, p. 101.

[217] A Lei 6.404/76 estabelece no artigo 116 o seu conceito de "controlador", atribuindo ser predicado à pessoa natural ou jurídica, ou ao grupo de pessoas vinculadas por acordo de voto ou sob controle comum, que possuem a maioria de votos na assembleia geral ou o poder de eleger a maioria dos administradores e que usa este poder para dirigir as atividades sociais e/ou orientar o funcionamento dos órgãos da companhia. A doutrina, ao verificar inúmeras nuances em relação aos controladores, estabeleceu uma classificação mais detalhada, prevendo, em relação ao controle interno, as hipóteses de controle totalitário (aquele exercido por uma única pessoa ou grupo de pessoas que detém a totalidade ou quase totalidade das ações com direito a voto), controle majoritário (verifica-se quando há na empresa acionista com grande número de ações com direito a voto e ativo nas decisões sociais. É a modalidade de controle mais comum nas companhias), controle minoritário (presente em companhias com capital muito pulverizado com alto absenteísmo, em que acionistas, mesmo com pouca participação societária acabam definindo os rumos da companhia por fazer-se presente nas deliberações), controle administrativo (caso extremo de pulverização de capital, quando os acionistas pelo baixo percentual de participação no capital não conseguem influenciar nas tomadas de decisões, ficando estas a cargo dos administradores da companhia), controle por mecanismo legal (trata-se de meios ancorados na legislação que permitem o exercício do controle, como por exemplo, pela criação de uma *holding*, acordo de acionistas, cláusulas estatutárias restritivas da circulação de ações, etc.) e a hipótese de controle externo (em que a condução dos negócios da companhia não se dão por decisão dos acionistas, mas por fatores externos como influência de credores, posição contratual, entre outras). Neste sentido, SCALZILLI, João Pedro. *Mercado de Capitais Ofertas Hostis e Técnicas de Defesa*. São Paulo: Quartier Latin, 2015, p. 39-48.

competências que lhe são dadas pelo artigo 142[218] e sendo, pelo menos, maioria do Conselho eleita pelos controladores, as deliberações emanadas desse órgão nada mais são do que as vontades do controlador, "fazendo com que o pequeno investidor não tenha vez, voz e sequer informação sobre a maioria dos negócios da sociedade".

Calixto Salomão Filho, em obra específica sobre ética e corrupção, entende que a falta de ética e a prática de condutas corruptivas dentro das empresas passa pelos interesses dos controladores, pois são eles, em última análise, os grandes beneficiários dos resultados desses ilícitos. O autor explica que a estrutura da Lei de Sociedades Anônimas favorece essas condutas, pois ela deu ao controlador "poder de vida e morte sobre a sociedade". O autor defende que a efetividade dos programas de *Compliance* passa pelo atingimento do poder de controle e, consequentes alterações estruturais das Sociedades Anônimas, sugerindo medidas tais como desconsideração da personalidade jurídica, criação de *Golden Shares* e admissão de pluralidade nos Conselhos de Administração. Sob esse aspecto, o autor refere a realidade alemã, em que os trabalhadores têm um assento nos Conselhos das companhias, de forma obrigatória, enquanto a legislação brasileira contempla essa hipótese de forma facultativa e com prévia previsão no estatuto social, conforme artigo 140, parágrafo único.[219]

Na mesma linha de pensamento, Haroldo Verçosa analisa especificamente o caso da Petrobras, sugerindo que as falhas de governança[220]

---

[218] BRASIL. Lei 6.404, de 15 de dezembro de 1976. Dispõe sobre a Sociedade por Ações. Disponível em: http://www.planalto.gov.br/ccivil_03/leis/L6404consol.htm. Acesso em: 1º de dezembro de 2018. Art. 142. Compete ao conselho de administração: I – fixar a orientação geral dos negócios da companhia; II – eleger e destituir os diretores da companhia e fixar-lhes as atribuições, observado o que a respeito dispuser o estatuto; III – fiscalizar a gestão dos diretores, examinar, a qualquer tempo, os livros e papéis da companhia, solicitar informações sobre contratos celebrados ou em via de celebração, e quaisquer outros atos; IV – convocar a assembleia geral quando julgar conveniente, ou no caso do artigo 132; V – manifestar-se sobre o relatório da administração e as contas da diretoria; VI – manifestar-se previamente sobre atos ou contratos, quando o estatuto assim o exigir; VII – deliberar, quando autorizado pelo estatuto, sobre a emissão de ações ou de bônus de subscrição; VIII – autorizar, se o estatuto não dispuser em contrário, a alienação de bens do ativo não circulante, a constituição de ônus reais e a prestação de garantias a obrigações de terceiros; IX – escolher e destituir os auditores independentes, se houver. § 1º Serão arquivadas no registro do comércio e publicadas as atas das reuniões do conselho de administração que contiverem deliberação destinada a produzir efeitos perante terceiros. § 2º A escolha e a destituição do auditor independente ficará sujeita a veto, devidamente fundamentado, dos conselheiros eleitos na forma do art. 141, § 4º, se houver.

[219] SALOMÃO FILHO, Calixto. Poder de Controle: Ética e Corrupção. In: BRADÃO, Carlos Eduardo Lessa; FONTES FILHO, Joaquim Rubens; MURITIBA, Sérgio Nunes. *Governança Corporativa e Integridade Empresarial – Dilemas e Desafios*. São Paulo: Saint Paul Editora, 2017, p. 179-186)

[220] Cotejando o comentário de Calixto Salomão Filho sobre a ideia de se reproduzir o modelo alemão para a adoção obrigatória de um representante dos empregados no Conselho de Administração das empresas, com o caso específico da Petrobras, verifica-se na prática que essa medida não foi impeditivo algum para as fraudes ocorridas na empresa, pois a mesma conta com representante dos empregados no Conselho de Administração pelo menos desde 2010, na promulgação da

da empresa pelos fatos notórios ocorridos nos últimos anos, passam por uma análise dos deveres e das responsabilidades do controlador da empresa, o Governo Federal. O referido autor sustenta que, nesse aspecto do controlador, a falha está na dependência que os gestores indicados por este mantinham em relação ao seu "indicador", fazendo com que se tornassem mandatários de interesses múltiplos e, por vezes, diversos daqueles que realmente interessavam à empresa.[221]

Em que pese se poderem constatar eventuais distúrbios de relacionamento entre acionistas controladores e conselheiros de administração, não se pode generalizar a submissão destes em relação àqueles. Deve-se partir da premissa de que as pessoas ocupantes dos cargos de Conselho são cônscias de suas atribuições, de seus deveres e de sua responsabilidade, e tratar-se de maneira pontual os distúrbios de conduta. Esse pensamento não é ingênuo, mas, sim, presume a boa-fé dos ocupantes dos cargos de administração das empresas. Nesse sentido, Modesto Carvalhosa alerta que o órgão de gestão deve manter-se firme na sua independência e autonomia, sob pena de serem responsabilizados, inclusive pessoalmente, por irregularidades decorrentes da submissão às vontades dos acionistas. Nas palavras do autor:

> Deve, no entanto, ficar esclarecido que a diretoria e o conselho de administração têm plena autonomia, dentro de seus poderes legais e estatutários, para deliberar sobre matérias da administração ordinária da companhia. O exercício dessa autonomia no tocante à administração dos negócios sociais constitui um dever dos diretores e conselheiros, devendo os mesmos manter absoluta independência sobre tais assuntos, por isso que inteiramente fora da alçada da comunhão dos controladores. Desse modo, nos casos em que o controle da companhia é exercido em bloco (art. 118), o conselho de administração deverá ser visto como um órgão de execução da política empresarial

---

Lei 12.353/2010, que tornou obrigatória essa prática. (BRASIL. Lei 12.353, de 28 de dezembro de 2010. Dispõe sobre a participação de empregados nos conselhos de administração das empresas públicas e sociedades de economia mista, suas subsidiárias e controladas e demais empresas em que a União, direta ou indiretamente, detenha a maioria do capital social com direito a voto e dá outras providências. Art. 2º Os estatutos das empresas públicas e sociedades de economia mista de que trata esta Lei deverão prever a participação nos seus conselhos de administração de representante dos trabalhadores, assegurado o direito da União de eleger a maioria dos seus membros).

[221] Nas palavras do autor: "Realizar o objeto e cumprir sua função social é desenvolver a área de petróleo em geral em benefício dos acionistas, dos empregados e da comunidade em que atua. Neste sentido, não parece que essa obrigação tenha sido cumprida quando se verifica quais foram diversos projetos de grande envergadura desenvolvidos pela empresa sob a determinação do controlador, nos planos nacional e até internacional. Da mesma forma, malfeitos, tais como maquiagem de balanços, fornecimento de informações falsas, tendenciosas ou incompletas, pagamento de propinas, etc. também não cumprem a função social e nem atendem aos demais interesses resguardados pela lei. Ora, considerando que as acusações sobre os desmandos na Petrobras são essencialmente verdadeiras e que nelas o controlador teve uma fundamental parte de culpa, cabe a sua responsabilização de forma integral, para que os efeitos dos prejuízos causados venham a ser completamente anulados." (VERÇOSA, Haroldo Malheiros Duclerc. Governança Corporativa no Mercado de Capitais – as antilições da Petrobras. *Revista de Direito Empresarial*, vol. 9/2015, p..223 – 237, Maio – Jun / 2015).

estabelecida pela comunhão, tendo, portanto, influência relativa na condução desses específicos negócios sociais de natureza relevante ou extraordinária. Não obstante, serão os conselheiros tão responsáveis quanto os diretores pela administração ordinária da companhia, dentro dos limites previstos na lei (arts. 153 a 159), respondendo na mesma intensidade que os controladores (art. 117) pelos danos jurídicos ou materiais causados à companhia em matéria extraordinária ou relevante. Serão, outrossim, responsáveis os diretores e conselheiros pela eventual sujeição às determinações tomadas irregularmente pela reunião prévia da comunhão em matérias de administração ordinária. Nestas matérias, tanto os diretores como os conselheiros deverão decidir e agir com absoluta independência frente à comunhão de controladores.[222]

Ademais da questão da responsabilidade pela eventual "homologação" de decisões assembleares irregulares ou distanciadas dos interesses da companhia, Modesto Carvalhosa defende que a nomeação de administradores, por acionistas, de forma interessada, para que sejam somente executores de decisões, não se coaduna com o atual momento de mercado que se vivencia. Há, cada vez mais, a necessidade de profissionais técnicos e especializados nas suas áreas de atuação, de forma que o sucesso de uma companhia, que obviamente interessa aos seus controladores, passa pela eleição dos mais gabaritados para o exercício da função.[223] Até porque, conforme disciplina do artigo 117, § 1°, *d*,[224] configura abuso do poder de controle eleger administrador ou fiscal inapto para o cargo.

As atribuições do Conselho de Administração estão previstas no artigo 142 da Lei 6.404/76 e podem ser divididas em atribuições indelegáveis (determinar a orientação geral dos negócios da companhia, eleger e destituir diretores, fixar-lhes as atribuições, fiscalizar sua gestão, convocar a assembleia geral, manifestar-se sobre o relatório da administração e as contas da Diretoria, escolher e destituir os auditores independentes), atribuições conferidas mediante previsão estatutária

---

[222] CARVALHOSA, Modesto. *Comentários à Lei de Sociedade Anônimas*. v. 3, 6. ed. São Paulo: Saraiva, 2014, p. 59-60.

[223] "Além do fenômeno da dispersão do capital (art. 137, II, b), a afirmação do poder autárquico dos administradores deve-se, outrossim, à alta sofisticação profissional que hodiernamente se requer dos indivíduos que administram as companhias, como referido. O elemento tecnológico prepondera no progressivo avanço do poder efetivo para as mãos dos que detêm o conhecimento dos intricados problemas das empresas modernas. Os acionistas dispersos, consequentemente, ficam cada vez mais distanciados das diretrizes e do manuseio dos problemas das companhias, em face da ausência de um controle acionário (arts. 116 e 4°-A, §2°) que imponha sua política. A tecnocracia empresarial, concentrada nos seus administradores, assume todo o poder nas companhias com capital disperso (art. 137, II, b), em razão do monopólio dos métodos científicos de administração que detêm." (CARVALHOSA, Modesto. *Comentários à Lei de Sociedade Anônimas*. v. 3, 6. ed. São Paulo: Saraiva, 2014, p. 69).

[224] BRASIL. Lei 6.404, de 15 de dezembro de 1976. Dispõe sobre a Sociedade por Ações. Disponível em: http://www.planalto.gov.br/ccivil_03/leis/L6404consol.htm. Acesso em: 1° de dezembro de 2018. Art. 117. O acionista controlador responde pelos danos causados por atos praticados com abuso de poder. § 1° São modalidades de exercício abusivo de poder: [...] d) eleger administrador ou fiscal que sabe inapto, moral ou tecnicamente.

(manifestar-se previamente sobre atos e contratos e deliberar sobre emissão de ações ou de bônus de subscrição) e atribuições conferidas se o estatuto não dispuser em contrário (alienar bens do ativo permanente, constituir ônus reais e prestar garantias a obrigações de terceiros).

De acordo com o preconizado pelas *Melhores Práticas Governança Corporativa*, o Conselho de Administração é o principal órgão da sociedade. As atribuições legais que lhe são impostas o tornam o protagonista no direcionamento estratégico de uma corporação, e as obrigações decorrentes das melhores práticas de Governança, lhe colocam no papel de guardião dos princípios, dos valores, do objeto social e do próprio sistema de Governança Corporativa. Afinal, compete ao Conselho de Administração pelo menos quatro tarefas de suma importância, que atingem diretamente a administração da sociedade: determinar a orientação geral dos negócios,[225] eleger e destituir diretores,[226] fixar as atribuições da diretoria e fiscalizar a gestão desta. Assim, assume o Conselho de Administração o papel de maestro da companhia, não sendo de sua alçada, envolver-se com a operação das estratégias traçadas diretamente, tarefa destinada à Diretoria.[227]

Em relação à fiscalização dos atos da Diretoria, o Conselho de Administração assume a tarefa de verificar se os diretores estão atuando de acordo com a lei e com o estatuto, de acordo com o planejamento estratégico da empresa, observando o interesse social.[228] No Processo Administrativo Sancionador RJ2017/3534, de relatoria do Diretor Gustavo Machado Gonzalez, a Comissão de Valores Mobiliários externou o

---

[225] Especificamente esta atribuição pode materializar-se em preservar, reforçar ou, caso necessário, promover transformações na cultura e na identidade da organização; dar o direcionamento estratégico, monitorar e apoiar a diretoria na implementação das ações estratégicas; manter-se atento às mudanças no ambiente de negócios, buscando garantir a capacidade de adaptação da organização; dentre outros. (INSTITUTO BRASILEIRO DE GOVERNANÇA CORPORATIVA. *Código de Melhores Práticas de Governança Corporativa*. 5. ed., 2015. Disponível em: https://ibgc.org.br/governanca/governanca-corporativa/principios-basicos. Acesso em: 24 de setembro de 2018f).

[226] Em relação à Diretoria, ademais do Conselho a eleger e poder destituir, ainda deve ocupar-se do planejamento sucessório da mesma, bem como da política de remuneração e da avaliação de desempenho dos Diretores. (INSTITUTO BRASILEIRO DE GOVERNANÇA CORPORATIVA. *Código de Melhores Práticas de Governança Corporativa*. 5. ed., 2015. Disponível em: https://ibgc.org.br/governanca/governanca-corporativa/principios-basicos. Acesso em: 24 de setembro de 2018f)

[227] Assim é a recomendação do Código de Melhores Práticas de Governança Corporativa do IBGC: "Para que o interesse da organização sempre prevaleça, o conselho deve prevenir e administrar situações de conflitos de interesses, administrar divergências de opiniões e prestar contas aos sócios. Deve solicitar todas as informações necessárias ao cumprimento de suas funções, inclusive a especialistas externos. Por outro lado, não deve interferir em assuntos operacionais." (INSTITUTO BRASILEIRO DE GOVERNANÇA CORPORATIVA. *Código de Melhores Práticas de Governança Corporativa*. 5. ed., 2015. Disponível em: https://ibgc.org.br/governanca/governanca-corporativa/principios-basicos. Acesso em: 24 de setembro de 2018f).

[228] Sobre este assunto, CARVALHOSA, Modesto. *Comentários à Lei de Sociedade Anônimas*. v. 3, 6. ed. São Paulo: Saraiva, 2014, p. 217.

entendimento de que os Conselheiros de Administração não possuem as funções executivas da Diretoria, mas também não podem ficar passivos às ocorrências da companhia. Destacou-se, neste processo, que o Conselho tem o dever de vigilância da gestão, o que compreende, minimamente, manter-se informado da atuação da Diretoria.[229] Adicione-se a isso a observância das condutas da Diretoria quanto à mitigação de riscos e à atenção às externalidades geradas pela empresa.

O outro órgão que compõe a administração da sociedade anônima é a Diretoria. Prevista no artigo 143[230] da Lei 6.404/76 e obrigatória em

---

[229] Destaca-se a fundamentação do voto proferido: "Cumpre registrar que embora a competência do conselho de administração para fiscalizar a gestão da diretoria não possa ser construída de forma excessivamente abrangente, como se abarcasse a revisão detalhada de todos os atos praticados pela diretoria, ela também não pode ser vista como algo excepcional, o que, na prática, faria com que o referido dispositivo ficasse desprovido de qualquer utilidade". Como assinala Nelson Eizirik: "Os membros do conselho de administração não podem ser responsabilizados por não terem evitado eventuais ilegalidades cometidas pelos diretores, exceto se delas tiveram conhecimento, ou se negligenciaram em descobri-las, faltando assim com seu dever de diligência". Reconheço que a Acusação não se aprofunda no exame da conduta dos conselheiros, e parece assumir que os graves problemas identificados na Inspeção não poderiam ter perdurado sem a atuação no mínimo negligente do conselho de administração. Noto, contudo, que embora não se possa atribuir ao conselho de administração as funções executivas próprias da diretoria, também não se pode aceitar que esse tenha um papel meramente passivo. No caso em tela, não há nenhum elemento que denote que o conselho de administração tenha tomado qualquer tipo de cuidado, ou providência, com o objetivo de estabelecer algum tipo de fiscalização sobre a gestão dos diretores. Nesse ponto, é importante ressaltar que a Companhia declaradamente buscava acessar o mercado de capitais, captando recursos junto ao público investidor para, supostamente, financiar o desenvolvimento de suas atividades. Em um momento tão importante, os conselheiros de administração têm uma função importante a cumprir e devem estabelecer rotinas para acompanhar o trabalho da diretoria no processo de registro. Embora não se possa definir *ex ante* critérios específicos acerca do nível de profundidade dessa supervisão, que dependerá sempre das circunstâncias do caso concreto, não se pode admitir que o conselho de administração se furte a fiscalizar a diretoria, exercendo a competência que lhe é atribuída no artigo 142, inciso III, da Lei nº 6.404/1976. Ressalto, ainda, estarmos novamente diante de situação onde transparece a atuação, no mínimo negligente, dos administradores (no caso, dos membros do conselho de administração). Nesse ponto, ressalto que o já referido dever de diligência pode ser decomposto em uma série de outros deveres mais concretos, dos quais destaco, para os fins deste voto, o dever de se informar e o dever de vigilância. Em apertada síntese, o dever de se informar exige que o administrador procure se informar sobre os negócios da companhia de uma maneira geral. Em certos casos, o administrador deve, inclusive, atuar para que lhe sejam fornecidas as informações necessárias para poder decidir de maneira adequada acerca dos fatos que lhe são submetidos. Já o dever de vigilância impõe ao administrador o dever de acompanhar a gestão da companhia. Naturalmente, não se exige que o administrador da companhia vigie todos os atos da companhia, mas que se mantenha genericamente informado acerca do andamento da gestão social e, modernamente, estabeleça estruturas adequadas de controles internos. A simples enunciação dessas 'representações' do dever diligência basta, em um caso como esse, para concluir pela violação também, do artigo 153 da Lei Societária." (COMISSÃO DE VALORES MOBILIÁRIOS. Processo Administrativo Sancionador RJ2017/3534. Descumprimentos de normas previstas na legislação societária referentes aos livros sociais, à escrituração contábil e a não divulgação de informações devidas por uma companhia aberta. Descumprimento dos deveres de diligência e de fiscalização. Multas. Relator Gustavo Machado Gonzalez, julgado em 19/06/2018. Disponível em : http://www.cvm.gov.br/export/sites/cvm/sancionadores/sancionador/anexos/2018/RJ20173534_UTILIUM.pdf. Acesso em: 07 de fevereiro de 2019).

[230] BRASIL. Lei 6.404, de 15 de dezembro de 1976. Dispõe sobre a Sociedade por Ações. Disponível em: http://www.planalto.gov.br/ccivil_03/leis/L6404consol.htm. Acesso em: 1º de dezembro

todas as sociedades anônimas, a Diretoria será composta por, no mínimo, dois membros, que serão eleitos pelo Conselho de Administração ou, na ausência deste, pela Assembleia Geral de Acionistas. Assim como o Conselho de Administração, tem a Diretoria a atribuição de tomar as decisões e administrar a companhia em relação às matérias ordinárias. Duas, no entanto, são as principais diferenças no que tange aos atos de administração entre a Diretoria e o Conselho de Administração: a Diretoria é a única responsável pela representação da sociedade perante terceiros, e as decisões da Diretoria não têm a obrigatoriedade de serem tomadas de forma colegiada, podendo ser resultado da atuação individual de um diretor.[231] Em relação a esta última afirmação, em específico, vale lembrar que o estatuto social pode prever situações em que as decisões da Diretoria devam ser tomadas de forma colegiada.

Assim, os diretores possuem poderes de gestão, "expressos na atividade de condução dos negócios da companhia mediante a execução de todos os atos e operações necessários à consecução do objeto social"

---

de 2018. Art. 143. A Diretoria será composta por 2 (dois) ou mais diretores, eleitos e destituíveis a qualquer tempo pelo conselho de administração, ou, se inexistente, pela assembleia geral, devendo o estatuto estabelecer: I – o número de diretores, ou o máximo e o mínimo permitidos; II – o modo de sua substituição; III – o prazo de gestão, que não será superior a 3 (três) anos, permitida a reeleição; IV – as atribuições e poderes de cada diretor. § 1º Os membros do conselho de administração, até o máximo de 1/3 (um terço), poderão ser eleitos para cargos de diretores. § 2º O estatuto pode estabelecer que determinadas decisões, de competência dos diretores, sejam tomadas em reunião da diretoria.

[231] Assim é o entendimento de Modesto Carvalhosa: "O conselho de administração é um órgão formalmente decisório tanto quanto o é a diretoria (art. 143). A diferença é que aquele tem competência decisória apenas interna, não podendo representar organicamente a companhia perante terceiros". Assim, quando a Lei fala que "o conselho de administração é órgão de deliberação colegiada", não quer com isso estabelecer uma distinção no sentido de que o conselho é órgão deliberativo, e a diretoria, órgão executivo. Não existe, com efeito, 'órgão executivo' em Direito Societário. Os diretores têm poderes de decisão que lhes são atribuídos por lei e distribuídos entre eles pelo estatuto (art. 143 e seu § 2º). É, portanto, a diretoria órgão decisório tanto quanto o conselho de administração. O que efetivamente distingue um e outro é eu, neste, o processo de decisão é obrigatoriamente deliberativo, ao passo que, no âmbito da diretoria, o processo de decisão é individual, sem embargo de, para determinar matérias, adotar o processo deliberativo colegiado, em reunião formal (art. 143, § 2º)." (CARVALHOSA, Modesto. *Comentários à Lei de Sociedade Anônimas*. v. 3, 6. ed., São Paulo: Saraiva, 2014, p. 61.). Da mesma forma, decidiu a CVM no Processo Administrativo Sancionador RJ2013/9266, de relatoria do Diretor Henrique Balduino Machado Moreira, julgado em 27 de março de 2018: "[...] O mesmo, entretanto, não se pode afirmar em relação a João Alexandre, diretor administrativo e financeiro. Nesse sentido, é preciso levar em conta o regime individual de responsabilidade dos atos praticados pelos diretores, em contraposição às deliberações do conselho de administração, cujo caráter é marcadamente colegiado32. Assim, ainda que o dever de diligência do art. 153 deva ser observado pela diretoria, mister se faz analisar a conduta individualizada do diretor administrativo e financeiro da Companhia". (COMISSÃO DE VALORES MOBILIÁRIOS. Processo Administrativo Sancionador RJ2013/9266. Irregularidades na convocação da AGE – exercício abusivo do direito de voto – inobservância do dever de diligência – Irregularidades relacionadas à aprovação de redução do capital social da companhia – Operação realizada com desvio de finalidade. Absolvições e multas. Relator Diretor Henrique Balduino Machado Moreira, julgado em 27 de março de 2018. Disponível em: http://www.cvm.gov.br/export/sites/cvm/sancionadores/sancionador/anexos/2018/RJ20139266_Granos_Granitos.pdf. Acesso em: consultado em 7 de fevereiro de 2019).

e poderes de representação, "pois cabe privativamente a eles a manifestação da vontade social a terceiros".[232]

A legislação societária não previu com detalhamento quais são as atribuições da Diretoria, deixando essa definição para o estatuto, especialmente para que este possa individualizar as competências de cada diretor. A Lei 6.404/76 deu aos diretores a incumbência de exercerem a gestão ordinária da companhia, que pode-se traduzir na implementação das diretrizes traçadas pelo Conselho, concreção dos processos operacionais e financeiros, administração de ativos, condução dos negócios da organização e fiscalização e monitoramento dos assuntos que lhe são subordinados.

Aparentemente, as atribuições de Conselho de Administração e Diretoria não suscitam maiores questionamentos, nem pela leitura da lei, nem em discussões doutrinárias. No entanto, quando se trata de fraudes empresariais, obstáculos são encontrados para definir-se o papel do Conselho e da Diretoria no cometimento e na prevenção dessas fraudes. A 14ª Pesquisa Global sobre Fraude, realizada pela Consultoria Ernest Young, já referida nesta pesquisa, indica que quase metade dos respondentes não acredita que os Conselhos de Administração têm um entendimento adequado dos riscos específicos para sua empresa.[233]

Cotejando os elementos da fraude com as disposições legislativas e doutrinárias sobre a administração das sociedades anônimas, pode-se concluir que a responsabilidade pelas fraudes empresariais, seja em relação ao seu cometimento, seja em relação a sua prevenção e fiscalização, passa pela administração da empresa, quais sejam, membros do Conselho de Administração e Diretoria. E é importante ressaltar que, mesmo que atuem de forma colegiada, em nome do órgão, por disposição legal ou estatutária, a vantagem é auferida individualmente.

No caso das empresas em que há controlador, a autoria e os benefícios da fraude empresarial também podem-se estender a esses. No entanto, há que se deixar claro que, em que pese à discussão da influência dos controladores sobre os órgãos da administração das sociedades – o que não se despreza,[234] tampouco se nega a ocorrência concreta –,

---

[232] ADAMEK, Marcelo Vieira von. *Responsabilidade Civil dos Administradores de S/A e as ações correlatas*. São Paulo: Saraiva, 2009, p.24. No mesmo sentido, "os diretores acumulam, no exercício de seus cargos, as funções de gestão e de representação da sociedade, conforme o que a respeito dispuser para cada um deles o estatuto social" (CARVALHOSA, Modesto. *Comentários à Lei de Sociedade Anônimas*. v. 3, 6. ed., São Paulo: Saraiva, 2014, p. 63).

[233] ERNEST YOUNG. *14ª Pesquisa Global sobre Fraude*, 2016. Disponível em: https://www.ey.com/Publication/vwLUAssetsPI/fraud_survey/$FILE/PB_Fraud_Survey_PT.pdf. Acesso em: 25 de janeiro de 2019.

[234] No cenário brasileiro, não se pode descuidar da figura do controlador, pois a estrutura societária das sociedades anônimas nacionais são na sua maioria composta por blocos de controle claros e definidos. Segundo Ana Paula Paulino da Costa, "no mercado de capitais brasileiro, o maior

entende-se que os controladores, mesmo que sabedores ou mentores da fraude não a conseguem perfectibilizá-la sozinhos, pois, entre outras questões, não podem agir em nome da sociedade, tarefa exclusiva dos diretores.[235]

Não obstante, os administradores, salvo raras situações, estarão envolvidos no processo de fraude, seja por ação, sendo ele o próprio o autor da fraude, ou por omissão, pelo falho exercício do dever de fiscalização que lhe compete ou por não ter criado mecanismos adequados de detecção de fraudes.[236] Isso, porque não se pode olvidar que a fraude tem origem em uma relação de confiança, e a figura do administrador pressupõe a fidúcia, que "decorre de sua situação jurídica de poder (orgânico e não mandato) de dispor de bens alheios – os da companhia –

---

acionista de uma empresa tem, em média, 58% das ações ordinárias e os 3 maiores acionistas detêm, em média, 98% do capital. Em apenas 40 das 440 empresas de capital aberto, o principal acionista não é majoritário (não detém 51% das ações). Somente em 7 delas o controle é exercido pela minoria. Dessa forma, verifica-se que a situação é propícia para conflitos de interesse entre acionistas controladores e acionistas minoritários e, em especial, para fraudes contra os minoritários". (COSTA, Ana Paula Paulino da. *Casos de fraudes corporativas financeiras: antecedentes, recursos substantivos e simbólicos relacionados*. 2011. 176 f. Tese (Doutorado em Administração de Empresas) – Escola de Administração de Empresas, Fundação Getúlio Vargas, São Paulo, 2011. Versões impressa e eletrônica. Disponível em: https://bibliotecadigital.fgv.br/dspace/bitstream/handle/10438/8542/TESE_ANA%20PAULA%20PAULINO%20DA%20COSTA.pdf. Acesso em: 15 de junho de 2018).

[235] Como explica Modesto Carvalhosa: "Daí resulta que no Direito Societário brasileiro existem dois regimes: o das companhias com controlador e aquelas que não o tem, ou seja, as com capital disperso (art. 137, II, *b*).Nesta última, as decisões negociais são tomadas diretamente pelos administradores, sem referibilidade aos acionistas dispersos, que livremente negociam suas ações no mercado. Assim, nas companhias com controlador, os deveres fiduciários se impõem tanto para eles como para os administradores, nas respectivas esferas funcionais. Já nas companhias com capital disperso (art. 137, II, b) os deveres fiduciários recaem diretamente nos administradores, na dupla função que exercem, de formuladores da política empresarial e na sua administração ordinária e extraordinária". Em outra passagem o autor também refere que "desse modo, nas companhias com controlador não se aplica a clássica teoria da dissociação entre propriedade e poder na sociedade anônima. Pelo contrario, após o advento da reforma de 2001 (Lei 10.303), os controladores comuns (art. 118) passaram a comandar diretamente a companhia naquelas matérias relevantes ou extraordinárias elencadas no respectivo acordo." (CARVALHOSA, Modesto. *Comentários à lei de Sociedade Anônimas*. v. 3, 6 ed. São Paulo: Saraiva, 2014, p. 80 e 372).

[236] Nesse sentido Otavio Yazbek, ao refletir sobre o atual conteúdo do dever de diligência, conclui que se é demais exigir que o administrador fiscalize toda a companhia, não pode este, pelo menos, se furtar de criar mecanismos que possibilitem tal supervisão. Nas palavras do autor, "neste sentido, o reconhecimento da obrigação de constituição de mecanismos de controles internos, como ora preconizado, aparentemente corresponde às práticas que, a pouco e pouco, se passou a reconhecer como mais adequadas – se ao redor do mundo consolidou-se uma cultura de controles internos, se cada vez mais as recomendações vão nesse sentido, se essa talvez seja a única forma de cumprir o dever de supervisão, o administrador talvez não tenha como se eximir da obrigação de constituir tais mecanismos. Ainda que, naturalmente, a decisão acerca da matéria dependa em larga medida da natureza das atividades e da estrutura da companhia, não há como negar tal fato. E, reitere-se, as concepções do dever de diligência acima descritas, aparentemente, nos termos em que formuladas, talvez não permitissem o seu reconhecimento." (YAZBEK, Otavio. Representações do Dever de Diligência na Doutrina Jurídica Brasileira: Um Exercício e Alguns Desafios. *In*: KUYVEN, Luiz Fernando Martins. *Temas Essenciais de Direito Empresarial: Estudos em Homenagem à Modesto Carvalhosa*. São Paulo: Saraiva, 2012, p. 940-961).

como um proprietário, em decorrência do exercício da gestão da companhia, que lhe advêm da Lei e do estatuto social".[237]

Os interesses próprios referidos por Berle e Means,[238] citados acima, são evidentes nas hipóteses que preenchem o conteúdo de cada um dos vértices da fraude, tais como necessidade de manter-se no cargo, interesse no recebimento de bônus por atingimento de metas, conhecimento das falhas dos sistemas de controles internos e externos, capacidade de persuadir outras pessoas da organização, análise de custo-benefício, entre outras, e direcionam-se perfeitamente aos administradores, sendo eles importantes partícipes das condutas fraudulentas.[239] Destaca-se, de todas as possíveis origens da fraude, o distanciamento do dano da pessoa do administrador fraudador, pois, mesmo que este venha a ser condenado em esfera administrativa ou judicial pelo descumprimento de algum dos seus deveres de conduta, a penalidade imposta jamais fará frente aos danos causados à companhia.

Lembre-se do exemplo da Sadia que, em 2008, em virtude da crise que assolava especialmente os Estados Unidos, que levou o dólar a uma alta inesperada, fez esta empresa ter um prejuízo de R$ 760 milhões, em virtude de contratos de câmbio que mantinha para a proteção de suas receitas, contra variações cambiais. Também matinha a empresa contratos futuros para especulação financeira. Diante do prejuízo, para evitar uma possível quebra, a empresa Sadia fusionou-se com a até então concorrente Perdigão, criando a gigante do setor alimentício BRFoods.

---

[237] CARVALHOSA, Modesto. *Comentários à Lei de Sociedade Anônimas*. v. 3, 6. ed. São Paulo: Saaiva, 2014, p. 369.
[238] BERLE, Adolf Augustus; MEANS, Gardiner C. *A moderna sociedade anônima e a propriedade privada*. Tradução Dinah de Abreu Azevedo. 2. ed. São Paulo: Nova Cultural, 1987, p. 123-124.
[239] Exemplo dessa situação é o Processo Administrativo Sancionador CVM 01/2011, de relatoria do Diretor Henrique Balduino Machado Moreira, julgado em 27/01/2018, em que o Diretor constata pela prova produzida nos autos que a fraude só foi possível pela ação do Diretor de Tecnologia que permitia a reabertura do sistema: ".[...] Assim, o conjunto de provas aqui referido permite concluir que as irregularidades na PDD do Banco Panamericano eram idealizadas pelo diretor de crédito, sendo posteriormente discutidas com o diretor-financeiro, a quem cabia definir o valor a ser adulterado e registrá-lo contabilmente. Tais irregularidades eram possíveis em razão da anuência do diretor de tecnologia da informação, que permitia a reabertura do sistema e a utilização de procedimentos não estruturados para produzir novos valores da PDD, o que acarretava atraso na entrega das informações ao BCB. E tudo isso ocorria com a ciência e autorização do diretor superintendente, razão pela qual todos os referidos diretores são responsáveis pela fraude na PDD.[...]" (COMISSÃO DE VALORES MOBILIÁRIOS. Processo Administrativo Sancionador 01/2011. Fraudes contábeis nas demonstrações financeiras da companhia – recebimento, em razão dos cargos ocupados na companhia, de vantagem pessoal pecuniária – descumprimento dos deveres de diligência e de lealdade exigidos dos administradores de uma companhia aberta. Transferências injustificadas de recursos da companhia para sociedades coligadas – Operações não comutativas – Abuso de poder de controle. Absolvição, Inabilitações e multas pecuniárias. Relator Henrique Balduino Machado Moreira, julgado em 27/01/2018. Disponível em: http://www.cvm.gov.br/export/sites/cvm/sancionadores/sancionador/anexos/2018/012011_Banco_Panamericanocx.pdf. Acesso em: consultado em 07 de fevereiro de 2019).

A Comissão de Valores Mobiliários, na oportunidade, instaurou inquérito administrativo tombado sob nº 18/2008,[240] para apuração de infrações, especialmente em relação ao dever de diligência dos administradores. No final da investigação, foram apuradas falhas do Diretor Financeiro, dos membros do Conselho de Administração, do Comitê Financeiro e do Comitê de Auditoria que compreendiam desde a tomada de decisões em contrariedade às próprias normas internas da empresa, até a falta de diligência em relação ao cuidado necessário com os negócios da companhia e a falta de fiscalização e de monitoramento adequados. Ao final, foram condenadas dez pessoas a penas pecuniárias que variaram entre R$ 200.000,00 e R$ 400.000,00 e inabilitação para o exercício da atividade empresarial entre um e cinco anos.

Veja-se que, embora se multiplique o valor máximo da pena pelo número total de condenados, não se chega a valor aproximado dos prejuízos causados, não só pela perda financeira de 760 milhões de reais, mas pela impossibilidade de a empresa Sadia continuar existindo de forma autônoma.

Não se está afirmando de forma generalizada que todos os administradores de empresas sejam fraudadores, tampouco que todos os administradores das empresas envolvidas em escândalos de fraudes empresariais tenham participado dessas fraudes; o que se está afirmando é que, em um processo de fraude empresarial, não há como afastar a conivência dos administradores, seja por ação, como autores ou mandantes da fraude, seja por omissão, por não terem exercido a contento sua tarefa de vigilância ou por não terem criado mecanismos eficientes de detecção e prevenção da fraude empresarial.[241]

---

[240] COMISSÃO DE VALORES MOBILIÁRIOS. Processo Administrativo Sancionador 18/2008. Descumprimento do esperado dever de diligência por parte dos administradores de uma companhia aberta. –Multas e inabilitações temporárias. Relator Alexsandro Broedel Lopes, julgado em 14 de dezembro de 2010. Disponível em: http://www.cvm.gov.br/export/sites/cvm/sancionadores/sancionador/anexos/2010/20101214_PAS_1808.pdf. Acesso em: 09 de fevereiro de 2019.

[241] O Código de Melhores Práticas de Governança Corporativa do IBGC preconiza que cabe à Diretoria, órgão integrante da administração, "assegurar que a organização esteja em total conformidade com os dispositivos legais e demais políticas internas a que está submetida. [...] O monitoramento, o reporte e a correção de eventuais desvios, sejam eles decorrentes de descumprimento da legislação e/ou regulamentação interna e externa, gerenciamento de riscos, auditoria ou controles internos, também são parte das responsabilidades da diretoria. Na qualidade de administradores, os diretores possuem deveres fiduciários em relação à organização e prestam contas de suas ações e omissões à própria organização, ao conselho de administração e às partes interessadas." (INSTITUTO BRASILEIRO DE GOVERNANÇA CORPORATIVA. *Código de Melhores Práticas de Governança Corporativa*. 5. ed., 2015. Disponível em: https://ibgc.org.br/governanca/governanca-corporativa/principios-basicos. Acesso em: 24 de setembro de 2018).

A distinção entre atribuições dos conselheiros e dos diretores em um contexto de fraudes empresariais é em relação à implementação dos programas de integridade e nível de fiscalização desses programas. O cotejo da legislação societária com as recomendações de Melhores Práticas de Governança Corporativa permite concluir que incumbe ao Conselho de Administração traçar a política de integridade da empresa e a forma como essa política será levada a efeito.[242] A implementação e o monitoramento constante dessa política cabe à Diretoria, no estrito cumprimento das diretrizes estabelecidas pelo Conselho.[243] Após implementado o programa de integridade, cabe ao Conselho exigir informações sobre esse programa, no exercício da vigilância que também lhe cabe.[244]

Dúvidas podem surgir quanto à obrigatoriedade de implementação dos programas de integridade com base nas atribuições definidas aos administradores pela legislação societária. Afinal, entender esses programas como orientações gerais de negócio ou como atos de gestão ordinária, leva à discricionariedade do administrador e à necessidade da companhia naquele momento. Talvez para uma companhia que esteja sendo exigida pelo seu principal cliente quanto à implementação de políticas desse viés, isso seja indispensável e urgente, enquanto, para outras, pode, aparentemente, não haver qualquer necessidade e representar somente mais um custo.

No entanto, a obrigatoriedade de implementação dos programas pode derivar de outro fundamento, qual seja, o dever de diligência dos administradores.

---

[242] "[...] assegurar que a diretoria identifique, mitigue e monitore os riscos da organização, bem como a integridade do sistema de controles internos.". (INSTITUTO BRASILEIRO DE GOVERNANÇA CORPORATIVA. *Código de Melhores Práticas de Governança Corporativa*. 5. ed., 2015. Disponível em: https://ibgc.org.br/governanca/governanca-corporativa/principios-basicos. Acesso em: 24 de setembro de 2018])

[243] "O monitoramento, o reporte e a correção de eventuais desvios, sejam eles decorrentes de des cumprimento da legislação e/ou regulamentação interna e externa, gerenciamento de riscos, auditoria ou controles internos, também são parte das responsabilidades da diretoria. Na qualidade de administradores, os diretores possuem deveres fiduciários em relação à organização e prestam contas de suas ações e omissões à própria organização, ao conselho de administração e às partes interessadas." (INSTITUTO BRASILEIRO DE GOVERNANÇA CORPORATIVA. *Código de Melhores Práticas de Governança Corporativa*. 5. ed., 2015. Disponível em: https://ibgc.org.br/governanca-corporativa/principios-basicos. Acesso em: 24 de setembro de 2018).

[244] "Uma vez instalado e em funcionamento um bom sistema de controles internos, aos membros do conselho, no exercício diligente da sua função de fiscalizar a diretoria, cabe tão somente avaliar com rigor as informações que periodicamente lhes são disponibilizadas. A evolução do dever de fiscalizar não vai ao ponto de exigir que os conselheiros se envolvam ativamente no dia a dia da companhia, examinando contratos e planilhas, questionando diretamente diretores etc.". (GOMES, Rafael Mendes; BELTRAME, Priscila Akemi; CARVALHO, João Vicente Lapa de. *Compliance* Empresarial: novas implicações no dever de diligência. *In*: CASTRO, Leonardo Freitas de Moraes e. *Mercado Financeiro & de Capitais – Regulação e Tributação*. São Paulo: Quartier Latin, 2015, p. 548).

3.2. A atual configuração do dever de diligência e a necessidade de releitura de seu conteúdo perante as disposições da Lei 12.846/2013

Na exposição de motivos da Lei das Sociedades Anônimas, encontra-se o fio condutor que deve direcionar os intérpretes do Direito Societário em relação aos deveres e às responsabilidades dos administradores, naquilo que se espera, como padrão de conduta aceitável: o comportamento desses indivíduos deve assemelhar-se ao do "homem ativo e probo na administração de seus próprios negócios". Frise-se que a atual legislação não se distancia do que já era previsto no §7º do art. 116 do DL n. 2.627/1940, tampouco da tendência praticada em outros ordenamentos jurídicos. A preocupação do legislador de 1976 era que os preceitos quanto aos deveres e responsabilidades dos administradores orientasse aqueles de postura honesta, "sem entorpecê-los na ação, com excessos utópicos" e servisse para caracterizar e coibir abusos, quando necessário.[245]

Inicialmente, deve-se destacar que, muito embora o legislador tenha utilizado a palavra "homem" para designar o paradigma do padrão de diligência, não quis referir-se ao homem comum, do Código Civil, mas, sim, ao homem de "negócios", *businessman*. Não faria sentido qualquer interpretação em sentido contrário, pois a atividade empresarial exige do seu agente – no caso, do administrador – profissionalismo e habilitação, e a gestão de negócios alheios requer muito mais cuidado do que a gestão dos próprios negócios.[246] Assim, entender o "homem" referido na legislação societária como o "homem de negócios" impõe, segundo Luiz Antonio de Sampaio Campos, ao mesmo tempo, um padrão de exigências mais rigoroso, porque exige a vocação para a atividade empresarial e mais flexível, porque contextualiza o risco dentro do mundo corporativo.[247]

---

[245] BRASIL. Lei 6.404, de 15 de dezembro de 1976. Dispõe sobre a Sociedade por Ações. Disponível em: http://www.planalto.gov.br/ccivil_03/leis/L6404consol.htm. Acesso em: 1º de dezembro de 2018.

[246] Neste sentido, a lição de Marcelo Adamek: "[...] Ao colocar em evidência a necessidade de agir com a diligência de homem ativo e probo, o legislador teria desconsiderado as exigências de competência, formação teórica e experiência profissional, exigidas atualmente de todo administrador de empresa, na medida em que atributos como honestidade, boa vontade e diligência de homem ativo e probo não são, de per si, suficientes para assegurar o desempenho apropriado das funções de administrador. [...] É que, se certas concessões e assunções de riscos são admissíveis e corriqueiras na condução dos próprios negócios, o mesmo não se pode aceitar quando estão em jogo interesses de terceiros." (ADAMEK, Marcelo Vieira Von. *Responsabilidade Civil dos Administradores de S/A e as Ações Correlatas*. São Paulo: Saraiva, 2010, p. 123).

[247] CAMPOS, Luiz Antonio de Sampaio. Deveres e Responsabilidades. *In:* LAMY FILHO, Alfredo; PEDREIRA, José Luiz Bulhões. *Direito das Companhias*. 2. ed. Rio de Janeiro: Forense, 2017, p. 801.

Já se referiu que a separação entre a propriedade e a gestão das sociedades levou à necessidade de se discutir e normatizar a forma de como se desenvolveria a administração delas, principalmente no que tange aos deveres e as responsabilidades desses "terceiros" que estariam fazendo gestão do patrimônio alheio. É importante frisar que a administração delegada a terceiros não é, em regra, um problema. Muito pelo contrário, em alguns casos, a eleição e a contratação de administradores vêm para aumentar a profissionalização e a *expertise* da administração da companhia. Em algumas circunstâncias, contudo, se verificarão impasses que podem vir a prejudicar essa relação, e aí surge o papel da legislação para balizar a conduta dos administradores e dirimir esses impasses.

A modelagem das condutas desejadas e esperadas dos administradores é dada pela imposição de uma série de deveres que são determinados pela Lei ou pelos Estatutos da Companhia que, em caso de inobservância, redundarão na responsabilidade pessoal do administrador. A relação entre os acionistas e a administração, como já referido, pode ter ruídos, causadores de conflitos, que passam pela divergência de interesses,[248] pela falta de transparência, informações deficitárias,[249] pela inexata prestação de contas, entre outros.[250] A legislação societária tenta, pelos deveres inerentes aos administradores, impor um mínimo de padrão de conduta para atenuar essas divergências e garantir o bom funcionamento das sociedades e do mercado como um todo.[251]

---

[248] Sobre este tema SPINELLI, Luis Felipe. *Conflito de Interesse na Administração da Sociedade Anônima*. São Paulo: Malheiros, 2012; IRACULIS ARREGUI, Nerea. *Conflictos de Interés Del Socio. Cese del administrador nombrado por accionista competidor*. Madrid: Marcial Pons, 2013.

[249] Neste sentido, ARKELOF, George A. The Market of "Lemons": Quality Uncertainty and the Market Mechanism, *The Quartely Journal of Economics*, volume 84, issue 3, august 1970. Disponível em: http://socsci2.ucsd.edu/~aronatas/project/academic/Akerlof%20on%20Lemons.pdf. Acesso em: 15 fev. 2016; e COOTER, Robert D., SCHÄFER, Hans-Bernd. O problema da desconfiança recíproca. Tradução de Luciano Benetti Timm. *In*: SALAMA, Bruno. *Direito e Economia – Temas Escolhidos*. São Paulo: Saraiva, 2010, pp. 305-323.

[250] A controvérsia da propriedade X administração/gestão da sociedade ganha especial destaque quando se trata de Sociedade Anônima com capital disperso, como bem explica Modesto Carvalhosa: "Com efeito, nas companhias com capital disperso (art. 137, II, b) não advêm mais do controlador os poderes de comando da companhia. O poder de comando surge da ausência daquele, ou seja, do vácuo que nela se forma no tocante à aglutinação de ações votantes que possam, de forma permanente, exercer o controle e, assim, eleger a administração, dando-lhe estabilidade (art. 116)". CARVALHOSA, Modesto. *Comentário à Lei de sociedades anônimas*. v. 3. 6. ed. São Paulo: Saraiva, 2014, p. 67. Também sobre o tema FINKELSTEIN, Maria Eugênia Reis; PROENÇA, José Marcelo Martins. *Gestão e Controle*. São Paulo: Saraiva, 2008.

[251] A lição de Osmar Brina Correa não poderia ser mais esclarecedora: "Os acionistas abandonam o exercício de seus poderes. E o legislador deve levar em conta este fenômeno. Cabe-lhe defender a massa de acionistas contra o abuso de poderes por parte dos administradores. A lei partiu do pressuposto positivo – e acertado – de que os administradores de companhias são, regra geral, honestos, diligentes e leais. E que o papel do legislador limita-se a armar uma estrutura adequada, que viabilize a otimização da capacidade gerencial. Uma lei de sociedade por ações

O ordenamento jurídico brasileiro tratou dos deveres dos administradores de Sociedades Anônimas entre os artigos 153[252] e 157 da Lei 6.404/1976, sendo prevista, nos artigos 158 e 159, a responsabilidade civil, e respectiva ação, dos administradores que agirem com dolo ou culpa ou com violação à lei e aos estatutos.[253] Assim, tem-se que o administrador que não incorre em condutas negligentes, imprudentes ou imperitas, está desonerado de responsabilidade por ato praticado, mesmo que este tenha causado prejuízos à Companhia. Modesto Carvalhosa,[254] nessa seara, ensina que a obrigação dos administradores é de meio, e não de resultado,[255] sustentando o autor que:

---

não é de caráter punitivo" (CORREA, Osmar Brina. *Sociedade Anônima*. Rio de Janeiro: Forense, 1989, p. 46). Também sobre esse aspecto, Easterbrook e Fischel destacam que "Socially optimal fiduciary rules approximate the bargain thet investors and managers would have reached if they could have bargained (and enforced their agreements) at no cost. Such rules preserve the gains resulting from the separation of management risk bearing while limiting the ability of managers to give priority to their own interests over those of investors." (EASTERBROOK, Frank H.; FISCHEL, Daniel R. *The economic Structure of Corporate Law*. Cambridge: Harvard University Press, 1996, p. 92).

[252] BRASIL. Lei 6.404, de 15 de dezembro de 1976. Dispõe sobre a Sociedade por Ações. Disponível em: http://www.planalto.gov.br/ccivil_03/leis/L6404consol.htm. Acesso em: 1º de dezembro de 2018. Art. 153. O administrador da companhia deve empregar, no exercício de suas funções, o cuidado e diligência que todo homem ativo e probo costuma empregar na administração dos seus próprios negócios.

[253] Sobre a técnica de separar deveres e responsabilidades, presente na legislação brasileira, os ensinamentos de CAMPOS: "Esse método (divisão entre deveres e responsabilidades) tem a conveniência de conferir ao administrador e ao intérprete da lei um guia seguro que deve orientar a atuação dos administradores, sobre o que devem e o que não devem fazer, facilitando, por outro lado, a apuração de sua responsabilidade em caso de não observância. Ao contrário de outros sistemas jurídicos, que trazem apenas as hipóteses de responsabilização dos administradores – o que obriga o interprete a extrair indiretamente da norma seus deveres, a lei brasileira é explicita ao prever de forma meticulosa os principais deveres a que estão sujeitos os administradores. [...]." (CAMPOS, Luiz Antonio de Sampaio. Deveres e Responsabilidades. In: LAMY FILHO, Alfredo; PEDREIRA, José Luiz Bulhões. *Direito das Companhias*. 2. ed. Rio de Janeiro: Editora Forense, 2017, p. 791-792).

[254] CARVALHOSA, Modesto. *Comentário à Lei de sociedades anônimas*. v. 3. 6. ed. São Paulo: Saraiva, 2014, p. 521-522.

[255] Esse também é o entendimento do Superior Tribunal de Justiça: "No ponto, é bem verdade que a controvérsia se hospeda na questão da qualidade da gestão, cujo reconhecimento, a despeito de não exigir progresso financeiro a todo custo, impõe ao administrador que envide todos os esforços possíveis para atingir o fim social. Aqui, de fato, o administrador assume uma responsabilidade de meio e não de resultado, de modo que somente os prejuízos causados por culpa ou dolo devem ser suportados por ele. Daí por que, em regra, erros de avaliação para atingir as metas sociais não geram responsabilidade civil do administrador para com a companhia, se não ficar demonstrada a falta de diligência que dele se esperava (art. 153 da LSA)". (SUPERIOR TRIBUNAL DE JUSTIÇA. Recurso Especial 1.349.233-SP. DIREITO EMPRESARIAL. RESPONSABILIDADE CIVIL. SOCIEDADE ANÔNIMA. DIRETORIA. ATOS PRATICADOS COM EXCESSO DE PODER E FORA DO OBJETO SOCIAL DA COMPANHIA (ATOS ULTRA VIRES). RESPONSABILIDADE *INTERNA CORPORIS* DO ADMINISTRADOR. RETORNO FINANCEIRO À COMPANHIA NÃO DEMONSTRADO. ÔNUS QUE CABIA AO DIRETOR QUE EXORBITOU DE SEUS PODERES. ATOS DE MÁ GESTÃO. RESPONSABILIDADE SUBJETIVA. OBRIGAÇÃO DE MEIO. DEVER DE DILIGÊNCIA. COMPROVAÇÃO DE DOLO E CULPA. INDENIZAÇÃO DEVIDA. RESSALVAS DO RELATOR. Relator Min. Luis Felipe Salomão, publicado em 5/2/2015. Disponível em: http://www.stj.jus.br/SCON/jurisprudencia/doc.jsp. Acesso em: 1º de fevereiro de 2019.

Se agiu leal e diligentemente, sem desvio ou abuso de poder, cumprindo estritamente as obrigações legais e estatutárias, não lhe é imputável responsabilidade pelo fato de não ter logrado criar valor para a companhia, ou mesmo pelo fato de haver destruído valor em face da execução das políticas ditadas pelo controlador (art. 116) nas sociedades que o tenham e naquelas políticas que os próprios administradores promovem e conduzem autonomamente nas companhias com capital disperso (art. 137, II, b).

O administrador tem compromisso legal apenas de envidar todos os esforços visando ao cumprimento do fim social (art. 2).

O cumprimento da obrigação funcional está, portanto, na regular conduta do administrador, no sentido de fazer o possível para obtenção do resultado de sua gestão. Com tal conduta, o administrador se libera, independentemente do resultado econômico-financeiro da sua atividade profissional.

Assim, especificamente em relação às Sociedades Anônimas, a legislação estabelece que seus administradores devem observar os deveres de diligência, lealdade, informação, evitar conflitos de interesses. Desses deveres que estão expressamente previstos na legislação, derivam-se outros deveres, não menos importantes, que requerem observação pelo administrador, tais como, dever de sigilo, vigilância, prestação de contas, obediência às leis e ao estatuto social, não concorrência, cumprimento às deliberações válidas da assembleia geral, não cumprimento das decisões de outros órgãos societários ou de terceiros usurpadoras de competências privativas.[256]

O dever de diligência seguramente é o dever que mais engloba "subdeveres" para o seu atingimento na plenitude. Nas palavras de Campos, "independentemente da descrição constante no corpo da LSA, todas as condutas, especialmente para fins de responsabilização, devem ser lidas pela lente do dever de diligência".[257]

Não há na legislação uma definição do que seja o dever de diligência e mesmo a doutrina e jurisprudência construídas sobre esse dever não se arriscam a fazer uma conceituação exata, estanque e

---

[256] ADAMEK, Marcelo Vieira Von. *Responsabilidade Civil dos Administradores de S/A e as Ações Correlatas*. São Paulo: Saraiva, 2010, p. 183.

[257] CAMPOS, Luiz Antonio de Sampaio. Deveres e Responsabilidades. *In:* LAMY FILHO, Alfredo; PEDREIRA, José Luiz Bulhões. *Direito das Companhias*. 2. ed. Rio de Janeiro: Editora Forense, 2017, p. 791-792. Sobre a abrangência do dever de diligência, a lição de Tavares Guerreiro: "A lei impõe deveres específicos aos administradores, deveres esses que se entroncam na ampla proposição contida no artigo 153, segundo o qual o administrador da companhia deve empregar, no exercício de suas funções, o cuidado e diligencia que todo homem ativo e probo costuma empregar na administração de seus próprios negócios. A imposição de tais deveres, pela lei, apresenta conteúdo nitidamente finalístico, como se infere do art. 154, uma vez que a atividade dos administradores somente se legitima na medida em que se dirige à consecução dos fins sociais e no interesse da companhia, satisfeita, ainda, as exigências do bem público e da função social da empresa". (GUERREIRO, José Alexandre Tavares. "Responsabilidade dos administradores de sociedades anônimas". In: *Revista de Direito Mercantil, Industrial, Econômico e Financeiro*. São Paulo: Revista dos Tribunais, v. 42, 1981, p. 73-74).

fechada. O significado gramatical de diligência, qual seja, "cuidado ativo, empenho, zelo", remete o intérprete a outros conceitos vagos, sem precisar especificamente do que se trata uma conduta cuidadosa, empenhada ou zelosa. Renato Ventura Ribeiro,[258] analisando o conceito sob a ótica jurídica, entende que a diligência tem dois vieses: um sentido objetivo em que significa "esforço, dedicação, cuidado, interesse, atenção e zelo na execução de uma tarefa, independente do resultado final"[259] e, um sentido subjetivo, que se remete ao "padrão de conduta exigido no exercício de uma atividade". Já Menezes Cordeiro entende que o dever de cuidado é uma das facetas do dever de diligência e que este último se aplica a todos os demais deveres dos administradores (o administrador deve ser diligente na execução de todos os seus deveres e não apenas, nos de cuidado). A diligência, para o autor, é regra de conduta que "dobra todas as outras, de modo a permitir apurar a efetiva atuação exigida aos administradores".[260]

Coutinho de Abreu, na tentativa de sintetizar e sistematizar o conceito de diligência, a coloca como sendo o agir dos administradores em "aplicar nas atividades de organização, decisão e controlo societários o tempo, esforço e conhecimento requeridos pela natureza das funções, as competências específicas e as circunstâncias". O mesmo autor, ainda, critica a referência ao administrador diligente como sendo aquele "gestor criterioso e ordenado", pela generalidade e pela imprecisão que esses conceitos – criterioso e ordenado – encerram. O autor entende que as legislações que abordam o tema dessa forma deveriam utilizar-se de preceitos mais precisos, sugerindo a referência a deveres de "controlo ou vigilância organizativo-funcional", "actuação procedimental correcta para a tomada de decisões", e "tomar decisões substancialmente razoáveis".[261]

Tanto a definição gramatical, quanto à definição jurídica de diligência remetem o intérprete a uma análise factual, debruçada sobre o caso concreto, para saber-se se a conduta foi diligente ou não. Por isso, considera-se que a diligência exigida dos administradores de sociedades é uma cláusula geral, pois, como ensina Judith Martins-Costa, a diferença desta para os conceitos jurídicos indeterminados

---

[258] RIBEIRO, Renato Ventura. *Dever de Diligência dos Administradores de Sociedades*. São Paulo: Quartier Latin, 2006, p. 207-208.

[259] No mesmo sentido, Francisco Reyes, ao afirmar que "o dever de cuidado não implica, de forma alguma, que a decisão administrativa deva ser acertada." (REYES, Francisco. *Direito Societário Americano – Estudo Comparativo*. São Paulo: Quartier Latin, 2013, p. 234).

[260] MENEZES CORDEIRO, António. *Direito das Sociedades*. Parte Geral. 3. ed. vol. I, Coimbra: Almedina, 2011, p. 888.

[261] ABREU, Jorge Manuel Coutinho de. *Responsabilidade Civil dos Administradores de Sociedades*. 2. ed. Coimbra: Almedina, 2010, p. 18-19.

é exatamente o fato de que a cláusula geral somente poderá ser aplicada pelo intérprete à luz do caso concreto. Assim, a cláusula geral, em referência, constitui uma estrutura normativa "parcialmente em branco", que demandará do intérprete a busca do seu preenchimento em outros locais do ordenamento jurídico ou em experiências extrajurídicas.[262] Para isso, continua a autora, o intérprete deverá se valer de "parâmetros em casos anteriores, em padrões de comportamento social objetivamente aferíveis, na praxe do setor, na prática eventualmente seguida pelas partes (...)". E, a aplicação da cláusula geral ao caso concreto é que definirá a sua consequência, que pode resultar na invalidade de um negócio jurídico, na coibição de uma conduta, no pagamento de uma indenização, na criação de um dever jurídico, entre outros.[263] [264]

Assim, no contexto de Direito Societário, a concreção da cláusula geral do dever de diligência remete o intérprete à análise das circunstâncias e o contexto em que aquela decisão foi tomada, o tempo que o administrador tinha para fazê-lo, as consequências se não tivesse tomado a decisão ou se tivesse demorado mais para tomá-la;[265] essa liberdade é importante, pois a análise da diligência de um administrador só pode ser feita com base no caso concreto, sendo difícil a sua

---

[262] A autora complementa o raciocínio com a seguinte afirmação: "A sua concretização (das cláusulas gerais) exige, consequentemente, que o julgador seja reenviado a modelos de comportamentos e a pautas de valoração que não estão descritos na própria cláusula geral (embora por ela sejam indicados), cabendo-lhe, para tanto, quando atribuir uma consequência jurídica à cláusula geral, formar normas de decisão vinculadas à concretização do valor, diretiva ou do padrão social prescritivamente reconhecido como arquétipo exemplar de conduta." (MARTINS-COSTA, Judith. *A boa-fé no direito privado – critérios para a sua aplicação*. São Paulo: Marcial Pons, 2015, p. 143).

[263] MARTINS-COSTA, Judith. *A boa-fé no direito privado – critérios para a sua aplicação*. São Paulo: Marcial Pons, 2015, p.145.

[264] Coutinho de Abreu entende que a regra do art. 64º do Código de Sociedades Comerciais de Portugal (que trata do dever de diligência) é uma cláusula geral cuja concretização cria deveres jurídicos mais específicos, que servirão de base para a análise da culpa. Acredita-se que no ordenamento jurídico brasileiro aconteça o mesmo. (ABREU, Jorge Manuel Coutinho de. *Responsabilidade Civil dos Administradores de Sociedades*. 2. ed. Coimbra: Almedina, 2010, p. 17).

[265] Neste sentido, Luiz Antonio de Sampaio Campos refere-se em relação aos deveres em geral, não somente em relação ao dever de diligência: "Daí a necessidade de, na aplicação dessas regras referentes aos deveres e responsabilidades dos administradores, ser considerado substancialmente: (i) que a companhia é uma organização empresarial complexa que se destina a investimentos de risco e, por isso, se justifica a limitação de responsabilidade ao capital social subscrito e não integralizado dos sócios, estabelecida no artigo 1º da LSA; (ii) que a vida empresarial é composta por decisões e alternativas imperfeitas que são postas aos administradores; (iii) que o tempo da decisão empresarial é muito variado e, não raro, exíguo; (iv) que frequentemente é melhor decidir mal rapidamente do que bem fora do tempo; e (v) que, muitas vezes, administradores devem agir imediatamente e aprender posteriormente; adiar suas decisões ara possibilitar maior estudo do caso poderá ser a pior decisão." (CAMPOS, Luiz Antonio de Sampaio. Deveres e Responsabilidades. *In*: LAMY FILHO, Alfredo; PEDREIRA, José Luiz Bulhões. *Direito das Companhias*. 2. ed. Rio de Janeiro: Editora Forense, 2017, p. 796).

materialização tão somente no plano teórico.[266] [267] Por isso, por vezes, é mais usual uma análise negativa da diligência, no sentido de se identificar, *a posteriori*, se uma conduta *não* foi diligente, do que uma análise positiva, ou propositiva, prévia no sentido de como "serei" diligente. Como adverte Modesto Carvalhosa, para fins de responsabilização ou não do administrador por infração do dever de diligência, importa analisar "o processo de tomada de decisão, e não a decisão efetivamente tomada pelo administrador".[268]

Essa linha de interpretação leva à conclusão de que o cumprimento do dever de diligência não está relacionado ao sucesso do negócio. A atuação diligente de um administrador é verificada no percurso do processo decisório, sendo mais um elemento a contribuir para o bom desempenho de uma negociação, conjuntamente com vários outros que não estão sob o controle do administrador, tais como cenário político-econômico, questões concorrenciais, tamanho da corporação, complexidade da operação e da atividade, entre outros. Assim, da mesma forma que a diligência não está atrelada ao resultado de um negócio, também a sua "bitola", valendo-se da expressão de Menezes Cordeiro, não é sempre a mesma. O grau de diligência exigido de um administrador variará conforme as características do caso concreto.[269] [270]

---

[266] Renato Ventura Ribeiro entende que é prejudicial a demasiada generalidade do dever de diligência: "O principal problema do modelo padrão de dever de diligência é ser genérico demais. De um lado, tem-se a vantagem de abranger todos os casos. Mas, para maior segurança do administrador, a lei deveria ser mais detalhada e exemplificativa. Até porque a margem discricionária pode tornar-se arbitrária. Além da dificuldade de verificar qual seria a melhor atuação em cada caso". (RIBEIRO, Renato Ventura. *Dever de Diligência dos Administradores de Sociedades*. São Paulo: Quartier Latin, 2006, p. 210).

[267] A CVM no Processo Sancionador 18/2008 entendeu no mesmo sentido: "Apesar de ampla, a literatura acerca do dever de diligência traz, na maior parte das contribuições, a sua caracterização como um dever amplo, aberto, que deve ser avaliado levando-se em conta o caso concreto, específico. Ou seja, não há o que se falar em um comportamento diligente genérico, para todos os casos. Apesar de existirem diversos procedimentos comuns e boas práticas, empresas distintas demandam soluções diferentes. Desse modo, o padrão da diligência (standard) deve ser avaliado nesses termos". (Disponível em http://www.cvm.gov.br/export/sites/cvm/sancionadores/sancionador/anexos/2010/20101214_PAS_1808.pdf)

[268] CARVALHOSA, Modesto. *Comentários à lei de Sociedade Anônimas*. v. 3, 6. ed. São Paulo: Saraiva, 2014, p. 381.

[269] Neste sentido, as lições de Menezes Cordeiro: "[...] A doutrina foi aprofundando o sentido da bitola do dever de diligência explicando que, sendo objetiva, ela se afirmaria pelo tipo, pelo âmbito e pela dimensão da sociedade. Tal bitola seria mais exigente do que a relativa ao comum comerciante, uma vez que se gerem bens alheios. Este aspecto é importante. De outro modo, bastaria apelar ao *bonus pater famílias*". [...] "Isto dito: em sentido normativo, a diligência equivale ao grau de esforço exigível para determinar e executar a conduta que integra o cumprimento de um dever. Trata-se de uma regra de conduta, ou melhor: de parte de uma regra de conduta, que deve ser determinada independentemente de qualquer responsabilidade e, logo: de culpa. A violação do dever de diligência dá azo a ilicitude: não a mera medida de culpa. Aliás: a falta de diligência pode ser dolosa e não meramente negligente. [...] A bitola da diligência é, nos termos gerais, uma regra de conduta. Mas incompleta: apenas e conjunto com outras normas, ela poderá ter um conteúdo útil preciso. Com efeito, ninguém atua diligentemente, *tout court*: há que saber de que conduta se

O direito norte-americano muito contribuiu para a construção dessa linha de interpretação. O *"duty of care"* parte da premissa de que os administradores devem pautar suas condutas em padrões de empenho, boa-fé e profissionalismo razoáveis, que poderiam ser exigidos de outros administradores em situações análogas. Para o atingimento desse dever de cuidado, pressupõe-se que o administrador observe ao menos quatro condutas: *"duty of monitor"*, que se traduz no dever de controle e vigilância; o *"duty to inquiry"*, que é o dever de investigar situações que cheguem ao seu conhecimento e que possam causar algum prejuízo à empresa; o *"duty of reasonable decisionmaking process"*, que é o dever de informar-se para a tomada de uma decisão; e o *"duty of reasonable decision"*, que é o dever do administrador de não tomar nenhuma decisão "absurda", fora de qualquer padrão de razoabilidade.[271]

Robert Clark entende haver uma "tensão" entre a necessidade de dar aos administradores a discricionariedade de gerir e a de mantê-los responsáveis pelos seus atos e que, o *"duty of care"* é a fotografia desse tensionamento. O autor manifesta a sua dúvida em relação aos efeitos práticos de analisar-se o dever de cuidado na perspectiva da comparação com a conduta de outros administradores na mesma situação, questionando se realmente a diferença do padrão de conduta teria influenciado

---

trata para, então, fixar o grau de esforço exigido na atuação em jogo." (MENEZES CORDEIRO, António. *Direito das Sociedades*. Parte Geral. 3. ed. vol. I, Coimbra: Almedina, 2011, p. 856-861).

[270] A legislação de sociedades do Reino Unido, Companies Act 2006, não faz uma definição exata do que seria uma atuação diligente e cuidados de um administrador, mas dá alguns parâmetros, tais como conhecimento geral, habilidade e experiência esperadas de um Diretor. "Companies Act 2006 – 174 – Duty to exercise reasonable care, skill and diligence (1) A director of a company must exercise reasonable care, skill and diligence. (2) This means the care, skill and diligence that would be exercised by a reasonably diligent person with – (a) the general knowledge, skill and experience that may reasonably be expected of a person carrying out the functions carried out by the director in relation to the company, and (b) the general knowledge, skill and experience that the director has." (UNITED KINGDOM. Companies Act 2006, 8th November 2006. An Act to reform company law and restate the greater part of the enactments relating to companies; to make other provision relating to companies and other forms of business organisation; to make provision about directors' disqualification, business names, auditors and actuaries; to amend Part 9 of the Enterprise Act 2002; and for connected purposes. Disponível em: https://www.legislation.gov.uk/ukpga/2006/46/contents. Acesso em: 21 de dezembro de 2018).

[271] LOURENÇO, Nuno Calaim. *Os Deveres de Administração e a Business Judgment Rule*. Coimbra: Almedina, 2011, p. 14. Este mesmo autor, referindo-se ao dever de diligência na legislação portuguesa explica que "quanto ao dever de cuidado, o art. 64 n. 1 al. a) apresenta-o como uma actuação em que se manifeste a disponibilidade, a competência técnica e conhecimento da atividade da sociedade, adequado à função do gestor em causa. Estas qualidades subjectivas são aferidas por um padrão de diligência de um 'gestor criterioso e ordenado'. Repare-se que a nova redacção do preceito separa claramente o conteúdo do dever fiduciário do esforço exigido para o seu cumprimento. Enquanto que o primeiro releva enquanto fator determinante da licitude da actuação do gestor, o segundo importa em sede de culpa. A diligência, como medida daquele esforço, permitirá graduar o juízo de censurabilidade pessoal do gestor i.e. a diligência é consagrada no preceito como critério de apreciação de culpa e já não como dever autónomo de conduta. [...] Parece-nos ser possível, no actual quadro do art. 64 do CSC, decantar os seguintes subdeveres de cuidado: i) o dever de vigilância; ii) o dever de preparar adequadamente as decisões de gestão; iii) o dever de tomar decisões substancialmente razoáveis". (LOURENÇO, Nuno Calaim. Op. cit., p. 16-17)

no resultado dos casos. Por isso, o autor entende que a *"business judgment rule"* é motivo de "sorrisos" para os administradores.[272]

Não obstante a questão material que envolve o conteúdo ou preenchimento do *"duty of care"* e de outros deveres dos administradores, também percalços processuais existiam no julgamento de administradores em relação aos seus deveres fiduciários. Isso, porque havia – e, em alguns casos, ainda há – uma "dificuldade sentida pelos juízes em julgar *ex post* o mérito das decisões empresariais, tomadas pelos órgãos societários competentes para o efeito, de acordo com critério de racionalidade empresarial".[273] Assim, surge a regra da *"business judgment rule"*,[274] ou regra da decisão negocial, que teve sua primeira aplicação no século XIX, no caso Percy *v.* Millaudon,[275] em que se decidiu que o prejuízo causado por um administrador a uma empresa não é suficiente para responsabilizá-lo por infração aos deveres fiduciários. O ápice da *"business judgment rule"* se deu em 1986 com a alteração da Lei Societária do Estado de Delaware (*Delaware General Corporation Law*), em que se delimitou a responsabilidade pessoal dos administradores aos casos de infração ao dever de lealdade, ausência de boa-fé ou maculados por conflitos de interesse.[276]

---

[272] "In contrast to this worrisome doctrine, the mere mention of the business judgment rule brings smiles of relief to corporate directors". (CLARK, Robert Charles. *Corporate Law*. Aspen Law & Business, 1986, p. 123.)

[273] GOMES, José Ferreira. Conflitos de interesses entre acionistas nos negócios celebrados entre a sociedade anónima e o seu accionista controlador. In: CÂMARA, Paulo, et. al., *Conflitos de Interesses no Direito Societário e Financeiro – Um balanço a partir da crise financeira*. Coimbra: Almedina, 2010, p. 162.

[274] Menezes Cordeiro explica que, muito embora a versão oficial do surgimento da *business judgment rule* seja a já referida incapacidade dos tribunais julgarem *a posteriori* as decisões tomadas pelo administradores e que esse julgamento descontextualizado poderia resultar em decisões injustas, em verdade a teoria surge pelo *lobby* das companhias de seguro que suportavam as condenações dos administradores por conta dos seguros D&O. Nos Estados Unidos isso surge após uma retração das coberturas desse tipo de seguro e virtude do grande número e grandes montas dessas condenações, e, na Alemanha, a teoria é incorporada ao ordenamento jurídico após mudança legislativa ocorrida em 1998 que aumentou consideravelmente o número de condenação dos administradores e, por consequência, os sinistros suportados pelas seguradoras. (MENEZES CORDEIRO, António. *Direito das Sociedades*. Parte Geral. 3. ed. vol. I, Coimbra: Almedina, 2011, p. 858)

[275] Disponível em http://dspace.uno.edu:8080/xmlui/handle/123456789/16961, consultado em 09 de fevereiro de 2019.

[276] Disponível em http://delcode.delaware.gov/title8/c001/, consultada em 9 d fevereiro de 2019. A "Supreme Court of Delaware" teve a oportunidade de se manifestar sobre o conflito de interesses no caso Aronson *v.* Lewis (1984). Discutia-se neste caso a responsabilidade dos administradores por um contrato de prestação de serviços firmado com o Sr. Fink, ex-diretor da empresa em questão e acionista da mesma. Uma das discussões travadas era sobre a independência dos atuais diretores para firmar esse contrato, uma ve que eles tinham sido escolhidos pelo Sr. Fink, antes do mesmo deixar a empresa. A "Supreme Court of Delaware" entendeu que "it is the care, attention and sense of individual responsibility to the performance of one's duties, not the method of election, that generally touches on Independence". (Disponível em https://www.courtlistener.com/opinion/2379496/aronson-v-lewis/?q=Aronson+v.+Lewis&type=o&order_by=score+desc&stat_Precedential=on, consultado em 09 de fevereiro de 2019).

A essência da *"business judgment rule"* é que a decisão negocial não pode ser atacada ou revista por tribunais posteriormente, a menos que se constate que essa decisão foi tomada de forma "grosseiramente negligente", que está maculada por alguma fraude ou há conflito de interesse em relação ao administrador que tomou a decisão. Assim, como explica Nuno Calaim, o âmbito de aplicação da regra limita-se aos casos de decisão de gestão quando há margem de discricionariedade e autonomia.[277] Isto é, a decisão substancial do negócio e o seu resultado (sucesso ou fracasso) não são parâmetros para aferição de qualquer responsabilidade do administrador, mas, sim, será analisado o caminho percorrido para a tomada de decisão. E cabe ao autor da ação a prova de que os administradores não agiram de boa-fé. Nas palavras de Robert Clark:

> Some say that no challenge to the directors' judgments will be considered on the merits unless the judgment in question was tainted by fraud, conflict of interest, or illegality; others say, unless the alleged defect in the directors' judgment rises to the level of fraud; still others, unless it rises to the lever of gross negligence. The basic idea of the fraud and conflict of interest exceptions is that, when directors are shown to have been trying to further their own personal ends, or to have been strongly tempted to bias the terms of a transaction in their own interest, their judgment are not really within the class of discretionary exercises of power on behalf of the corporation that we want to protect.[278]

Essa regra encontra várias razões de ser, que não se resumem ou relacionam à capacidade dos juízes para analisar as decisões negociais tomadas por um administrador; fatores muito mais impactantes para o cenário empresarial, tais como a impossibilidade de se recriarem as circunstâncias que vivenciava o administrador na tomada de decisão,[279] a proteção aos administradores para que não se tornem avessos ao risco,

---

[277] Nas palavras do autor, "[...] a BJR será aplicável apenas quando tenha por objeto decisões tomadas no quadro da discricionariedade e autonomia de actuação do gestor. É neste domínio que a regra serve o seu propósito fundamental: o de perdoar o gestor por um mau resultado obtido no exercício cuidadoso dos seis poderes discricionários. Num contexto de liberdade de escolha não pode haver uma obrigação de não cometer erros ou de tomar sempre as decisões mais adequadas ou convenientes. Só nesse contexto se pode admitir a desresponsabilização do gestor em caso de danos causados à sociedade gerida. Quando a lei estabeleça condutas específicas e não consinta qualquer margem de ponderação não haverá dificuldades em determinar o comportamento devido pelo gestor. Nesta hipótese a responsabilidade para com a sociedade resultará da ilicitude da conduta (da contrariedade ao direito positivo) e da violação do dever geral de boa administração a que o gestor se encontra adstrito. Outro tanto se diga com relação aos restantes deveres específicos que possam requerer observância incondicional, mormente os estatutários, contratuais ou deliberativos." (LOURENÇO, Nuno Calaim. *Os Deveres de Administração e a Business Judgment Rule*. Coimbra: Almedina, 2011, p. 35-36).

[278] CLARK, Robert Charles. *Corporate Law*. Aspen Law & Business, 1986, p. 124-125.

[279] "[...] De facto, os administradores devem tomar a melhor decisão possível para os interesses da sociedade, atendendo à sua percepção das circunstâncias específicas do caso no momento da decisão, com base na informação disponível. O juízo posterior sobre essa decisão pode ser viciado pela existência de novas informações que permitem formular uma perspectiva diferente dos factos que estiveram na base da decisão." (GOMES, José Ferreira. Conflitos de interesses entre acionistas nos negócios celebrados entre a sociedade anónima e o seu accionista controlador.

o estímulo para que pessoas capacitadas[280] assumam a administração de empresas, são muito mais importantes para justificar a regra da *business judgment rule* do que as habilidades de um julgador quanto ao mérito de uma questão empresarial.[281] O cerne da questão é que não se pode julgar o "erro honesto" do administrador, que acreditava estar agindo nos melhores interesses da sociedade.[282] [283]

In: CÂMARA, Paulo, et al., *Conflitos de Interesses no Direito Societário e Financeiro – Um balanço a partir da crise financeira*. Coimbra: Almedina, 2010, p. 163).

[280] Mariana Pargendler exemplifica a questão da seguinte forma: "Imagine uma companhia cuja decisão estratégica inclua, neste ano, o gasto de 10 bilhões de dólares para construir várias novas fábricas, para vender produtos que eles ainda não desenvolveram, para consumidores que eles ainda não têm. [...] O diretor-presidente da companhia foi citado na imprensa financeira, onde ele descreve essa estratégia (parafraseando minimamente) como dirigir um carro a 150 quilômetros por hora, em uma estrada montanhosa sinuosa, no escuro, com as luzes desligadas, tentando não bater. Essa estratégia é certeza de um acidente, cedo ou tarde. (...) Tem um detalhe nessa história. A companhia é a Intel, que é uma das mais bem sucedidas companhias do mundo". (PARGENDLER, Mariana. *Responsabilidade civil dos administradores e business judgment rule no direito brasileiro*. Revista dos Tribunais, vol. 953/2015, p. 51 – 74, Mar / 2015.) Neste sentido, António Fernades de Oliveira afirma que "retomando essa ideia a propósito da potencial responsabilidade dos administradores perante a sociedade, por alegadas violações dos deveres de cuidado, pode-se dizer que os administradores tenderão a ser tanto mais conservadores e avessos a tentativas de inovação ou a experimentar o que nunca se fez, quanto maiores forem as probabilidades de incorrerem em responsabilidade civil como consequência da aplicação de um qualquer *standard* associado aos deveres de cuidado, a que se encontrem sujeitos. Em última análise, esse estado de coisas redundaria em prejuízo para os sócios e economia em geral, pela ausência de condições requeridas para a assunção de riscos empresariais por parte das sociedades, na pessoa de quem as representa." (OLIVEIRA, António Fernandes de. Responsabilidade Civil dos Administradores. In: CÂMARA, Paulo; NEVES, Rui de Oliveira; FIGUEIREDO, André; OLIVEIRA, António Fernandes de; GOMES, José Ferreira. *Código das Sociedades Comerciais e Governo das Sociedades*. Coimbra: Almedina, 2008, p. 278).

[281] Conforme ensina Flavia Parente, "como a *business judgment rule* afasta a presunção de culpa dos administradores, em princípio, as decisões por eles tomadas de boa-fé, no interesse da sociedade e com base em informações razoáveis, não podem ser revistas pelos tribunais, nem os sujeitam à responsabilização, mesmo que estas se revelem inadequadas e malsucedidas. Existe, em última análise, uma presunção em favor da regularidade e da propriedade dos atos praticados pelos administradores. A *business judgment rule* tem por finalidade oferecer ampla proteção às decisões de negócios bem informadas, constituindo uma espécie de 'porto seguro' para os administradores, que devem ser encorajados não apenas a assumir cargos de administração, como também a correr determinados riscos que são inerentes à gestão empresarial. Com efeito, as pessoas competentes dever ser estimuladas a aceitar a função de administradores, sendo conveniente que disponham de amplos poderes para conduzir os negócios sociais." (PARENTE, Flavia. *O dever de diligência dos administradores de sociedades anônimas*. Rio de Janeiro: Renovar, 2005, p. 71-72).

[282] Nas próprias palavras do autor, "at first blush, the business judgment rule seems to take away much of the force of the duty of care. Virtually all courts agree that directors will not be held liable for "honest mistakes" of judgment. But most of them also say, in effect, that directors cannot act negligently (or in a grossly negligent way). [...] Here is one such formulation: the directors' business judgment cannot be attacked unless their judgment was arrived at in a negligent manner, or was tainted by fraud, conflict of interest, or illegality. Put another way (as courts have sometimes put it, the business judgment rule presupposes that reasonable diligence lies behind the judgment in question. But making the concepts practically consistent is another matter: drawing the line between an honest mistake and a negligent one can be difficult". (CLARK, Robert Charles. *Corporate Law*. Aspen Law & Business, 1986, p. 124-125).

[283] A doutrina nacional também construiu pensamento semelhante, como se verifica pela afirmação de Campos: "Em razão dessa situação peculiar e inafastável da companhia é que se desenvolveu toda uma teoria especialíssima que, ao mesmo tempo em que busca proteger a companhia e

No julgamento Aronson *v.* Lewis, da *Supreme Court of Delaware*, estabeleceu-se com clareza os critérios para aplicação da regra da decisão negocial:

> The business judgment rule is an acknowledgment of the managerial prerogatives of Delaware directors under Section 141(a). See *Zapata Corp. v. Maldonado,*430 A.2d at 782. It is a presumption that in making a business decision the directors of a corporation acted on an informed basis, in good faith and in the honest belief that the action taken was in the best interests of the company. *Kaplan v. Centex Corp.,* Del.Ch., 284 A.2d 119, 124 (1971); *Robinson v. Pittsburgh Oil Refinery Corp.,* Del.Ch., 126 A. 46 (1924). Absent an abuse of discretion, that judgment will be respected by the courts. The burden is on the party challenging the decision to establish facts rebutting the presumption. See *Puma v. Marriott,* Del.Ch., 283 A.2d 693, 695 (1971).(...) First, its protections can only be claimed by disinterested directors whose conduct otherwise meets the tests of business judgment. From the standpoint of interest, this means that directors can neither appear on both sides of a transaction nor expect to derive any personal financial benefit from it in the sense of self-dealing, as opposed to a benefit which devolves upon the corporation or all stockholders generally. *Sinclair Oil Corp. v. Levien,* Del.Supr., 280 A.2d 717, 720 (1971); *Cheff v. Mathes,* Del.Supr., 199 A.2d 548, 554 (1964); *David J. Greene & Co. v. Dunhill International, Inc.,* Del.Ch., 249 A.2d 427, 430 (1968). See also 8 Del. C. § 144. Thus, if such director interest is present, and the transaction is not approved by a majority consisting of the disinterested directors, then the business judgment rule has no application whatever in determining demand futility. See 8 Del.C. § 144(a)(1).
>
> Second, to invoke the rule's protection directors have a duty to inform themselves, prior to making a business decision, of all material information reasonably available to them. Having become so informed, they must then act with requisite care in the discharge of their duties. While the Delaware cases use a variety of terms to describe the applicable standard of care, our analysis satisfies us that under the business judgment rule director liability is predicated upon concepts of gross negligence.[6] See Veasey & Manning, *Codified Standard* *813 — *Safe Harbor or Uncharted Reef?* 35 Bus.Law. 919, 928 (1980).[284]

---

seus acionistas do administrador desonesto ou irresponsável, se concentra em dar as necessárias salvaguardas ao administrador honesto, ainda que ineficiente. Quer isso dizer que o investidor está disposto a correr o risco do administrador ineficiente, mas não do desonesto ou do irresponsável" (CAMPOS, Luiz Antonio de Sampaio. Deveres e Responsabilidades. *In:* LAMY FILHO, Alfredo; PEDREIRA, José Luiz Bulhões. *Direito das Companhias.* 2. ed. Rio de Janeiro: Editora Forense, 2017, p. 796).

[284] Disponível em https://www.courtlistener.com/opinion/2379496/aronson-v-lewis/. No mesmo sentido, explica Francisco Reyes que a jurisprudência norte-americana trabalhou de forma efetiva para criar critérios claros sobre a aplicação ou não da regra, chegando a um consenso de três situações: "(i) Os juízes não poderão intervir no manejo interno de uma companhia, ainda que as decisões adotadas por seus administradores não tiverem sido muito acetadas. Este princípio é aplicável ainda naqueles casos em que um manejo diferente pudesse ter melhorado a situação financeira da companhia; (ii) Os juízes não poderão estabelecer ou modificar as políticas internas de uma sociedade por meio das sentenças que profiram. Isso obedece à concepção segundo a qual seus administradores foram eleitos para adotar tais decisões, de maneira que seu critério deve prevalecer, a não ser que haja uma atuação fraudulenta; (iii) Os juízes não estão facultados para impor seu critério na contramão dos administradores sociais que tiverem atuado conforme a lei na tomada de suas decisões". (REYES, Francisco. *Direito Societário Americano – Estudo Comparativo.* São Paulo: Quartier Latin, 2013, p. 230)

A regra da decisão negocial não ficou adstrita à realidade americana, sendo invocada por outros ordenamentos, por via legislativa ou por via jurisprudencial. Em Portugal, com a alteração legislativa ocorrida em 2006, para adequar algumas normas de Direito Societário às melhores práticas de Governança Corporativa,[285] foi alterado o artigo 64º[286] e incluído o n. 2º no artigo 72º, que dispõe que "a responsabilidade é excluída se alguma das pessoas referidas no número anterior provar que actuou em termos informados, livre de qualquer interesse pessoal e segundo critérios de racionalidade empresarial".

Em relação ao artigo 64º, José Ferreira Gomes explica que a alteração legislativa ocorrida em Portugal em 2006, aproximou o "dever de cuidado" dos administradores da legislação portuguesa ao *duty of care* do direito anglo-saxão, estabelecendo uma medida para esse dever, que não difere muito do que já vinha sendo trabalhado na doutrina e na jurisprudência deste país: disponibilidade, competência técnica, conhecimento da atividade da sociedade e atendimento de preceitos de governança corporativa.[287] Em síntese, para o referido autor o dever de diligência traduz-se, ou concretiza-se, no "dever de administrar".[288]

Em relação à suposta inserção da *business judgment rule* no ordenamento jurídico português, mediante o n. 2º no artigo 72º, Coutinho de Abreu, entende que esse dispositivo não se trata verdadeiramente de *business judgment rule*, mas, sim, de elisão de ilicitude e culpabilidade, nos termos das regras de responsabilidade civil que já vigiam em Portugal. Como bem coloca o autor, se o administrador demonstrar que

---

[285] "Em 2006 a lei de sociedades de Portugal sofreu uma significativa alteração, que teve como um dos objetivos, adequar a legislação portuguesa às regras de bom governo de sociedades. No preâmbulo do Decreto Lei 76-A/2006 ficam evidentes os objetivos do legislador com a nova legislação de propagar as ideias de bom governo corporativo – especialmente no que tange à transparência e à eficiência – a um maior número de empresas portuguesas para que estas tenham uma maior competitividade". (MENEZES CORDEIRO, António. *Manual de Direito das Sociedades*. Vol. II, Coimbra: Almedina, 2007, p. 776-777).

[286] Texto completo já referido anteriormente.

[287] GOMES, José Ferreira. Conflitos de interesses entre acionistas nos negócios celebrados entre a sociedade anónima e o seu accionista controlador. In: CÂMARA, Paulo, et al., *Conflitos de Interesses no Direito Societário e Financeiro – Um balanço a partir da crise financeira*. Coimbra: Almedina, 2010, p. 159.

[288] Nas palavras do próprio autor, "a propósito do desenvolvimento do conteúdo útil do dever de cuidado de forma a assegurar um padrão mínimo de qualidade na administração das sociedades comerciais, têm sido apresentadas concretizações que vão para além da caracterização deste dever como uma bitola de diligência (modo de conduta), deduzindo dele deveres de prestar caraterísticos de uma relação obrigacional específica (positivados ou não). Parece-nos por isso importante esclarece que tais deveres de prestar decorrem não directamente do dever de cuidado, mas sim da obrigação de administrar, a qual dever ser cumprida de acordo com o padrão de qualidade exigido pelo dever de cuidado." (GOMES, José Ferreira. Conflitos de interesses entre acionistas nos negócios celebrados entre a sociedade anónima e o seu accionista controlador. In: CÂMARA, Paulo, et al., *Conflitos de Interesses no Direito Societário e Financeiro – Um balanço a partir da crise financeira*. Coimbra: Almedina, 2010, p. 161).

agiu sem conflito de interesses, bem informado e dentro de racionalidade empresarial, ele está elidindo qualquer ilicitude de sua conduta.

Indo além, o autor chama a atenção pela inconsistência da expressão "racionalidade empresarial", pois pode conduzir o intérprete a avaliar a decisão negocial tomada pelo administrador, que é o que não se objetiva quando se trata de *business judgment rule*. Assim, entende o autor que a parte final do dispositivo de lei mencionado deve ser interpretado "restritivo-teleologicamente", no sentido de provar o administrador que não tomou qualquer decisão irracional.[289]

Na Espanha, em 2014, também ocorreu alteração legislativa para incluir no texto da *Ley de Sociedades de Capital* premissas de Governança Corporativa. A exemplo do ocorrido em Portugal, alterou-se, entre outros, o dispositivo do dever de diligência, bem como se incluiu regra sobre a proteção da decisão negocial.

Quijano Gonzales explica que o artigo 225.1[290] mantém como parâmetro do dever de diligência o ordenado empresário, mas não mais de forma genérica, incluindo no conteúdo desse dever o cumprimento das leis e dos estatutos e de tudo mais que seja necessário para o bom cumprimento de suas funções.[291] Nerea Arregui entende o dever de diligência como uma derivação do princípio da boa-fé.[292] O artigo 226[293]

---

[289] ABREU, Jorge Manuel Coutinho de. *Responsabilidade Civil dos Administradores de Sociedades*. 2. ed. Coimbra: Almedina, 2010, p. 39-46.

[290] ESPAÑA. Ley 31/2014, de 3 de diciembre, por la que se modifica la Ley de Sociedades de Capital para la mejora del gobierno corporativo. Disponível em https://www.boe.es/eli/es/l/2014/12/03/31. Acesso em: 22 de janeiro de 2019. Artículo 225. Deber general de diligencia. 1. Los administradores deberán desempeñar el cargo y cumplir los deberes impuestos por las leyes y los estatutos con la diligencia de un ordenado empresario, teniendo en cuenta la naturaleza del cargo y las funciones atribuidas a cada uno de ellos. 2. Los administradores deberán tener la dedicación adecuada y adoptarán las medidas precisas para la buena dirección y el control de la sociedad. 3. En el desempeño de sus funciones, el administrador tiene el deber de exigir y el derecho de recabar de la sociedad la información adecuada y necesaria que le sirva para el cumplimiento de sus obligaciones.

[291] Nas palavras do autor: "Em primer lugar, el art. 225.1, mantiene la referencia al ordenado empresario como parametro de diligencia pero el ámbito de aplicación del deber ya no es solo el desempeñol del cargo en términos genéricos, sino además el cumplimiento de los deberes impuestos por las leyes y los estatutos, lo que significa que la diligencia es a la vez fuente general, propia o autónoma, de comportamiento adecuado y modo de cumplimiento de todos los deberes particulares que tienen otra fuente normativa concreta, sea un precepto legal o una cláusula estatutaria, a lo que habría que añadir los mandatos que pudieran derivar de los reglamentos, de junta o de consejo, que los administradores deben de cumplir. De modo que un administrador deberá cumplir con diligencia lo que le venga impuesto como deber formal, pero no agota con ello su deber de diligencia general; deberá, además, hacer o dejar de hacer, todo aquello que un ordenado empresario haría, o dejaría de hacer, en el caso concreto, en esa sociedad, en esse momento, en esa circunstancia, etcétera." (GONZÁLEZ, Jesús Quijano. Deberes y responsabilidad de administradores: actualidad y reformas. In: BALTAR, Ángel Fernández-Albor; CARRILLO, Elena F. Pérez; CARLOS, Marcos R. Torres. Actores, actuaciones y controles del buen gobierno societario y financiero. Madrid: Marcial Pons, 2018, p. 314).

[292] "[...] En este ámbito, la buena fe en la gestión de negocios de otros presenta un contenido específico que ha de ponerse em relación con la obligación de cuidar el interés ajeno. La protección

é tido como a incorporação da *business judgment rule* no ordenamento jurídico espanhol, sendo, na visão de José Miguel Embid Irujo, um "porto seguro" aos administradores que cumprem os preceitos legais estabelecidos. A regra espanhola parte do princípio de que a decisão protegida é a que tem espaço de discricionariedade e se refere a questões estratégicas e de negócio. Além disso, a decisão deve ter sido tomada de boa-fé, sem qualquer interesse pessoal do administrador, com informações suficientes e observando um adequado processo decisório.[294]

No Brasil, não há um consenso na doutrina sobre a positivação da *business judgment rule*. Para alguns doutrinadores, o artigo 159, § 6º, da Lei 6.404/76 trata-se da regra da decisão negocial, enquanto para outros, essa regra trata-se apenas de um desdobramento do sistema de responsabilidade civil vigente no país.[295] Não se pretende traçar aqui uma

---

del interés ajeno se convierte en el eje de la concreción del principio general en reglas singulares. Así, por una parte, en los distintos tipos gestores, el principio general de la buena fe se traduce en el llamado principio general de diligencia. La diligencia, consubstancial a la gestión de inetereses ajenos, ha sido reconocida expresamente por el legislador en los diversos tipos gestores. En relación a la administración de sociedades de capital, que es la que centra nuestro interés, el deber de diligencia se refiere al modelo de conducta del 'ordenado empresario' (contenido en el art. 225.1 LSC). Se trata de un modelo de conducta professional; esto es, la conducta diligente se define por referencia a un grado o nivel de dedicación y de pericia que los administradores prestan a la sociedad. Así pues, la gestión diligente u ordenada concreta el contenido de la obligación fundamental del administrador social de conformar su conducta con el respeto más absoluto al principio general de la buena fe." (IRACULIS AREGUI, Nerea. *Conflictos de interés del socio – cese del administrador nombrado por accionista competidor*. Madrid: Marcial Pons, 2013, p. 32-33).

[293] ESPAÑA. Ley 31/2014, de 3 de diciembre, por la que se modifica la Ley de Sociedades de Capital para la mejora del gobierno corporativo. Disponível em https://www.boe.es/eli/es/1/2014/12/03/31. Acesso em: 22 de janeiro de 2019. Artículo 226. Protección de la discricionalidad empresarial. 1. En el ámbito de las decisiones estratégicas y de negocio, sujetas a la discricionalidad empresarial, el estándar de diligencia de un ordenado empresario se entenderá cumplido cuando el administrador haya actuado de buena fe, sin interés personal en el asunto objeto de decisión, con información suficiente y con arreglo a un procedimiento de decisión adecuado. 2. No se entenderán incluidas dentro del ámbito de discricionalidad empresarial aquellas decisiones que afecten personalmente a otros administradores y personas vinculadas y, en particular, aquellas que tengan por objeto autorizar las operaciones previstas en el artículo 230.

[294] EMBID IRUJO, José Miguel. Aproximación al significado de la Ley 31/2014, de 3 de deciembre, para la mejora del Gobierno Corporativo. *In*: SOBEJANO, Alberto Emparanza. *Las nuevas obligacionaes de los administradores en el gobierno corporativo de las sociedades de capital*. Madrid: Marcial Pons, 2016, p. 38-40.

[295] A doutrina nacional divide-se em relação à equivalência do artigo 159, § 6º, e a *business judgment rule*. João Pedro Barroso do Nascimento entende que "no Brasil, a Regra o Julgamento do Negócio encontra previsão no art. 159, § 6.º, da Lei 6.404/76, segundo o qual 'o juiz poderá reconhecer a exclusão da responsabilidade do administrador, se convencido de que este agiu de boa-fé e visando ao interesse da companhia'. Já opinamos no sentido de que tal dispositivo é o equivalente pátrio à *business judgment rule*." (NASCIMENTO, João Pedro Barroso de. Regra do Julgamento do Negócio (*Business Judgment Rule*). *In*: SILVA, Alexandre Couto. *Direito Societário. Estudos sobre a lei de sociedades por ações*. São Paulo: Saraiva, 2013, p. 175). No mesmo sentido, Osmar Brina Corrêa-Lima: "Num plano consciente, o legislador brasileiro parece ter se limitado a transpor, para a legislação pátria, a famosa *business judgment rule*, inferida através do processo lógico-indutivo da jurisprudência norte-americana e expressa em alguns Códigos, como o Model Business Corporation Act. A *business judgment rule* é uma regra sintética, cristalizadora de princípios já sufi-

discussão minuciosa sobre a positivação ou não da *business judgment rule* na Lei 6.404/76, como fundamento para (des)responsabilização dos administradores. Refere-se à discussão proposta por Mariana Pargendler, que reflete se essa abordagem foi incorporada pela prática brasileira e a sua conclusão é que o artigo 159, § 6º, da Lei das Sociedades Anônimas[296] é "o reconhecimento de uma *"business judgment rule"* devidamente "tropicalizada".[297] A autora refere que a inegável similitude entre o conceito americano e a legislação brasileira se dá pelo esforço de ambos em tutelar as decisões dos administradores que foram tomadas de boa-fé, mas que não alcançaram os resultados esperados. Contudo alerta a doutrinadora que não se pode tratar com equivalência o artigo 159, § 6º e a *business judgment rule*, pois questões centrais que os diferenciam, tais como:

(a) enquanto a primeira vem positivada em texto legal, a segunda tem origem jurisprudencial;

(b) a regra do art. 159, § 6º, confere amplo poder ao juiz para excluir ou não o dever de indenizar do administrador após a apreciação dos demais requisitos da responsabilidade civil; a *business judgment rule* consiste em presunção de que a decisão foi tomada de boa-fé tendo em vista o melhor interesse da companhia, presunção esta que apenas pode ser ilidida mediante demonstração de violação dos deveres fiduciários;

(c) a literalidade do art. 159, § 6º, sugere um amplo campo de aplicação, ao passo que a *business judgment rule* reconhecidamente não isenta de responsabilidade os administradores em situação de conflito de interesses; e

(d) o art. 159, § 6º, faz referência genérica a "administradores", o que compreenderia tanto os membros do Conselho de Administração como os integrantes da Diretoria; há, como visto, profunda incerteza no direito norte-americano quanto à possibilidade de invocar-se a *business judgment rule* relativamente aos diretores (*officers*).

---

cientemente escandidos pelos juristas do sistema romano-germânico da *civil law*. Nós copiamos a regra. Mas é preciso ceder à tentação de importar, com ela, toda a confusão e incompreensão que a cercam nos Estados Unidos." (CORRÊA-LIMA, Osmar Brina. Regra de Julgamento de Negócios (*Business Judgment Rule*). In: SILVA, Alexandre Couto. *Direito Societário. Estudos sobre a lei de sociedades por ações*. São Paulo: Saraiva, 2013, p. 156). Em sentido contrário, o entendimento de Marcelo Adamek: "No direito brasileiro, Osmar Brina Corrêa-Lima enxerga no art. 159, § 6.º, da Lei das S/A a consagração da *business judgment rule*, mas, a nosso ver, isso não ocorre no preceito em tela. No entanto, a *business judgment rule* é um desdobramento do próprio sistema de responsabilidade civil dos administradores e, portanto, mesmo no direito brasileiro, tem ela aplicação na definição da responsabilidade civil por falta de gestão, pela bitola do dever de diligência; opera, assim, na delimitação das próprias regras de conduta, afastando a ilicitude (sem constituir propriamente uma específica causa de exclusão de culpa ou escusa do dever de indenizar)." (ADAMEK, Marcelo Vieira von. *Responsabilidade Civil dos Administradores de S/A e as ações correlatas*. São Paulo: Saraiva, 2009, p. 131-132).

[296] BRASIL. Lei 6.404, de 15 de dezembro de 1976. Dispõe sobre a Sociedade por Ações. Disponível em: http://www.planalto.gov.br/ccivil_03/leis/L6404consol.htm. Acesso em: 1º de dezembro de 2018. Artigo 159, § 6.º : "O juiz poderá reconhecer a exclusão da responsabilidade do administrador, se convencido de que este agiu de boa-fé e visando ao interesse da companhia".

[297] PARGENDLER, Mariana. Responsabilidade civil dos administradores e business judgment rule no direito brasileiro. *Revista dos Tribunais*, vol. 953/2015, p. 51 – 74, Mar/2015.

Deve-se consignar o cuidado necessário na comparação da realidade empresarial brasileira – e dos outros ordenamentos referidos – e, portanto, na sua regulação, com a americana. Isso, porque a estrutura societária americana e, como ressalta Coutinho de Abreu, em certa medida a do Reino Unido, está ancorada em uma dispersão de capital, com a presença forte de investidores institucionais, estando as maiores empresas listadas em bolsa de valores. A realidade brasileira é outra; o mercado de capitais nacional ainda é pouco desenvolvido, e as empresas, mesmo com capital aberto, apresentam controlador claro. Entre os anos de 2016/2017, a consultoria KPMG realizou pesquisa com as 223 empresas[298] que possuíam valores mobiliários negociados na Bolsa B3 naquele período e constatou que das 124 empresas listadas no Novo Mercado, 37% delas possuíam controle majoritário e 36% possuíam estrutura de propriedade familiar; das 21 empresas listadas no Nível 2, 62% delas possuíam controle majoritário e 43% possuíam estrutura de propriedade familiar; das 28 empresas listadas no Nível 1, 71% delas possuíam controle majoritário e 46% possuíam estrutura de propriedade familiar; das 50 empresas analisadas no mercado básico (50 companhias com maior volume de negociação no período), 72% delas possuíam controle majoritário e 48% possuíam estrutura de propriedade familiar.[299]

Esse cenário leva a outra perspectiva em relação aos deveres fiduciários dos administradores: no capital disperso, a preocupação volta-se para risco de esses agirem conforme seus próprios interesses, e não nos interesses da sociedade; no capital concentrado, a preocupação é que os administradores não cedam a eventuais vontades dos controladores que podem trazer prejuízos ou malefícios aos minoritários.[300]

A par desta discussão, o que importa consignar é que, independentemente de se considerar que a *business judgment rule* está positivada,

---

[298] Foram excluídas da pesquisa as empresas em Recuperação Judicial.

[299] KPMG. *A governança corporativa e o mercado de capitais*. 11. ed. 2016/2017. Disponível em: https://assets.kpmg.com/content/dam/kpmg/br/pdf/2016/12/br-estudo-governanca-corporativa-2016-2017-11a-edicao-final.pdf. Acesso em: 02 de dezembro de 2018. Francisco Reyes adverte que a *business judgment rule* se compatibiliza com os propósitos dos princípios econômicos que servem ao capitalismo. Analisando o cenário norte-americano, o autor destaca que "esta afirmação adquire sentido dentro do avançado meio legal norte-americano, onde as considerações de caráter pecuniário conduziram à criação de uma legislação societária tolerante com respeito às atuações dos administradores. É possível, então, aludir à regra da autonomia como um dos mecanismos concebidos pelos estadunidenses visando um âmbito de operação empresarial mais permissivo". (REYES, Francisco. *Direito Societário Americano – Estudo Comparativo*. São Paulo: Quartier Latin, 2013, p. 229-230)

[300] Coutinho de Abreu adverte que a realidade de concentração acionária também é a presente na Europa Continental. COUTINHO DE ABREU, Jorge Manuel. *Governação das Sociedades*. 2. ed. Almedina: Coimbra, 2010, p. 14-16.

ou não, na lei de sociedades anônimas, há uma tendência no cenário nacional pelo entendimento de que um excesso de responsabilização dos administradores pode ser um desserviço ao mercado, pois pode desincentivar profissionais sérios e capacitados a assumirem esses cargos e, ainda, os tornar demasiadamente cautelosos no exercício da gestão, o que nem sempre é compatível com a atividade empresarial que requer um certo apetite ao risco.[301] Campos esclarece essa questão ao referir que "o administrador é livre para decidir sobre a conveniência e oportunidade dos negócios sociais, podendo, naturalmente, ter sucesso ou não na sua decisão. [...] É que o erro de gestão, por si só, em regra, não traz responsabilidade para o administrador".[302]

Assim, corroborada está a afirmação feita anteriormente de que se deve analisar o percurso decisório do administrador e para viabilizar essa análise é preciso compreender o que vem sendo considerado como conteúdo do dever de diligência no cenário nacional e se ele sofreu alterações em virtude da Lei 12.846/2013.

---

[301] Destaca-se o entendimento da CVM no Processo Administrativo Sancionador RJ2011/11073: "A acusação, como se vê, questiona a tomada de decisão negocial por parte dos administradores da Companhia. Para a SEP, os diretores não agiram com diligência e no interesse da Companhia porque (i) as condições financeiras da Clarion não eram apropriadas para a aquisição da unidade industrial e (ii) o seu posterior arrendamento se deu em condições, no juízo da área técnica, prejudiciais. Em casos como o presente, este Colegiado tem se baseado, reiteradamente, na *business judgment rule*. Tal orientação, recepcionada do direito norte-americano, visa a evitar que o administrador seja indevidamente responsabilizado em razão de decisão negocial tomada de forma diligente, de boa-fé e no interesse da companhia. Justifica-se na constatação de que não compete ao órgão regulador rever o mérito de decisão negocial e punir aquele que, de forma diligente e bem intencionada, realizou determinada transação que, todavia, acabou por se revelar prejudicial à companhia. Se agisse dessa maneira, o regulador desestimularia a (saudável e indispensável) assunção de riscos pelo administrador e, por conseguinte, geraria entraves à plena consecução do objeto social da companhia. Por essa razão, ao examinar o cumprimento do dever de diligência por parte do administrador, a CVM tem levado em consideração o processo decisório observado, e não o mérito da decisão ou os resultados que dela decorreram. No caso concreto, caberia à área técnica averiguar se, ao decidir por adquirir a mencionada unidade industrial e, posteriormente, arrendá-la, os acusados agiram (i) de forma diligente, procurando reunir e estudar as informações relevantes que razoavelmente se encontravam ao seu alcance; (ii) de boa-fé; e (iii) no que acreditavam ser o melhor interesse da Clarion. No entanto, ao avaliar tão somente as condições financeiras da Companhia e os termos contratuais da operação, parece-me que a acusação se baseou, exclusivamente, no mérito da decisão dos diretores. A meu ver, isso já seria o suficiente para absolver os administradores. [...] (COMISSSÃO DE VALORES MOBILIÁRIOS. Processo Administrativo Sancionador CVM RJ2011/11073. Não divulgação, no Formulário de Referência, de informações relevantes acerca de contratos de mútuo. Advertência e Absolvições. Operação fraudulenta. Multas. Abuso do poder de controle. Multa e absolvições. Não apresentação de justificativa pormenorizada para fixação do preço de emissão de ações decorrentes de aumento de capital. Advertências. Suposto descumprimento do dever de diligência. Absolvições. Relator Diretor Pablo Renteria, julgado em 15 de dezembro de 2015. Disponível em: http://www.cvm.gov.br/export/sites/cvm/sancionadores/sancionador/anexos/2015/20151215_PAS_RJ201111073.pdf. Acesso em: 01 de dezembro de 2018).

[302] CAMPOS, Luiz Antonio de Sampaio. Deveres e Responsabilidades. *In:* LAMY FILHO, Alfredo; PEDREIRA, José Luiz Bulhões. *Direito das Companhias*. 2. ed. Rio de Janeiro: Editora Forense, 2017, p. 804.

3.2.1. A configuração clássica do dever de diligência

Referiu-se anteriormente tratar-se o "dever de diligência" previsto no artigo 153 da Lei 6.404/76 uma cláusula geral, que somente será definida na aplicação em um caso concreto. Acredita-se que a cláusula geral do dever de diligência se concretiza criando novos deveres jurídicos, que são traduzidos pela doutrina referida nesta pesquisa como o seu conteúdo.

Logo, a diligência do administrador de sociedades empresárias no cenário nacional é verificada quando ele cumpre uma série de outros deveres oriundos daquela cláusula geral. Há pequenas divergências na doutrina quanto à nomenclatura ou divisão desses subdeveres, mas basicamente são os que se passa a referir.

3.2.1.1 Dever de informar-se e qualificar-se

A doutrina nacional, em regra, consente que o conteúdo primordial do dever de diligência é o "dever de informar-se". A tomada de decisão cuidadosa, zelosa e empenhada passa não só pela análise dos fatos e circunstâncias da matéria que pontualmente se deve decidir naquele momento, mas, sim, pelo conhecimento, adquirido por meio da informação, sobre a realidade da companhia, suas estruturas societárias e objeto social, seu ramo de atuação, o mercado em que está inserida, suas políticas institucionais, seus riscos e suas dificuldades.[303] Ou seja, o "dever de informar-se" do administrador inicia pela aquisição de conhecimentos sobre a própria empresa que pretende administrar, pois não é raro que administradores ao longo da sua carreira trabalhem em companhias de diferentes ramos de atividades e estruturações societárias. Nesse sentido, Renato Ventura Ribeiro explica que não se pode exigir do administrador, de imediato, conhecimentos específicos da empresa que vai administrar, mas, sim, deve o administrador ter ciência das suas condições de se familiarizar com os negócios; se não tiver essa disponibilidade, deve recusar o cargo, pois não poderá alegar posteriormente o desconhecimento ou a insuficiência de informações como defesa para uma decisão que fira seus deveres de diligência.[304]

---

[303] Neste sentido, PARENTE, Flavia. *O dever de diligência dos administradores de sociedades anônimas*. Rio de Janeiro: Renovar, 2005, p. 114.

[304] Nas próprias palavras de Renato Ventura Ribeiro, "por isto, um administrador pode assumir a obrigação, mesmo sem conhecer a sociedade ou o ramo de negócio, desde que tenha condições de se familiarizar. [...] Como o dever de diligência abrange a obrigação de qualificação, naturalmente o cuidado e a diligência a serem exigidas de um administrador é a de uma pessoa com conhecimentos, pois mesmo assumindo sem conhecimentos, tem o dever de adquiri-los, não podendo alegar sua insuficiência". (RIBEIRO, Renato Ventura. *Dever de Diligência dos Administradores de Sociedades*. São Paulo: Quartier Latin, 2006, p. 224).

A controvérsia que surge em relação ao "dever de informar-se", como conteúdo do dever de diligência, é a quantidade e a qualidade da informação utilizada pelo administrador para fundamentar seu processo decisório. Parte-se aqui da premissa de que como corolário do "dever de informar-se" surge o franqueado acesso ao administrador dos livros empresariais, atas de reuniões/assembleias, parecer de órgãos consultivos internos e externos à companhia, relatórios produzidos por áreas técnicas, etc. Não há como o administrador atingir satisfatoriamente este dever, se não tiver acesso às informações produzidas pela própria empresa e pelos seus auxiliares. Não obstante, deve ser oportunizada ao administrador a aquisição de maiores informações, se ele assim entender necessário, mesmo que isso demande a contratação de profissionais alheios à empresa, que poderão fornecer a mesma com maior qualidade.[305]

No entanto, a doutrina nacional ressalta, com pertinência, que o juízo de valor acerca da adequada quantidade e qualidade de uma informação deve ficar a cargo do administrador, pois fatores como conhecimentos prévios e formação técnica desse profissional, disponibilidade de tempo para a tomada de decisão, custos financeiros para a aquisição de maiores informações, relevância da decisão para a empre-

---

[305] A Comissão de Valores Mobiliários teve a oportunidade de se manifestar sobre esta temática no Processo Administrativo Sancionador RJ2014/8013, de relatoria do Diretor Gustavo Machado Gonzalez, julgado em 28/08/2018. No voto, o relator asseverou que o administrador "não pode se esquivar das decisões negociais, alegando falta de competência ou de conhecimento". No entanto, não é razoável exigir-se do administrador conhecimentos aprofundados sobre todos os assuntos da companhia. Daí, ter o administrador o direito de "se fiar nas opiniões que lhe são transmitidas por terceiros (*right to reply on other*) e, consequentemente, não devem, a princípio, ser responsabilizados caso se baseiem em relatórios, pareceres e opiniões prestadas por *experts*, internos ou externos, ainda que a decisão tomada a partir desse aconselhamento venha a se mostrar inadequada". O relator alerta novamente, ainda, que admitir a defesa de um administrador com base nesse direito, é positivo, na medida em que "protege o administrador que tomar o comportamento adequado e cria incentivos para que outros administradores, em situação similar, também evitem tomar decisões acerca de matérias que não dominam sem estarem devidamente informados". Para que o "right to reply on other" possa ser utilizado como defesa do administrador, relator adverte, contudo, que algumas premissas devem ser observadas: qualificação do terceiro que dará a informação; o conselho (ou conselheiro) deve fornecer todas as informações necessárias ao terceiro, de forma não tendenciosa ou enganosa; o administrador deve conhecer de fato a opinião do terceiro e, se a mesma não tiver aplicação automática, diligenciar nos "esclarecimentos adicionais que porventura se mostrem necessários"; dever existir nexo de causalidade e congruência entre a assessoria prestada pelo terceiro e a decisão do administrador; o administrador deve filtrar o assessoramento que lhe foi fornecido, fazendo análise crítica da pertinência e correção do mesmo, antes de aplicá-lo; somente os assessoramentos tomados e boa-fé podem ser considerados como defesa do administrador. (COMISSÃO DE VALORES MOBILIÁRIOS. Processo Administrativo Sancionador RJ2014/8013. Apurar a responsabilidade (i) de membros do conselho de administração, por infração ao artigo 154, caput, da Lei no 6.404/1976; (ii) do presidente da mesa de assembleia geral, por infração aos artigos 128 e 159, § 1º, da mesma Lei; e (iii) de acionista, por infração ao artigo 12, *caput*, II, e § 5º da Instrução CVM nº 358/2002, bem como ao artigo 115, combinado com o artigo 159, § 1º, ambos da Lei nº 6.404/1976. Relator Diretor Gustavo Machado Gonzalez, julgado em 28/08/2018. Disponível em http://www.cvm.gov.br/export/sites/cvm/sancionadores/sancionador/anexos/2018/RJ20148013.pdf, consultado em 07 de fevereiro de 2019).

sa e eventual prejuízo a ser sofrido por ela por uma não tomada de decisão devem e só podem ser avaliados pelo próprio administrador no ato decisório. Assim, entende-se que a informação deve ser razoável, condizente com o que se exigiria em outras situações análogas e que a ausência de determinada informação não leve a uma evidência de negligência. Intrínseco a essa razoabilidade, está o direito de o administrador confiar nas informações que lhe são fornecidas por terceiros; não pode ele desprezar, contudo, que faz parte do "dever de informar-se" desconfiar da informação que lhe está sendo fornecida por terceiros.[306]

Ao lado do "dever de informar-se" encontra-se o "dever de qualificar-se". Em relação a este dever, durante muito tempo imperou a ideia de que o sucesso de uma empresa não estava necessariamente vinculado à formação técnica de seus administradores, existindo inúmeros exemplos de empreendedores com baixa escolaridade que construíram impérios empresariais. Talvez por esse motivo, a Lei de Sociedades Anônimas não tenha exigido qualificações técnicas ou formação específica para o cargo de administrador, até mesmo para que isso não gerasse qualquer entrave ao desenvolvimento da livre-iniciativa. No entanto, as exigências atuais do mercado não comportam mais um profissional que não tenha competências desenvolvidas, pelo menos no que tange à gestão.[307] Modesto Carvalhosa alerta que "são insuficientes

---

[306] Neste sentido: CAMPOS, Luiz Antonio de Sampaio. Deveres e Responsabilidades. *In:* LAMY FILHO, Alfredo; PEDREIRA, José Luiz Bulhões. *Direito das Companhias.* 2. ed. Rio de Janeiro: Forense, 2017, p. 805-806: "Evidentemente, a questão da decisão informada precisa ser compreendida com um grão de sal, já que o nível de informação necessária dependerá, entre outros fatores, do conhecimento prévio relacionado aos assunto objeto de apreciação detido por cada administrador, a quantidade de informação disponível, o custo da obtenção de mais informações, o tempo necessário para se produzir a informação, a necessidade e premência para se decidir. Todavia, a informação necessária deverá ser examinada casuisticamente, à luz das circunstâncias específicas, não se devendo, inclusive, afastar o caráter subjetivo, no sentido de que quem deve, em princípio, julgar quais informações são necessárias para a tomada de decisão é o próprio administrador, notadamente em razão do corolário já estabelecido de que o julgador não se deve fazer substituir ao administrador, quanto ao mérito da decisão tomada."; RIBEIRO, Renato Ventura. *Dever de Diligência dos Administradores de Sociedades.* São Paulo: Quartier Latin, 2006, p. 227-228: "Apesar do administrador ter o direito de confiar nas informações recebidas, tanto internas (v.g., relatórios) como externas (v.g., pareceres), faz parte do dever de informação a conferência, investigação e supervisão das fontes, sob pena de atuação sem o cuidado e a diligência devidos. Deve haver desconfiança inclusive de laudos técnicos e periciais e de outros administradores, desde que fundamentada. [...] Mas o dever de cuidado exige a desconfiança."; PARENTE, Flavia. *O dever de diligência dos administradores de sociedades anônimas.* Rio de Janeiro: Renovar, 2005, p. 118-119: "Dessa forma, constata-se que não se pode exigir dos administradores a obtenção de todas as informações relevantes a respeito dos negócios que serão implementados – as informações exigíveis são as razoáveis, tendo em vista as circunstâncias concretas diante das quais se encontram os administradores e a própria companhia, quando da tomada de decisão".

[307] "A LSA não exige habilitações técnicas e profissionais específicas para o cargo de administrado e a vida empresarial mostra que não há uma relação de causalidade necessária entre a excelência da formação e o sucesso empresarial. [...] Deve, então, o administrador, ao ser indicado para o exercício do cargo, avaliar se ostenta as condições necessárias para tal função e, se não as tiver, assumirá o risco de ser responsabilizado posteriormente por falta de diligência. Isso não significa, contudo, que deve o administrador submeter-se a uma perícia específica. [...] Evidentemente não

os atributos de diligência, honestidade e boa vontade para qualificar as pessoas como administradores. É necessário que se acrescente a competência profissional específica, traduzida por escolaridade ou experiência e, se possível, ambas".[308]

Nesse sentido, algum posicionamento doutrinário anterior que admitia que o administrador poderia ter "o mínimo de capacidade" para o exercício de suas atribuições ou para adquirir conhecimentos posteriormente deve ser revisto, para se exigir uma qualificação adequada.[309] Nesse sentido, Flavia Parente assevera que deveria ser atualizada a previsão da Lei das Sociedades Anônimas de não exigir ou vincular o dever de diligência à qualificação profissional, pois não se pode admitir, em dias atuais, que a diligência de um administrador de empresa seja a mesma do "bom pai de família", devendo aquele possuir capacitações técnicas específicas para o bom desempenho do cargo.[310]

Obviamente que não se pode exigir do administrador perícia e *expertise* em todas as áreas inerentes à administração de uma empresa, mas deve o profissional ter compreensão e discernimento de quais matérias não domina e de que necessitará de ajuda de outros profissionais habilitados e o apurado senso crítico para avaliar e filtrar as informações recebidas de outros profissionais.

3.2.1.2. Dever de fiscalizar, dever de investigar e dever de intervir

Integra também o conteúdo do dever de diligência o "dever de fiscalizar" ou de "vigiar", como preferem alguns autores. Há um consenso, na doutrina nacional, de que o administrador deve manter um monitoramento sobre as atividades e negócios da empresa. A controvérsia que há nessa questão é o grau de vigilância que o administrador deve manter em relação aos negócios da empresa.

---

se exige que o administrador tenha habilitação que lhe permita conhecer todos os assuntos que lhe são levados a decidir, mas o que se lhe exige é que tenha capacidade de avaliar em que matérias necessita de auxílio específico." (CAMPOS, Luiz Antonio de Sampaio. Deveres e Responsabilidades. *In*: LAMY FILHO, Alfredo; PEDREIRA, José Luiz Bulhões. *Direito das Companhias*. 2. ed. Rio de Janeiro: Editora Forense, 2017, p. 803).

[308] CARVALHOSA, Modesto. *Comentários à Lei de Sociedade Anônimas*. v. 3, 6. ed. São Paulo: Saraiva, 2014, p. 368.

[309] Neste sentido, Renato Ventura Ribeiro: "Embora não se exija a condição profissional, o administrador deve o mínimo de capacidade para o exercício do cargo. Para a assunção do cargo, não há necessidade de plenos conhecimentos, gerais e do negócio. Basta apenas a compreensão mínima, ter condições de adquirir conhecimentos e dispor de tempo." (RIBEIRO, Renato Ventura. *Dever de Diligência dos Administradores de Sociedades*. São Paulo: Quartier Latin, 2006, p. 224).

[310] PARENTE, Flavia. *O dever de diligência dos administradores de sociedades anônimas*. Rio de Janeiro: Renovar, 2005, p. 102-107.

Há um entendimento de que a fiscalização praticada pelo administrador deve ser "geral", não cabendo nela minúcias e maiores detalhamentos, pois isso poderia desvirtuar os administradores da sua principal tarefa em uma companhia que é realizar negócios correlatos ao seu objeto social. Em havendo quaisquer desconfianças de irregularidades, daí, sim, caberia uma investigação mais detalhada, sempre levando em conta o custo-benefício dessa apuração.[311]

O "dever de investigar" surge, então, como uma consequência do dever de fiscalizar, em situações em que a fiscalização exercida pelo órgão aponte alguma irregularidade que mereça ser mais bem esclarecida e, também, como consequência do dever de informar-se, mais precisamente do viés do "dever de desconfiar" que lhe é intrínseco. Deve o administrador diligente investigar todas as informações que entender incompletas, insuficientes, incorretas, suspeitas, especialmente aquelas que possam causar prejuízos à companhia.[312]

---

[311] Neste sentido é o entendimento de Renato Ventura Ribeiro: "O dever de vigilância consiste na supervisão e fiscalização dos assuntos e pessoas no âmbito da competência do administrador. Abrange todos os assuntos relacionados à competência do administrador, com delegação ou não de poderes, incluindo atos de outros administradores, subordinados, terceiro responsável pela gestão social, procuradores e das sociedades controladas. Em princípio, trata-se de fiscalização geral e rotineira dos negócios da empresa. Sendo detectado indício de irregularidade, deve ser feita investigação mais aprofundada. O tempo, esforço e custos a serem despendidos na vigilância dependem de cada situação. Os assuntos mais importantes ou delicados exigem vigilância mais cuidadosa. [...] Aliás, a alegação de desconhecimento nada mais representa do que confissão de falta do dever de vigilância." (RIBEIRO, Renato Ventura. *Dever de Diligência dos Administradores de Sociedades*. São Paulo: Quartier Latin, 2006, p. 225-226.). Também nesta linha de pensamento CAMPOS, Luiz Antonio de Sampaio. Deveres e Responsabilidades. *In*: LAMY FILHO, Alfredo; PEDREIRA, José Luiz Bulhões. *Direito das Companhias*. 2. ed. Rio de Janeiro: Forense, 2017, p. 806.

[312] Neste sentido, julgado da Comissão de Valores Mobiliários: "Desta forma, os membros do conselho de administração e do conselho fiscal não poderiam alegar desconhecimento das irregularidades, uma vez que, no caso, muito mais do que red flags, havia, na realidade, três ressalvas que constavam explicitamente do relatório dos auditores independentes sobre as relevantes questões contábeis em tela (folhas 149 e seguintes). Assim, se os conselheiros (de administração e fiscais) da Inepar Indústria houvessem sido minimamente diligentes em suas funções, deveriam ter ao menos solicitado informações complementares à diretoria a respeito das ressalvas encontradas pela auditoria independente, bem como, e conforme o caso, aprofundado a análise sobre esses pontos, para então, ao final, de forma informada e refletida, manifestar-se formalmente sobre as questões objeto de ressalvas, o que não aconteceu. [...] Desta forma, afigura-se claro que os membros do conselho de administração e do conselho fiscal da Companhia agiram sem a devida diligência, violando o padrão de conduta exigido pelo art. 153 da LSA, tanto que se quedaram inertes diante das ressalvas apontadas pela auditoria independente às demonstrações financeiras do exercício social de 2013 e ao 1o ITR de 2014, o que é agravado pela relevância dos montantes envolvidos e o seu impacto nos resultados da Companhia e a determinação de refazimento das DFs de 2013 que já havia sido emitida pela CVM. [...] Incumbe à diretoria a execução das demonstrações financeiras ("a diretoria fará elaborar"), enquanto que, aos conselhos, atribuem-se funções de fiscalização e acompanhamento do trabalho da diretoria ('fiscalizar', 'manifestar-se', 'denunciar', 'analisar', 'examinar'). Assim, embora coubesse aos conselheiros, em atenção ao seu dever de diligência, solicitar informações adicionais diante dos apontamentos dos auditores, não se pode cobrar que estes estivessem no mesmo patamar de responsabilidade do Diretor Administrativo-Financeiro quanto às implicações dos problemas de mensuração e registro apontados pela auditoria independente naquelas demonstrações financeiras, até porque os conselheiros não vivenciam o dia a dia da companhia." (COMISSÃO DE VALORES MOBILIÁRIOS. Processo Administrativo

Pela definição trazida por alguns doutrinadores pátrios, em relação ao "dever de investigar", depreende-se que é um dever "dormente", que só precisa ser posto em prática quando o administrador desconfiar de alguma irregularidade em relação a alguma informação recebida ou alguma ocorrência na empresa. Isso equivale a dizer que o administrador não precisa investigar com afinco toda e qualquer situação da companhia, pois a ele é dado o direito de confiar nas informações recebidas; por isso vincula-se o "dever de investigar" ao espaço da "desconfiança" e, portanto, muito mais à exceção do que à regra da administração da empresa.[313]

Consectário aos deveres de fiscalizar e investigar está o "dever de intervir". Ao suspeitar de alguma irregularidade, deve o administrador investigar e, se houver a confirmação desta, deve tomar as providências necessárias para estancar e resolver o problema. Luiz Antonio de Sampaio Campos adverte que o administrador, ao intervir, deve agir sem precipitação, respeitando a lei e os Estatutos da Companhia, no que tange à convocação de assembleias para cientificar a Diretoria, o Conselho de Administração, os acionistas e o Conselho Fiscal da irregularidade, bem como para ouvi-los quanto à possível solução a ser aplicada.[314]

Sancionador RJ2014/7072. Irregularidades contábeis na elaboração das demonstrações financeiras – elaboração das demonstrações financeiras em desacordo com a Lei das S.A. e com os normativos da CVM – Inobservância dos deveres de diligência e de fiscalização. Absolvições e multas. Relator Gustavo Borba, julgado em 27 de março de 2018. Disponível em http://www.cvm.gov.br/export/sites/cvm/sancionadores/sancionador/anexos/2018/RJ20147072_INEPAR.pdf. Acesso em 02 de fevereiro de 2019).

[313] Sobre este assunto, CAMPOS, Luiz Antonio de Sampaio. Deveres e Responsabilidades. *In*: LAMY FILHO, Alfredo; PEDREIRA, José Luiz Bulhões. *Direito das Companhias*. 2. ed. Rio de Janeiro: Editora Forense, 2017, p. 807; RIBEIRO, Renato Ventura. *Dever de Diligência dos Administradores de Sociedades*. São Paulo: Quartier Latin, 2006, p. 229; e PARENTE, Flavia. *O dever de diligência dos administradores de sociedades anônimas*. Rio de Janeiro: Renovar, 2005, p. 119-126, que no seguinte trecho sintetiza as ideias centrais de todos os autores referidos: "Ou seja, o dever de investigar obriga os administradores não apenas a examinarem se as informações disponíveis são suficientes ou se devem ser complementadas, como também lhes impõem o dever de averiguar se os fatos ou informações de que tenham conhecimento possam causar algum prejuízo à sociedade , hipótese em que deverão tomar as providências necessárias para evitá-los. [...] Isto é, o dever de investigar somente se impõe diante das circunstâncias específicas que levem os administradores a acreditarem que existe algum tipo de risco, mesmo que potencial, para a companhia, ou seja, quando os administradores se encontrarem diante de situações que os coloquem em estado de alerta. [...] Em outras palavras, o dever de investigar somente se impõe quando as circunstâncias alertarem os administradores sobre a sua necessidade. Isso significa que se eles, ao se informarem, não tiverem conhecimento de qualquer fato ou ato que os levem a suspeitar de que algo está errado ou possa vir a causar prejuízos à companhia, não haverá necessidade de investigação".

[314] CAMPOS, Luiz Antonio de Sampaio. Deveres e Responsabilidades. *In*: LAMY FILHO, Alfredo; PEDREIRA, José Luiz Bulhões. *Direito das Companhias*. 2. ed. Rio de Janeiro: Editora Forense, 2017, p. 808. Também neste sentido RIBEIRO, Renato Ventura. *Dever de Diligência dos Administradores de Sociedades*. São Paulo: Quartier Latin, 2006, p. 229: "Justifica-se o dever de intervenção do administrador, em assuntos de sua competência, para prevenir, eliminar ou reduzir atos prejudiciais e consequências danosas." Sobre a realidade portuguesa vide LOURENÇO, Nuno Calaim. *Os Deveres de Administração e a Business Judgment Rule*. Coimbra: Almedina, 2011, p. 18.

3.2.1.3. Dever de participar ou dever de assiduidade

Segundo Renato Ventura Ribeiro e Luiz Antonio de Sampaio Campos, o "dever de participar" ou o "dever de assiduidade" guarda relação com a assiduidade e a presença do administrador às reuniões e aos demais compromissos em que sua participação é necessária. Os referidos autores sustentam que a ausência injustificada em compromissos relativos à administração da empresa pode gerar a responsabilização do administrador "faltoso".[315]

O *Código de Melhores Práticas de Governança Corporativa*, do IBGC[316] dedica uma recomendação especial aos membros do Conselho de Administração no que tange à "disponibilidade de tempo" para o exercício da função. A recomendação do IBGC vai específica aos Conselheiros de Administração, pois não é raro que participem de mais de um conselho ao mesmo tempo. Referido documento esclarece que a participação em um Conselho não se limita à participação "física" em reuniões, mas, sim, engloba a leitura de documentos, a preparação para participar ativamente das reuniões, a busca de informações para a melhor tomada de decisões, entre outras.

Desse ponto de vista, deve-se alargar a compreensão do "dever de participação" inicialmente proposto por Renato Ventura Ribeiro, para além da presença física, para compreendê-lo como um "dever de disponibilidade" para o exercício das funções de administrador, devendo este considerar no momento da aceitação do cargo seus compromissos pessoais, outras demandas profissionais e o tempo extraordinário de preparação para as reuniões e demais tarefas inerentes à administração da sociedade.

---

[315] RIBEIRO, Renato Ventura. *Dever de Diligência dos Administradores de Sociedades*. São Paulo: Quartier Latin, 2006, p. 225 e CAMPOS, Luiz Antonio de Sampaio. Deveres e Responsabilidades. *In*: LAMY FILHO, Alfredo; PEDREIRA, José Luiz Bulhões. *Direito das Companhias*. 2. ed. Rio de Janeiro: Forense, 2017, p. 808. Apesar de o conteúdo ser o mesmo, os referidos autores se referem a ele com diferentes nomenclaturas: RIBEIRO dá ao dever o nome de "dever de participar" e CAMPOS intitula de "dever de assiduidade".

[316] "Práticas: a) O conselheiro deve considerar os compromissos pessoais e profissionais em que já está envolvido e avaliar se poderá dedicar o tempo necessário a cada atividade. Deve informar à organização as demais atividades e cargos, conselhos e comitês que integra, especialmente cargos de presidência de conselho ou executivo de primeiro escalão em outra organização. Essa informação deve ser disponibilizada às partes interessadas, para que o conselho e a assembleia geral façam a mesma avaliação sobre sua disponibilidade de tempo. b) O conselheiro e a organização devem considerar, na avaliação, a disponibilidade de tempo do profissional para dedicar-se à função. c) O regimento interno do conselho deve estabelecer o número máximo de outros conselhos, comitês e/ou cargos executivos que poderão ser ocupados por seus conselheiros, levando em consideração a complexidade da organização e a necessidade de dedicação para o cargo." (INSTITUTO BRASILEIRO DE GOVERNANÇA CORPORATIVA. *Código de Melhores Práticas de Governança Corporativa*. 5. ed., 2015. Disponível em: https://ibgc.org.br/governanca/governanca-corporativa/principios-basicos. Acesso em: 24 de setembro de 2018).

3.2.1.4. Dever de bem administrar e de não praticar erros graves

A subjetividade toma conta do dever de bem administrar. Isso, porque não está descrito em nenhum manual de administração qual a definição de uma boa administração. Vários fatores influenciam nos resultados de uma empresa, tais como seu ramo de atividade, o ambiente regulatório ao qual está sujeita, seus concorrentes, o apetite ao risco de seus sócios e administradores. Assim, torna-se impossível uma exata definição do que seria o "dever de bem administrar": pode ser considerado um exímio administrador aquele que colocou a sua empresa como líder do mercado em que atua ou aquele que evitou que a sua empresa tivesse a sua falência decretada; ou seja, tudo dependerá do cenário e do contexto que se está analisando.[317]

No entanto, uma premissa é basilar: o dever de bem administrar não está relacionado ao sucesso ou insucesso de uma decisão negocial.

Partindo-se disso e, portanto, excluindo o "sucesso" do negócio do escopo do "dever de bem administrar", parte-se para a análise do caminho que percorreu o administrador para a tomada da decisão e se esse caminho foi trilhado com informação, qualificação, vigilância, disponibilidade, com condutas dentro de um padrão esperado de boa-fé, em atendimento ao interesse social e visando ao cumprimento do objeto social da companhia.[318]

No entanto, de acordo Coutinho de Abreu, alguma materialidade é possível quando se tenta definir o dever de bem administrar, que o autor denominará de "dever de tomar decisões razoáveis". O autor afirma que a premissa básica da decisão razoável é que ela esteja de

---

[317] Marcelo Adamek expõe esta situação com clareza ao afirmar que "[...] prejuízo é, por si só, insuficiente para aferir a diligência. Segue-se daí, em primeiro lugar, que o fato de a companhia sofrer prejuízos não revela obrigatoriamente falta de diligência de seu administrador. O mau resultado pode ser mero reflexo de problemas conjunturais ou de deficiências de estrutura da própria companhia, frente aos quais qualquer administrador, por mais ativo, diligente e capaz que fosse, não teria podido evitar as perdas. Não raras vezes, aliás, os reflexos da excelente atividade de um gestor cristalizam-se na obtenção de prejuízos menores do que os que poderiam ter-se concretizado sob a direção de terceiros". (ADAMEK, Marcelo Vieira von. *Responsabilidade Civil dos Administradores de S/A e as ações correlatas*. São Paulo: Saraiva, 2009, p. 132)

[318] Neste sentido, a lição de Modesto Carvalhosa: "Assim, o princípio da boa-fé objetiva aplica-se sempre no exame da conduta do administrador. Consequentemente, não será o administrador responsável por insucessos no exercício da gestão da companhia, desde que fique demonstrado ter agido com lealdade, cuidado e diligência. Assim, a configuração ou não da responsabilidade do administrador verifica-se comparativamente, ou seja, se o administrador agiu com a mesma diligência e lealdade que um outro administrador empregaria, em circunstâncias semelhantes." (CARVALHOSA, Modesto. *Comentários à Lei de Sociedade Anônimas*. v. 3, 6. ed. São Paulo: Saraiva, 2014, p. 370.). Também, Flavia Parente: "Em última análise, dever de desempenhar o cargo e o correspondente dever de administrar pressupõem necessariamente a atuação diligente do administrador visando à consecução do interesse social, dentro dos limites do objeto social." (PARENTE, Flavia. *O dever de diligência dos administradores de sociedades anônimas*. Rio de Janeiro: Renovar, 2005, p. 107-111).

acordo com o interesse da sociedade. Dessa premissa, derivam dois outros critérios, a saber, "não dissipar (ou esbanjar) o patrimônio social" e "evitar riscos desmedidos". Segundo o autor:

> No primeiro grupo entra a obrigação de os administradores, por exemplo, não adquirirem (onerosamente) para a sociedade patente inútil ou participações sociais sem valor. O segundo grupo traduz-se neste princípio: a sociedade não deve poder perecer por causa de uma só decisão falhada; antes de decisão muito importante, é preciso prever a possibilidade do pior desenlace – se este (o afundamento da sociedade) for possível, deve ser evitada a decisão correspondente.[319]

O subjetivismo do dever de bem administrar ganha certo pragmatismo, quando se está diante da análise do "erro grave". Não é admissível que o administrador tenha uma conduta negligente, imprudente ou imperita no exercício de suas funções. Renato Ventura Ribeiro entende por erro grave "decisões ou omissões inoportunas ou com risco desproporcional e contrárias à lei, estatuto ou ao interesse social, como a conivência ou omissão com atos ilícitos de outros administradores". Complementa o referido autor que, mesmo que não haja dolo na conduta faltosa, há a infração ao dever de diligência e que "erro também é relevante quando há circunstâncias que presumem violação de obrigação legal por parte do administrador".[320]

3.3. O dever de implementar os programas de integridade

Já se referiu nesta pesquisa que a Lei 12.846/2013, quando trata dos programas de integridade, não obriga as empresas a adotá-los. Há um incentivo, via diminuição de pena, para que os programas sejam implementados de forma eficiente. Aqui, vale ressaltar que, muito embora se vá utilizar a palavra "administradores" em referência aos Conselheiros de Administração e aos Diretores, nos termos da fundamentação supra, há diferença de responsabilidade entre esses atores, no que tange a esse novo subdever. Aos Conselheiros de Administração incumbe a inserção dos programas de integridade no planejamento estratégico da companhia e a sua supervisão após a implementação. À Diretoria incumbe a implementação propriamente dita, em obediência às diretrizes traçadas pelo Conselho e o monitoramento mais amiúde do programa de integridade. Ainda, em detectando irregularidades, incumbe à Diretoria informar ao Conselho, para que possam ser planejadas as medidas de resposta à inconformidade. E, principalmente, aos

---

[319] ABREU, Jorge Manuel Coutinho de. *Responsabilidade Civil dos Administradores de Sociedades*. 2. ed. Coimbra: Almedina, 2010, p. 22-23.

[320] RIBEIRO, Renato Ventura. *Dever de Diligência dos Administradores de Sociedades*. São Paulo: Quartier Latin, 2006, p. 230.

administradores – Conselheiros e Diretores – cabe a adesão e cumprimento do programa de integridade, dando o exemplo a ser seguido por toda a organização. As orientações quanto à interpretação do FCPA nos Estados Unidos, refletem com clareza qual é o papel dos administradores perante os programas de integridade:

> Commitment from Senior Management and a Clearly Articulated Policy Against Corruption
>
> Within a business organization, compliance begins with the board of directors and senior executives setting the proper tone for the rest of the company. Managers and employees take their cues from these corporate leaders. Thus, DOJ and SEC consider the commitment of corporate leaders to a "culture of compliance" and look to see if this high-level commitment is also reinforced and implemented by middle managers and employees at all levels of a business. A well-designed compliance program that is not enforced in good faith, such as when corporate management explicitly or implicitly encourages employees to engage in misconduct to achieve business objectives, will be ineffective. DOJ and SEC have often encountered companies with compliance programs that are strong on paper but that nevertheless have significant FCPA violations because management has failed to effectively implement the program even in the face of obvious signs of corruption. This may be the result of aggressive sales staff preventing compliance personnel from doing their jobs effectively and of senior management, more concerned with securing a valu- able business opportunity than enforcing a culture of compliance, siding with the sales team. The higher the financial stakes of the transaction, the greater the temptation for management to choose profit over compliance.
>
> A strong ethical culture directly supports a strong compliance program. By adhering to ethical standards, senior managers will inspire middle managers to reinforce those standards. Compliant middle managers, in turn, will encourage employees to strive to attain those standards throughout the organizational structure.
>
> In short, compliance with the FCPA and ethical rules must start at the top. DOJ and SEC thus evaluate whether senior management has clearly articulated company standards, communicated them in unambiguous terms, adhered to them scrupulously, and disseminated them throughout the organization.[321]

Ademais, os benefícios que serão referidos como consequência da implementação dos programas de integridade somente terão validade se forem implementados de acordo com as previsões do artigo 42 do Decreto 8.420/2015 e forem comprovadamente eficazes.[322] Já se ante-

---

[321] CRIMINAL DIVISION OF THE U.S. DEPARTMENT OF JUSTICE; THE ENFORCEMENT DIVISION OF THE U.S. SECURITIES AND EXCHANGE COMMISSION . *FCPA – A Resource Guide to the U.S. Foreign Corrupt Practices Act*, 2012. Disponível em: https://www.justice.gov/sites/default/files/criminal-fraud/legacy/2015/01/16/guide.pdf. Acesso em: 19 de janeiro de 2019 .

[322] "Por certo, os programas de *compliance* não podem ser meramente formais, sob pena de serem absolutamente desnecessários. Em outras palavras, não se pode supor que programas de *compliance* e códigos de conduta corporativos sejam meras folhas de papel, servindo muito mais para ocultar práticas corruptas sob o verniz da conformidade do que para legitimamente alterar a cultura corporativa para acolher valores éticos e operacionais de combate à corrupção." (FRAZÃO, Ana; CARVALHO, Angelo Gamba Prata. Corrupção, cultura e *compliance*: o papel das normas jurídicas na construção de uma cultura de respeito ao ordenamento. *In:* CUEVA, Ricardo Villas Bôas; FRAZÃO, Ana. *Compliance – Perspectivas e desafios dos programas de conformidade*. Belo

cipa que os programas de integridade não conseguirão erradicar por completo a corrupção e as demais fraudes empresariais; no entanto, a medida da sua eficiência pode ser tomada se eles tiverem números de detecção precoce mais consideráveis do que o de fraudes concretizadas. O melhor cenário seria, no entanto, que a implementação do programa de integridade já criasse uma cultura de conformidade, que não precisasse nem testar os controles.[323]

Diante do que até aqui foi pesquisado, entende-se que a implementação dos programas de integridade é obrigatória pelo dever de diligência dos administradores, pois o artigo 7º, VIII, da Lei 12.846/2013 criou mais um subdever intrínseco à cláusula geral do artigo 153 da Lei 6.404/76. Lembre-se de que a concreção da normativa parcialmente em branco se dá mediante análise do caso concreto, buscando-se elementos no próprio ordenamento jurídico e em situações extrajurídicas. Por isso, pode-se afirmar que o conteúdo do dever de diligência dos administradores é mutante, podendo ser alterado, sempre que surjam novas legislações ou práticas de mercado que exijam a revisão ou readaptação da conduta dos administradores. No caso, diante do cenário social e jurídico que se vivencia, o dever de diligência requer nova conformação para exigir dos administradores uma postura voltada para o combate às fraudes empresariais, mais precisamente à corrupção.

Não obstante, o dever geral de diligência remete ao cuidado, zelo e empenho que o homem ativo e probo empregaria na condução de seus próprios negócios. A implementação dos programas de integridade materializa essas condutas, sob vários aspectos. Refira-se, antes de analisar o impacto da implementação dos programas de integridade

---

Horizonte: Fórum, 2018, p. 130). No mesmo sentido, ensina o Min. Villas Bôas: "De modo mais geral, pode-se entender o *compliance* não apenas como a observância de comandos legais e regulatórios, mas também como o cumprimento de outras exigências, tais como normas éticas padrões de conduta fixados no seio das organizações e expectativas dos *stakeholders*. Embora obviamente sempre tenha existido preocupação com o exato cumprimento das normas, os riscos crescentes da atividade econômica, a complexidade da regulação e os recentes episódios de crises sistêmicas, bem como de violações repetidas da lei e/ou de padrões regulatórios, têm levado a um aprimoramento das normas e a uma redução da tolerância quanto a mecanismos deficientes de controle e de atribuição de responsabilidade da administração das empresas. Em consequência, têm se desenvolvido reações normativas, inicialmente nos EUA, depois na Europa e mais recentemente também no Brasil, que correspondem a uma alteração nas expectativas das autoridades reguladoras, dos credores, dos prejudicados, das associações de acionistas e das seguradoras, causada em grande medida pela ampla difusão de informações proporcionada pela Internet." (CUEVA, Ricardo Villas Bôas. Funções e Finalidades dos Programas de *Compliance*. In: CUEVA, Ricardo Villas Bôas; FRAZÃO, Ana. *Compliance – Perspectivas e desafios dos programas de conformidade*. Belo Horizonte: Fórum, 2018, p. 18).

[323] Neste sentido, a lição de Ana Frazão e Ana Rafaela Medeiros: "[...] Exatamente por isso, a eficácia de um programa de *compliance* exige, entre outras coisas, que a alta administração transmita a ideia de que o alcance de metas empresariais não deve sobrepor-se à persecução de uma cultura organizacional ética." (FRAZÃO, Ana; MEDEIROS, Ana Rafaela Martinez. Desafios para a efetividade dos programas de *compliance*. In: CUEVA, Ricardo Villas Bôas; FRAZÃO, Ana. *Compliance – Perspectivas e desafios dos programas de conformidade*. Belo Horizonte: Fórum, 2018, p. 86).

no dever de diligência, que essa medida proporciona a concreção de um ideal do Estado brasileiro, no que tange à prevenção e ao combate à corrupção, que, como já referido, não é possível sem a participação ativa da iniciativa privada. A adoção de uma norma premial para introduzir no ordenamento jurídico nacional os programas de integridade revela o interesse do legislador em ver esses programas em atividade e como possíveis auxiliares na diminuição da corrupção.

Um primeiro aspecto a ser analisado é que os programas de integridade atuam como mitigadores de riscos das empresas. O risco mais evidente, mitigado pela implementação de um programa de integridade, é o prejuízo financeiro decorrente de multa imposta pela condenação em algumas das práticas previstas na Lei 12.846/2013, já que, conforme o artigo 18, V, do Decreto 8.420/2015, a multa poderá ser reduzida em percentuais que variam de 1% a 4%. Não obstante a questão da atenuante da multa, o programa de integridade eficaz pode evitar que o ato de corrupção ocorra ou a sua detecção precoce, antes que ele seja descoberto pelas autoridades competentes, o que também é um fator de mitigação de riscos, já que evita uma exposição pública, por vezes com efeitos midiáticos indesejáveis, da empresa. Além disso, a descoberta precoce possibilita à empresa a correção antecipada da conduta, nos termos do programa de integridade ou da legislação vigente, se necessário, o que também contribui para a minimização dos prejuízos.

Esse aspecto se coaduna com basilar cuidado dos administradores, no que tange à gestão do patrimônio alheio,[324] bem como com o dever

---

[324] Em 2015, houve uma alteração na legislação penal espanhola para introduzir atenuante de penas para as pessoas jurídicas infratoras que mantivessem mecanismos de detecção e combate a crimes em sua estrutura organizacional (vide artigo 31, 31 *bis*, 31 *ter*, 31 *quater* e 31 *quinquies* do Código Penal. Disponível em https://www.boe.es/buscar/act.php?id=BOE-A-1995-25444. Acesso em 05 de março de 2019). A partir disso, a doutrina entendeu que essa disposição penal influenciava a diligência dos administradores, especialmente no que tange a sua responsabilidade em implementar os referidos mecanismos que podem atenuar eventual pena na pessoa jurídica: "La diligencia de un ordenado empresario exigirá que el administrador societario procure el cumplimiento de los requisitos de eficacia e idoneidad en el modelo de compliance penal de forma que evite la generación de responsabilid de la persona jurídica." (LARA, Manuel Ruiz de.Trascendencia de los programas de Compliance Penal en la responsabilidad societaria y concursal de los administradores de sociedades de capital. *In:* LARA, Manuel Ruiz de. *Compliance penal y responsabilidad civil y societaria de los administradores*. Madri: Wolters Kluwer, 2018, p. 122.). Uma das justificativas para esse novo dever inerente à diligência é o fato dos administradores fazerem a gestão de patrimônio alheio, o que os impõem cuidado redobrado com eventuais repercussões negativas e preju;izos: "La infracción por omisión tanto dolosa como imprudente por parte del administrador social del mencionado deber de velar por los interes patrimoniales ajenos por la vía de no ejercitar la facultad de configurar y mantener uma estrutura organizativa transparente o adecuada en la persona jurídica gestionada – siempre y cuando se haya asumido dicho deber en el acto de asunción –, en el caso de que ello haya generado perjuicios para el interés patrimonial administrado, debe tener como correlato la responsabilidad civil y/o penal del administrador social". (ZARAGOZA, Oscar Serrano. Régimen de deberes y responsabilidades de los administradores sociales tras la introducción del regimén de responsabilidad penal de las personas jurídicas en el derecho español. *In:* LARA, Manuel Ruiz de. *Compliance penal y responsabilidad civil y societaria de los administradores*. Madri: Wolters Kluwer, 2018, p. 60).

de bem administrar, mais precisamente com uma das suas premissas que é a de "evitar riscos desmedidos", que possam pôr a empresa em situação de perigo no caso de uma condenação em processo administrativo pelo cometimento de ato lesivo à administração pública. Veja-se que, de acordo com o artigo 6º da Lei 12.846/2013, as multas decorrentes de uma condenação podem variar entre 0,1% e 20% do faturamento bruto da empresa no exercício anterior ao procedimento administrativo, sem prejuízo do ressarcimento dos danos causados. Dependendo do tamanho da empresa, essas cifras são consideráveis: a Odebrecht, em acordo de delação premiada, assumiu o compromisso de pagamento de multa de R$ 6,7 bilhões.[325]

Um segundo aspecto que coloca a implementação dos programas de integridade dentro do escopo do dever de diligência é o auxílio que esses podem dar para que o administrador cumpra as atuais exigências do dever de fiscalizar. Referiu-se anteriormente que os administradores possuem o dever de fiscalizar as atividades da companhia, não sendo essa tarefa, segundo a doutrina referida, a prioridade da administração.

No entanto, a fiscalização genérica que era requerida dos administradores não se demonstra mais satisfatória. A mudança inicia com o caso Caremark, julgado pela Suprema Corte de Delaware, em 1996.[326] A discussão desta ação é a violação de deveres fiduciários e de cuidado dos administradores da Caremark, tendo em vista uma possível responsabilidade pessoal, em relação a supostas infrações à lei e a regulamentos federais e estaduais aplicáveis a provedores de assistência médica, cometidas por funcionários da empresa. Essas infrações geraram uma série de investigações e acordos que resultaram em um dispêndio financeiro de aproximadamente US$ 250 milhões. A questão central a ser enfrentada pela Suprema Corte de Delaware era a obrigação do Conselho de Administração da Caremark em supervisionar e monitorar o desempenho da empresa. Na decisão, os julgadores referem que os órgãos da administração têm que criar mecanismos de detecção de fraudes adequados, para assegurar que as informações apropriadas chegarão ao conhecimento dos administradores, em tempo hábil. Somente assim, poder-se-á considerar a atuação dos administradores de boa-fé, inclusive para aplicação das regras da *business judgment rule*.

No cenário nacional, o alerta para a responsabilidade de os administradores implementarem sistemas de controles veio com o Processo

---

[325] VIEIRA, André Guilherme. Odebrecht fecha acordo de leniência e pagará multa de R$ 6,7 bilhões. 1º de dezembro de 2016. *Valor Econômico*. Disponível em: https://www.valor.com.br/empresas/4793607/odebrecht-fecha-acordo-de-leniencia-e-pagara-multa-de-r-67-bilhoes. Acesso em:10 de fevereiro de 2019.

[326] Disponível em https://www.courtlistener.com/opinion/1968607/in-re-caremark-intern-inc-deriv-lit/?q=caremark, consultado em 10 de fevereiro de 2019.

Sancionador 18/2008 da CVM, que julgou a infração ao dever de diligência dos administradores da empresa Sadia. Neste caso, o relator Alexsandro Broedel Lopes reconheceu a falha de monitoramento dos sistemas de controle financeiro da Sadia, por serem os colaboradores responsáveis pela gestão de risco subordinados exclusivamente àqueles administradores que "expunham" a empresa ao risco. Extrai-se do voto do relator a seguinte lição:

> A razão de tal distorção refere-se a um elemento essencial de um modelo de gestão e monitoramento de riscos: sua posição organizacional. As pessoas envolvidas com o sistema de gerenciamento de riscos não podem estar unicamente subordinadas aos executivos responsáveis pelas operações. Executivos financeiros possuem interesses conflitantes com a gestão de riscos e devem ser monitorados de forma independente. É de pouca valia um sistema de monitoramento de riscos que esteja subordinado ao executivo responsável pela elaboração das operações. (...) Dessa forma, entendo que, no caso concreto, o sistema de monitoração e controle de riscos da Sadia, apesar de aparentemente funcional, não cumpriu sua função de proteger a continuidade da companhia. Este problema era intrínseco ao modelo implementado. Sendo assim creio que a empresa, de fato, não possuía um sistema de monitoramento adequado ao seu apetite financeiro e às operações que eram realizadas. Sua política de risco era conservadora e claramente não inspirava uma estrutura hierárquica como essa.[327]

Sobre essa nova visão do dever de fiscalizar, Otavio Yazbek entende que não se pode atribuir ao administrador uma tarefa de fiscal dos negócios, mas que tem ele o dever de implementar *"red flags"* para que lhe sejam sinalizados possíveis problemas que possam existir dentro da empresa.[328] Nessa linha de raciocínio funcionam os programas de

---

[327] Disponível em http://www.cvm.gov.br/export/sites/cvm/sancionadores/sancionador/anexos/2010/20101214_PAS_1808.pdf, consultado em 29 de setembro de 2018. Destaca-se também outro trecho elucidativo da decisão: "Sendo assim, devemos analisar o caso concreto à luz dos sistemas de gestão de risco e monitoramento existentes para a companhia e a sua adequação às políticas de risco implantadas. Naturalmente, os conselheiros não são responsáveis pela operação da área financeira e muito menos da área de gestão de riscos. Essa é uma função executiva, que cabe à diretoria. No entanto, os conselheiros devem sim ser prudentes e observar para que sistemas de controle e gestão de riscos estejam eficazmente em operação dentro das políticas estabelecidas pela própria companhia. Ou seja, faz parte do dever de diligência em uma companhia aberta que opera com derivativos a monitoração da eficácia dos sistemas de gestão de risco utilizados e da adequação às políticas gerais – e tal situação fica ainda realçada quando se considera que, na Sadia, a Diretoria Financeira reportava-se diretamente ao Conselho de Administração. Mais uma vez, vale ressaltar que não estamos entrando no mérito do nível de risco tomado pelas companhias. Somente estamos discutindo a adequação dos sistemas de monitoração e controle às políticas estabelecidas pela própria companhia (sendo que aqui, quando me refiro aos atos praticados pela companhia, estou tratando, obviamente, dos atos praticados por seus administradores – CA e diretoria)".

[328] YAZBEK, Otavio. Representações do Dever de Diligência na Doutrina Jurídica Brasileira: Um Exercício e Alguns Desafios. *In*: KUYVEN, Luiz Fernando Martins. *Temas Essenciais de Direito Empresarial: Estudos em Homenagem à Modesto Carvalhosa*. São Paulo: Saraiva, 2012, p. 940-961. Sobre a efetividade, vide os próprios exemplos referidos, da Caremark e da Sadia. Ambas as empesas possuíam sistemas de controles e monitoramento, mas esses não se demonstraram efetivos. No caso Caremark, não houve atribuição de responsabilidade aos administradores justamente pela existência dos sistemas de controles, mas houve um acordo no sentido de melhorar o mesmo. No caso Sadia, mesmo com a existência dos sistemas de controles, os julgadores da CVM condenaram

integridade como as "bandeiras vermelhas" referidas por Yazbek, já que esses programas , quando bem implementados devem conferir ao administrador mecanismos ágeis de detecção de fraudes e sinalizadores dos principais riscos do negócio.[329]

O terceiro aspecto guarda relação com a proteção e as expectativas do mercado de capitais em relação à companhia e as regras impostas pelo seu órgão regulador, a Comissão de Valores Mobiliários (CVM). Lembre-se que a sociedade anônima é, como referido por Ripert,[330] um instrumento de coleta de capitais, sem qual talvez fosse impossível a criação de desenvolvimento da grande empresa. Essa coleta de capitais advém de grandes e pequenos investidores, que precisam de um mínimo de certezas de que seus investimentos são viáveis. Medidas de proteção e segurança aos investidores representam a proteção e incentivo ao mercado de capitais como um todo.[331]

---

os administradores por infração ao dever de diligência, uma vez que consideraram a ineficácia dos controles suficiente para isso.

[329] A fiscalização também deve ser feita em relação ao cumprimento do programa de integridade. Assim é a doutrina de Manuel Ruiz de Lara: "El deber de diligencia de los administradores no resultará cumplido con la mera incorporación de un programa de cumplimiento normativo, sin conexión o análisis alguno de la realidad empresarial y de las circunstancias en las que se desarrolla la actividad. La mera incorporación 'formal' de un programa de cumplimiento normativo no enervaría la falta de diligencia de los administradores, dado que dicho programa no vendría sustentado en un análisis previo de la realidad económica y empresarial de la sociedad y de los riesgos de comisión de delito que según la naturaliza de su actividad le son inherentes. Pueden identificarse las medidas precisas para la buena dirección y control de la sociedad en relación a los programas de compliance penal com: – La adopción y ejecución con eficacia de modelos de organización y gestión que incluyen las medidas de vigilancia y control idóneas para prevenir delitos de la misma naturaliza o para reducir de forma significativa el riesgo de su comisión. La eficacia de las medidas se sustenta no sólo en la efectiva evitación de la comisión de los ilícitos penales a través de laestructura empresarial, sino también en la valoración de cómo las medidas reducen el riesgo de que se cometan los ilícitos penales; – La supervisión del funcionamiento y del cumplimiento del modelo de prevención implantado." (LARA, Manuel Ruiz de.Trascendencia de los programas de Compliance Penal en la responsabilidad societaria y concursal de los administradores de sociedades de capital. In: LARA, Manuel Ruiz de. *Compliance penal y responsabilidad civil y societaria de los administradores*. Madri: Wolters Kluwer, 2018, p. 124-125).

[330] "[...] As sociedades anônimas nascem por sua vontade. Não há criação arbitrária por um legislador engenhoso. O instrumento jurídico foi construído lentamente, aperfeiçoado com engenho. Não é por acaso que foi empregado desde o nascimento da grande indústria: é necessária para certas explorações uma tal acumulação de capitais que seria indispensável criar a forma jurídica conducente à possibilidade de sua reunião. Se se quisesse passar sem a sociedade anônima, seria preciso também dispensar o alto-forno, a máquina a vapor, a força hidroelétrica. O jurista é um servidor da economia. Pediram-lhe o meio de juntar capitais necessários à criação e à vida das grandes empresas. Ofereceu a sociedade por ações. [...] O verdadeiro problema é o da coleta da economia. A lei permite aos fundadores da sociedade lançar subscrição pública para recolher fundos. Permite-lhes substituir esses fundos por títulos que circularão em público, que se venderão e comprarão como mercadorias. Eis o funcionamento do mecanismo jurídico, que é a sociedade por ações. A criação duma riqueza nova, e no fundo fictícia, deve atrair a atenção do legislador." (RIPERT, Georges. *Aspectos Jurídicos do Capitalismo Moderno*. Campinas: Red Livros, 2002, p. 69 e 138).

[331] Neste sentido, a lição de Modesto Carvalhosa: "Nesse ponto, é sabido que a própria razão de ser e o objetivo principal da regulação do mercado de capitais é a proteção do acionista de mercado, enquanto investidor passivo, alheio à gestão da companhia e ao seu processo decisório.

Assim, em 2017, foi promulgada a Instrução Normativa CVM 586/2017 que alterou e incluiu dispositivos na Instrução Normativa CVM 480/2009. Uma das principais novidades trazidas pela IN 586/2017 foi a obrigatoriedade de as empresas destinatárias[332] desta informarem se aplicam as melhores práticas sugeridas pelo Código Brasileiro de Governança Corporativa,[333] que guardam bastante semelhança com os conteúdos exigidos de um programa de integridade. No caso de não aplicarem, devem explicar por que não o fazem. O órgão regulador parte do pressuposto de que as empresas adotam e, caso não o façam, espera uma boa justificativa para tal.

Outra questão relevante extraída da Instrução Normativa 480, no artigo 42, é a previsão de que "os administradores do emissor têm o dever de zelar, dentro de suas competências legais e estatutárias, para que o emissor cumpra a legislação e regulamentação do mercado de valores mobiliários".

Ou seja, o dever de zelar – diligência – aqui abrange a implementação de programas de integridade, nos termos do artigo 29-A, tornando essa conduta mais um elemento desse dever. Ademais, o descumprimento das regras estabelecidas pela IN 480/2009 pode ocasionar a suspensão do registro de emissor de valores mobiliários ou

---

Isto porque as companhias brasileiras, na sua grande maioria, como a própria Petrobras, são de controle concentrado. Nelas os controladores formam sistematicamente a maioria em Assembleia, determinando o conteúdo das deliberações e elegendo seus administradores. [...] Somente é possível desenvolver e consolidar o mercado de capitais conferindo-lhe credibilidade e segurança, com respeito aos direitos patrimoniais dos investidores de mercado, que possuem características muito distintas dos acionistas que exercem direito pessoal de participação na gestão e no processo decisório da companhia. A credibilidade do mercado e a segurança jurídica do investidor em Bolsa são alcançados através da garantia de seu direito a informações verdadeiras e completas por parte das companhias abertas. Somente desse modo os riscos são minorados e os acionistas de mercado podem racionalmente tomar suas decisões de aquisição ou manutenção de ações. Portanto, ao direito subjetivo do acionista de mercado de ser informado corresponde o dever de informação fidedigna da companhia emissora do título." (CARVALHOSA, Modesto. Parecer Jurídico. *In:* CARVALHOSA, Modesto; LEÃES, Luiz Gastão Paes de Barros; WALD, Arnoldo. *A responsabilidade civil da empresa perante os investidores – contribuição à modernização e moralização do mercado de capitais*. São Paulo: Quartier Latin, 2018, p. 38-39).

[332] O informe sobre o Código de Melhores Práticas de Governança se aplica às empresas que tenham ao menos uma espécie ou classe de ação de sua emissão compreendida no (a) Índice Brasil 100 – IBrX- 100; ou (b) Índice Bovespa – IBOVESPA; e (ii) a partir de 1º de janeiro de 2019, para os demais emissores que sejam autorizados por entidade administradora de mercado à negociação de ações em bolsa de valores.

[333] COMISSÃO DE VALORES MOBILIÁRIOS. Instrução Normativa 586, de 08 de junho de 2017. Altera e acrescenta dispositivos à Instrução CVM nº 480, de 7 de dezembro de 2009. Art. 29-A. O informe sobre o Código Brasileiro de Governança Corporativa – Companhias Abertas é o documento eletrônico cujo conteúdo reflete o Anexo 29-A. § 1º O emissor registrado na categoria A autorizado por entidade administradora de mercado à negociação de ações ou de certificados de depósito de ações em bolsa de valores deve entregar o informe sobre o Código Brasileiro de Governança Corporativa – Companhias Abertas, em até 7 (sete) meses contados da data de encerramento do exercício social. Disponível em: http://www.cvm.gov.br/legislacao/instrucoes/inst586.html. Acesso em: 1º de setembro de 2018.

até mesmo o cancelamento do registro, nos termos dos artigos 52[334] e 54[335] da referida IN.

Para as empresas que se submetem às Instruções Normativas 480/2009 e 586/2017, a implementação de programas de integridade (ou de melhores práticas de governança corporativa) constitui não só conteúdo do dever de diligência, mas também atribuição privativa do Conselho de Administração, nos termos do artigo 142, I, da Lei 6.404/76, de fixar e orientar os negócios da companhia, o que será executado pela Diretoria. Ou seja, muito embora a Comissão de Valores Mobiliários não tenha imposto os programas de integridade, da mesma forma como ocorreu com a Lei 12.846/2013, a interpretação sistemática do ordenamento jurídico aplicável às Sociedades de Capital não deixa dúvidas de que se está diante de um dever.

Não obstante, a implementação dos programas de integridade pode gerar o efeito reflexo da isenção ou da diminuição da responsabilidade dos administradores por terem eles empreendido todos os esforços para o efetivo monitoramento da empresa. De acordo com o artigo 3º, §2º, da Lei 12.846/2013, os administradores poderão ser responsabilizados pelos atos ilícitos previstos na legislação, mas de forma subjetiva, ou seja, dependendo da existência de culpa (negligência, imprudência ou imperícia). O administrador que diligencia na implementação de um programa de integridade e cria mecanismos para que esse programa seja eficaz, evidência de que tomou os cuidados satisfatórios para a prevenção e combate das fraudes no âmbito da empresa, devendo isso se refletir em eventual ação de responsabilidade que lhe for imposta.

Nos Estados Unidos, em 2006, o julgamento do caso Stone v. Ritter[336] trouxe à tona essa discussão sobre o limite da responsabilização dos administradores quando presentes mecanismos de controle e monitoramento da empresa. William e Sandra Stone, acionistas de

---

[334] COMISSÃO DE VALORES MOBILIÁRIOS. Instrução Normativa 480, de 07 de dezembro de 2009. Dispõe sobre o registro de emissores de valores mobiliários admitidos à negociação em mercados regulamentados de valores mobiliários. Art. 52. A SEP deve suspender o registro de emissor de valores mobiliários caso um emissor descumpra, por período superior a 12 (doze) meses, suas obrigações periódicas, nos termos estabelecidos por esta Instrução. Disponível em: http://www.cvm.gov.br/legislacao/instrucoes/inst480.html. Acesso em: 1º de setembro de 2018.

[335] COMISSÃO DE VALORES MOBILIÁRIOS. Instrução Normativa 480, de 07 de dezembro de 2009. Dispõe sobre o registro de emissores de valores mobiliários admitidos à negociação em mercados regulamentados de valores mobiliários. Art. 54. A SEP deve cancelar o registro de emissor de valores mobiliários, nas seguintes hipóteses: I – extinção do emissor; e II – suspensão do registro de emissor por período superior a 12 (doze) meses. Disponível em: http://www.cvm.gov.br/legislacao/instrucoes/inst480.html. Acesso em: 1º de setembro de 2018.

[336] Disponível em https://www.courtlistener.com/opinion/2334726/stone-v-ritter/?q=stone+v.+ritter&type=o&order_by=score+desc&stat_Precedential=on, consultado em 10 de fevereiro de 2019.

AmSouth Bank, instituição de natureza bancária, questionaram, na ação, a responsabilidade dos administradores pela empresa ter sido condenada ao pagamento de US$ 40 milhões em multas e US$ 10 milhões em penalidade civis, no ano de 2004, em virtude de investigações governamentais regulatórias, que apontaram a ocorrência de falha do banco no arquivamento de "relatórios de atividades suspeitas". Essas investigações foram conduzidas pelo procurador do Estado do Mississipi, *Federal Reserve* e Departamento Bancário do Alabama, que não aplicaram nenhuma penalidade financeira ou ação regulatória aos diretores do banco.

Os autores da ação sustentaram que os administradores violaram seu dever de supervisão, fracassando no agir de boa-fé, para implementar políticas e procedimentos para assegurar o cumprimento das obrigações do banco nos órgãos reguladores. Os julgadores, para a tomada de decisão, baseiam-se em relatório da auditora KPMG que refuta as informações dos autores, pois esse relatório demonstra que a diretoria do banco dedicou recursos consideráveis ao programa de conformidade e implementou inúmeros procedimentos e sistemas para tentar garantir a correção dos procedimentos. O relatório informou que os programas contavam com diversos profissionais, que receberam treinamento e, em outras oportunidades, já detectaram atividades suspeitas. A conclusão do relatório foi que, embora possa ter havido falhas nos funcionários em relatar deficiências à diretoria, não havia base para uma reivindicação que buscasse responsabilizar os diretores pessoalmente por tais acontecimentos. A decisão da Suprema Corte de Delaware foi no sentido da impossibilidade de se responsabilizar os diretores, pois esses não podem responder pela atitude de todos os seus subordinados, mas, sim, devem responder por suas ações de assegurar que existem mecanismos de prevenção e detecção de fraudes. Destaca-se a seguinte passagem da decisão:

> The lacuna in the plaintiffs' argument is a failure to recognize that the directors' good faith exercise of oversight responsibility may not invariably prevent employees from violating criminal laws, or from causing the corporation to incur significant financial liability, or both, as occurred in *Graham, Caremark* and this very case. In the absence of red flags, good faith in the context of oversight must be measured by the directors' actions "to assure a reasonable information and reporting system exists" and not by second-guessing after the occurrence of employee conduct that results in an unintended adverse outcome.[43] Accordingly, we hold that the Court of Chancery properly applied Caremark and dismissed the plaintiffs' derivative complaint for failure to excuse demand by alleging particularized facts that created reason to doubt whether the directors had acted in good faith in exercising their oversight responsibilities.

Assim, havendo uma determinação legal de atenuante de pena para as empresas que possuem programa de integridade implementado, uma tendência a se exigir um maior grau de fiscalização por parte dos administradores, existindo uma instrução normativa do órgão regulador (CVM) recomendando fortemente a adoção de programas de integridade e a possibilidade de os administradores se beneficiarem em ações de responsabilidade pessoal, pode-se entender até como violação do princípio da boa-fé do administrador que não lançar mão dessas medidas, pois fica configurada a atitude do administrador em interesses contrários à companhia, deixando espaço para que ela tenha prejuízos além dos necessários. Dessa forma, não existe faculdade na implementação de programas de integridade, tampouco pode-se fazer uma relação custo-benefício quanto a sua implementação; está-se diante de um subdever do dever geral de diligência.

4. Conclusão

Versou a presente pesquisa sobre o impacto que o movimento de combate à corrupção, especialmente no cenário nacional, a publicação da Lei 12.846/2013, teve, e tem, nos deveres dos administradores. Para cumprir o objetivo, partiu-se do estudo da fraude empresarial, com a verificação de seus elementos e partícipes. Assumindo-se a corrupção como uma espécie da fraude empresarial, foi ela analisada, em busca da identificação de suas causas e origens e os movimentos internacionais e nacionais de prevenção e combate a este ilícito.

Por fazer a Lei 12.846/2013 expressa referência aos administradores de sociedades e a sua eventual responsabilidade nos casos de ocorrência de ato lesivo à administraçao pública e, pelo Decreto 8.420/2015 incluir como um dos requisitos dos programas de integridade o envolvimento da alta administração da empresa, não é possível desconsiderar-se a participação dos administradores, tanto no ato corruptivo em si, como na sua prevenção e combate. Assim, necessário foi analisar a administração das Sociedades Anônimas e os deveres e responsabilidades a que se sujeitam Conselho de Administração e Diretoria. A partir disso, chegou-se às seguintes conclusões:

1. A corrupção não tem preferências: ela ocorre em países desenvolvidos, subdesenvolvidos, capitalistas, socialistas, democráticos ou não, havendo uma maior tendência da sua ocorrência naqueles países em que os cenários político, econômico e social são mais fragilizados. Mesmo nos países mais desenvolvidos, em que se verifica um melhor ranqueamento no Índice de Percepção da Corrupção, não houve o atingimento da nota máxima do referido Índice por nenhum país, qual seja, 100 pontos, tendo o primeiro colocado (Dinamarca) alcançado 88 pontos;

2. O dado referido acima expõe uma outra faceta da corrupção, qual seja, a sua impossibilidade de erradicação. Pode-se prevenir e combater a corrupção para controlá-la, mas é impossível eliminá-la da sociedade. O nível tolerável de corrupção em cada Estado soberano dependerá de suas demandas e necessidades internas e externas,

relacionando estas últimas, ao interesse de negociar com mercados que operam fortemente sob práticas corruptivas ou de manter-se com a reputação mais ilibada possível para viabilizar relações com àqueles menos tolerantes a práticas ilegais;

3. Do ponto de vista da organização interna de um Estado soberano, partindo da premissa que a ocorrência da corrupção pressupõe a participação de um agente público, naqueles Estados em que há um maior ativismo estatal na economia seja como prestador/tomador de serviços, provedor/comprador de produtos, bem como em ambientes de demasiada regulação e burocracia, constata-se uma maior tendência de práticas corruptivas. A eliminação do Estado ou a sua redução ao mínimo, apesar de parecer uma solução ao problema, não é a resposta mais eficaz, pois outras formas de ganhos "facilitados" podem surgir, como a corrupção privada, por exemplo, que não é tipificada no Brasil, mas já consta como ilícito no Reino Unido;

4. Assim, de nada adianta modificar os atores. O bom relacionamento do Estado com os particulares, sejam eles pessoas físicas ou pessoas jurídicas, através de meios corretos, legais e adequados é algo que deve ser fomentado por sanções positivas e negativas (punição) que atuem como incentivos para a conduta dos agentes. E, essas sanções não devem se dirigir tão somente aos particulares; os agentes estatais também devem receber incentivos para a adequação de suas condutas;

5. A análise da prática da corrupção pelas empresas privadas torna possível a compreensão de que vários são os partícipes e as motivações para o cometimento do delito. A própria pessoa jurídica, que age através de seus administradores, receberá o fruto da corrupção que pode estar materializado em uma fiscalização menos intensa da sua atividade, em um processo de concessão menos burocrático, no ganho de uma licitação forjada, dentre outros. Os agentes da pessoa jurídica, que podem ser seus administradores ou não, podem compactuar com a prática da corrupção para o atingimento de uma meta que lhes fora imposta, para a realização de um negócio que consideram indispensável para a empresa, por benefícios pessoais que aquele negócio pode lhes proporcionar, por não haver outra forma de realizar a negociação em questão, dentre outros;

6. Com base no anteriormente referido, especificamente em relação as motivações para o cometimento da corrupção, entende-se que a escolha por corromper ou corromper-se não se trata de uma simples relação custo-benefício. A prática de um delito previsto no Código Penal brasileiro, punido com pena privativa de liberdade, em tempos de amplo e fácil acesso à informação, só de dá porque não há outra alter-

nativa em alguns mercados e porque ainda vige a crença de que nenhuma punição será efetivada. Mesmo com todas as revelações de casos de corrupção ocorridos no Brasil, especialmente desde 2013, há, ainda, no cenário nacional, um descrédito em relação a punição da corrupção, tanto é que escândalos empresariais envolvendo este crime continuam a surgir;

7. Não há como negar os efeitos nefastos da corrupção. Muito embora, como se tenha referido nessa pesquisa, em alguns mercados a mesma é considerada como o "óleo que azeita as máquinas", seus efeitos e reflexos a longo não se sustentam, sendo mais lesivos que os aparentes benefícios trazidos de início. O atingimento de um benefício por parte de uma empresa através de meios escusos, não alcançáveis, em um primeiro momento, por outras empresas que atuam no mesmo ambiente, leva a um problema concorrencial, que pode redundar em uma corrupção sistêmica (todas as empresas atingidas procederão da mesma forma para poderem continuar no mercado) ou na diminuição de *players* daquele ambiente (as empresas que não forem beneficiadas, seja porque não coadunam com a corrupção, seja porque não tiveram a oportunidade de praticar o delito, talvez não consigam se manter no mercado, em concorrência com aquela empresa que possui o benefício oriundo da corrupção);

8. Ademais, a empresa que apresenta resultados financeiros satisfatórios, mas tem a corrupção arraigada nas suas práticas negociais, em verdade manipula seus resultados, pois certamente não chegaria aos mesmos resultados sem a facilitação trazida pela corrupção. Em decorrência disso, também essa empresa engana seus investidores, que adquirem papéis com avaliações que não correspondem à realidade;

9. Os administradores têm importante papel na prática de corrupção das empresas. Nos termos da literatura referida sobre fraude empresarial, o cometimento dessa somente é possível por alguém que tenha confiança, depositada, neste caso, pelos acionistas que elegeram os membros do Conselho de Administração e pelos conselheiros que escolheram os membros da Diretoria. É a confiança o liame essencial para a ocorrência da fraude do tipo corrupção. Ademais, gozam os membros da administração de outras prerrogativas que lhes implicam nessa prática delitiva, tais como, a possibilidade de manipular os sistemas de controles, o conhecimento das falhas de governança, o poder para influenciar pessoas para se tornarem cúmplices ou para nada revelarem sobre o ilícito;

10. Mas isso não significa que os administradores são sempre os autores ou mandantes das práticas de corrupção. É certo que em grandes conglomerados empresariais, com estrutura organizativa descen-

tralizada, há terreno fértil para que outros colaboradores cometam o delito. Nesses casos, ainda assim, pode surgir a responsabilidade dos administradores, por não terem ele implementado mecanismos de controle e fiscalização que pudessem coibir ou descobrir a ocorrência de práticas lesivas;

11. Há uma tendência, legislativa e jurisprudencial, na desresponsabilização dos administradores quando se tratar de casos que envolvam a responsabilidade desses por decisões negociais. Em síntese, não pode o administrador ser responsabilizado pelo sucesso ou insucesso de um negócio. Deve-se, nesses casos, avaliar que o administrador procedeu de forma diligente na tomada de decisão, buscando as informações necessárias, agindo de boa-fé e sem interesses conflitantes. A decisão de praticar um ato de corrupção não é uma decisão negocial. É a decisão de praticar um crime. E tudo que possa significar a prevenção e o combate da corrupção, deve seguir a mesma linha de raciocínio;

12. Assim, a implementação de programas de integridade, que é tarefa dos administradores como já referido na pesquisa, não são simples decisões negociais que devem levar em consideração o custo-benefício da implementação. Trata-se de criar mecanismos que podem coibir a ocorrência de um delito ou detectá-lo precocemente antes que cause maiores danos à empresa e à própria administração pública;

13. A corrupção não é um ato isolado, que causa tão somente danos às partes envolvidas. A percepção da corrupção sistêmica causa um descrédito no Estado e nas instituições, ademais dos problemas de mercado já referidos, criando uma crença de que nada poderá ser levado a efeito sem que o delito seja cometido em alguma fase do processo. Esse sentimento modula negativamente a atuação dos atores da sociedade, mantendo-se o círculo vicioso de difícil rompimento;

14. Não é sem razão que as melhores práticas de gestão repetem constantemente a máxima "o tom que vem do topo". A mudança, seja ela na esfera pública ou na esfera privada, somente poderá ocorrer com o engajamento e comprometimento daqueles atores que estão no alto comando das organizações. Os altos membros os Poder Executivos, Legislativo e Judiciário, os administradores das sociedades de economia mista, das empresas públicas e das empresas privadas são os únicos capazes, através do exemplo e com a implementação de medidas que efetivamente possam combater a corrupção, de romper o *modus operandi* alicerçado em práticas corruptivas;

15. Especificamente no caso dos administradores das empresas privadas, o descuido com o combate à corrupção pode significar uma infração ao seu dever legal de diligência, pois não imprimiu nas suas atividades de administrador o cuidado e zelo necessário para prote-

ger a empresa de eventuais riscos que pudessem acometê-la. E, veja-se, no caso da implementação dos programas de integridade há riscos mensuráveis a serem minizados, a exemplo da atenuante de multa pela existência de programa ativo e eficaz;

16. O melhor seria se esta pesquisa não precisasse ter sido escrita. O melhor seria se a Lei 12.846/2013 não precisasse ter sido publicada. O melhor seria viver em uma sociedade onde todos os seus atores soubessem das suas atribuições e responsabilidades e não vissem nenhuma beleza na obtenção de vantagens indevidas sobre os seus semelhantes. Bom seria que todo o ganho fosse por mérito e esforço, e que o comportamento ético não precisasse ser imposto por uma legislação, mas sim, já fizesse parte das convicções de cada cidadão;

17. Enquanto isso não ocorre, muitos estudos ainda serão necessários sobre a Lei 12.846/2013 e o seu Decreto regulamentador 8.420/2015. A autorregulação das empresas, iniciada com os movimentos de Governança Corporativa, e consideradas até certo momento como uma "hipocrisia saudável" para contentar investidores, tem hoje novos contornos: os programas de integridade estão previstos em Lei, e não de forma facultativa, como podem pensar alguns que façam uma leitura menos detida; a sua implementação é obrigatória pelo dever de diligência inerente a todo administrador de empresa.

5. Referências bibliográficas

ADAMEK, Marcelo Vieira von. *Responsabilidade Civil dos Administradores de S/A e as ações correlatas*. São Paulo: Saraiva, 2009.

ADAMY, Pedro. Instrumentalização do Direito Tributário. In: ÁVILA, Humberto. *Fundamentos do Direito Tributário*. São Paulo: Marcial Pons, 2012.

AMERICAN BAR ASSOCIATION. *Model business Corporation Act*: Official Text, 3 ed., 2003.

AMERICAN LAW INSTITUTE. *Principles of corporate governance*: analysis and recommendations. St. Paul/Minn, 1994.

ANDRADE, Adriana; ROSSETTI, José Paschoal. *Governança Corporativa – Fundamentos, Desenvolvimento e Tendências*. 2. ed. São Paulo: Atlas, 2006.

ANTONIK, Luis Roberto. *Compliance, ética, responsabilidade social e empresarial* – uma visão prática. Rio de Janeiro: Alta Books, 2016.

ARKELOF, George A. The Market of "Lemons": Quality Uncertainty and the Market Mechanism, *The Quartely Journal of Economics*, volume 84, issue 3, august 1970. Disponível em http://socsci2.ucsd.edu/~aronatas/project/academic/Akerlof%20on%20Lemons.pdf, acesso em 15 fev. 2016.

ASCARELLI, Tullio. *Corso di diritto commerciale: introduzione e teoria dell impresa*. 3. ed. Milão, Doot. A. Giuffrè Editore, 1962.

——. *Problemas da sociedades anônimas e direito comparado*. São Paulo: Quorum, 2008.

BAINBRIDGE, Stephen M. *Corporate Law*. 3. ed. St. Paul/MN: Foundation Press, 2015.

BALTAR, Ángel Fernandez-Albor; CARRILLO, Elena F. Pérez. *Actores, actuaciones y controles del bem gobierno societário y financeiro*. Madrid: Marcial Pons, 2018.

BANCO CENTRAL DO BRASIL. Resolução 4.595, de 28 de agosto de 2017. Dispõe sobre a política de conformidade (*compliance*) das instituições financeiras e demais instituições autorizadas a funcionar pelo Banco Central do Brasil. Disponível em: https://www.bcb.gov.br/pre/normativos/busca/downloadNormativo.asp?arquivo=/Lists/Normativos/Attachments/50427/Res_4595_v1_O.pdf. Acesso em: 05 de março de 2019.

BARROSO, Luís Roberto. Prefácio. Compliance e a Refundação do Brasil. *In:* CUEVA, Ricardo Villas Bôas; FRAZÃO, Ana. *Compliance – Perspectivas e desafios dos programas de conformidade*. Belo Horizonte: Fórum, 2018.

BENEVIDES FILHO, Maurício. *A Sanção Premial no Direito*. Brasília: Brasília Jurídica, 1999.

BERLE, Adolf Augustus; MEANS, Gardiner C. *A moderna sociedade anônima e a propriedade privada*. Tradução Dinah de Abreu Azevedo. 2. ed. São Paulo: Nova Cultural, 1987.

BETTARELLO, Flávio Campestrin. *Governança Corporativa. Fundamentos Jurídicos e Regulação*. São Paulo: Quartier Latin, 2008.

BONELL, Michael Joachim; MEYER, Olaf. The impact of corruption on international commercial contracts – general report. *In:* BONELL, Michael Joachim; MEYER, Olaf. *The impact of corruption on international commercial contracts.* Springer, 2015.

BONELLI, Franco. *Gli amministratori di S.p.A.* dopo la reforma dele società. Milão, Dott A. Giuffrè Editore, 2004.

BORBA, José Edwaldo Tavares. *Direito Societario.* 16. ed. São Paulo: Atlas, 2018.

BORGES, João Eunápio. *Curso de Direito Comercial Terrestre.* 5. ed. Rio de Janeiro: Forense, 1976.

BRADÃO, Carlos Eduardo Lessa; FONTES FILHO, Joaquim Rubens; MURITIBA, Sérgio Nunes. *Governança Corporativa e Integridade Empresarial – Dilemas e Desafios.* São Paulo: Saint Paul Editora, 2017.

BRANDT, Ricardo; VASSALLO, Luiz; AFFONSO, Julia; MACEDO, Fausto. Tribunal da Lava Jato mantém 19 anos de pena para Marcelo Odebrecht. *Estadão,* 12 de setembro de 2018. Disponível em: https://politica.estadao.com.br/blogs/fausto-macedo/tribunal-da-lava-jato-mantem-19-anos-de-pena-para-marcelo-odebrecht/. Acesso em: 25 de janeiro de 2019.

BRASIL. Decreto-Lei 2.848, de 07 de dezembro de 1940. Código Penal. Disponível em: http://www.planalto.gov.br/ccivil_03/decreto-lei/Del2848compilado.htm. Acesso em: 1º de julho de 2018.

——. Lei 6.404, de 15 de dezembro de 1976. Dispõe sobre a Sociedade por Ações. Disponível em http://www.planalto.gov.br/ccivil_03/leis/L6404consol.htm. Acesso em 1º de dezembro de 2018.

——. Lei 10.406, de 10 de janeiro de 2002. Institui o Código Civil. Disponível em: http://www.planalto.gov.br/ccivil_03/leis/2002/L10406.htm. Acesso em: 03 de fevereiro de 2019.

——. Lei 12.846, de 1º de agosto de 2013. Dispõe sobre a responsabilização administrativa e civil de pessoas jurídicas pela prática de atos contra a administração pública, nacional ou estrangeira, e dá outras providências. Disponível em: http://www.planalto.gov.br/CCIVIL_03/_Ato2011-2014/2013/Lei/L12846.htm. Acesso em 1º de julho de 2018.

——. Lei 13.105, de 16 de março de 2015. Código de Processo Civil. Disponível em: http://www.planalto.gov.br/ccivil_03/_Ato2015-2018/2015/Lei/L13105.htm. Acesso em 04 de fevereiro de 2019.

——. Decreto Lei 8.420, de 18 de março de 2015. Regulamenta a Lei nº 12.846, de 1º de agosto de 2013, que dispõe sobre a responsabilização administrativa de pessoas jurídicas pela prática de atos contra a administração pública, nacional ou estrangeira e dá outras providências. Disponível em: http://www.planalto.gov.br/ccivil_03/_Ato2015-2018/2015/Decreto/D8420.htm. Acesso em: 1º de julho de 2018.

——. SUPERIOR TRIBUNAL DE JUSTIÇA. Recurso Especial 1.349.233-SP. Relator Min. Luis Felipe Salomão, publicado em 5/2/2015. Disponível em: http://www.stj.jus.br/SCON/jurisprudencia/doc.jsp. Acesso em: 1º de fevereiro de 2019.

——. Superior Tribunal de Justiça. Recurso Especial 1.601.555. Rel.. Min. Ricardo Villas Bôas Cueva, 20 de fevereiro de 2017. Disponível em: http://www.stj.jus.br/SCON/jurisprudencia/doc.jsp. Acesso em 05 de janeiro de 2019.

CÂMARA, Paulo, *et al. Conflitos de Interesses no Direito Societário e Financeiro* – Um balanço a partir da crise financeira. Coimbra: Almedina, 2010.

——; NEVES, Rui de Oliveira; FIGUEIREDO, André; OLIVEIRA, António Fernandes de; GOMES, José Ferreira. *Código das Sociedades Comerciais e Governo das Sociedades.* Coimbra: Almedina, 2008.

CAMPOS, Luiz Antonio de Sampaio. Deveres e Responsabilidades. *In:* LAMY FILHO, Alfredo; PEDREIRA, José Luiz Bulhões. *Direito das Companhias.* 2. ed. Rio de Janeiro: Editora Forense, 2017.

CARDOSO, J. Pires. Fiscalização das sociedades anônimas. Lisboa, 1943.

CARVALHOSA, Modesto. *Comentários à lei de Sociedade Anônimas*. v. 3, 6. ed. São Paulo: Saraiva, 2014

——. Considerações sobre a Lei Anticorrupção das Pessoas Jurídicas – Lei 12.846/2013. São Paulo: Revista dos Tribunais, 2015.

——. Parecer Jurídico. In: CARVALHOSA, Modesto; LEÃES, Luiz Gastão Paes de Barros; WALD, Arnoldo. *A responsabilidade civil da empresa perante os investidores* – contribuição à modernização e moralização do mercado de capitais. São Paulo: Quartier Latin, 2018

——; EIZIRIK, Nelson. *Estudos de Direito Empresarial*. São Paulo: Saraiva, 2010.

CASTRO, Leonardo Freitas de Moraes e. *Mercado Financeiro & de Capitais – Regulação e Tributação*. São Paulo: Quartier Latin, 2015

CEBRIÁ, Luis Hernando. *El deber de diligente administración em el marco de los deberes de los administradores sociales*. Madrid: Marcial Pons, 2009.

——. *Régimen de deberes y responsabiidad de los administradores em las sociedades de capital*. Barcelona: Bosch, 2015.

CHANDLER, Alfred Dupont. *The Visible Hand*: the managerial revolution in americam business. Cambridge, Belknap Press, 1995.

CHODOS, Rafael. *The law of fiduciary duties*. Los Angeles, Modernage Photo Service, Inc., 2000.

COFFEE JR., John C. *Gatekeepers. The professions and Corporate Governance*. New York: Oxford University Press, 2006.

CLARK, Robert Charles. *Corporate Law*. Aspen Law & Business, 1986.

COMISSÃO DE VALORES MOBILIÁRIOS. Instrução Normativa 480, de 07 de dezembro de 2009. Dispõe sobre o registro de emissores de valores mobiliários admitidos à negociação em mercados regulamentados de valores mobiliários. Disponível em: http://www.cvm.gov.br/legislacao/instrucoes/inst480.html. Acesso em: 1º de setembro de 2018.

——. Instrução Normativa 586, de 08 de junho de 2017. Altera e acrescenta dispositivos à Instrução CVM nº 480, de 7 de dezembro de 2009. Disponível em: http://www.cvm.gov.br/legislacao/instrucoes/inst586.html. Acesso em: 1º de setembro de 2018.

——. Processo Administrativo Sancionador 18/2008. Relator Alexsandro Broedel Lopes, julgado em 14 de dezembro de 2010. Disponível em: http://www.cvm.gov.br/export/sites/cvm/sancionadores/sancionador/anexos/2010/20101214_PAS_1808.pdf. Acesso em: 09 de fevereiro de 2019.

——. Processo Administrativo Sancionador CVM RJ2011/11073. Relator Diretor Pablo Renteria, julgado em 15 de dezembro de 2015. Disponível em: http://www.cvm.gov.br/export/sites/cvm/sancionadores/sancionador/anexos/2015/20151215_PAS_RJ201111073.pdf. Acesso em: 1º de dezembro de 2018.

——. Processo Administrativo Sancionador 01/2011. Relator Henrique Balduino Machado Moreira, julgado em 27/01/2018. Disponível em: http://www.cvm.gov.br/export/sites/cvm/sancionadores/sancionador/anexos/2018/012011_Banco_Panamericanocx.pdf. Acesso em: consultado em 07 de fevereiro de 2019.

——. Processo Administrativo Sancionador RJ2013/9266. Relator Diretor Henrique Balduino Machado Moreira, julgado em 27 de março de 2018. Disponível em: http://www.cvm.gov.br/export/sites/cvm/sancionadores/sancionador/anexos/2018/RJ20139266_Granos_Granitos.pdf. Acesso em: consultado em 7 de fevereiro de 2019.

——. Processo Administrativo Sancionador RJ2014/7072. Relator Gustavo Borba, julgado em 27 de março de 2018. Disponível em http://www.cvm.gov.br/export/sites/cvm/sancionadores/sancionador/anexos/2018/RJ20147072_INEPAR.pdf. Acesso em 02 de fevereiro de 2019.

——. Processo Administrativo Sancionador RJ2017/3534. Relator Gustavo Machado Gonzalez, julgado em 19/06/2018. Disponível em : http://www.cvm.gov.br/export/sites/cvm/sancionadores/sancionador/anexos/2018/RJ20173534_UTILIUM.pdf. Acesso em: 07 de fevereiro de 2019.

——. Processo Administrativo Sancionador RJ2014/8013. Relator Diretor Gustavo Machado Gonzalez, julgado em 28/08/2018. Disponível em http://www.cvm.gov.br/export/sites/cvm/sancionadores/sancionador/anexos/2018/RJ20148013.pdf, consultado em 07 de fevereiro de 2019.

——. Processo Administrativo Sancionador RJ2015/1760. Relator Pablo Renteria, julgado em 11 de setembro de 2018. Disponível em: http://www.cvm.gov.br/export/sites/cvm/noticias/anexos/2018/20180911_PAS_2015_1760_Embraer_Voto_DPR.pdf. Acesso em: 30 de janeiro de 2019

COMPARATO, Fabio Konder. *Aspectos Jurídicos da Macro-Empresa*. São Paulo: Editora Revista dos Tribunais, 1970.

——. *Consórcio de Empresas*. Revista Forense, vol. 256, out/nov/dez/1976.

——; SALOMÃO FILHO, Calixto. *O poder de controle na sociedade anônima*. 4. ed. Rio de Janeiro: Forense, 2005.

CONSELHO ADMINISTRATIVO DE DEFESA ECONÔMICA. *Guia Programas de Compliance*. Janeiro de 2016. Disponível em http://www.cade.gov.br/acesso-a-informacao/publicacoes-institucionais/guias_do_Cade/guia-compliance-versao-oficial.pdf. Acesso em: 28 de janeiro de 2019.

CONTROLADORIA GERAL DA UNIÃO. Portaria CGU n. 909, de 07 de abril de 2015. Dispõe sobre a avaliação de programas de integridade de pessoas jurídicas. Disponível em: http://www.cgu.gov.br/sobre/legislacao/arquivos/portarias/portaria_cgu_909_2015.pdf. Acesso em: 28 de janeiro de 2019).

COOTER, Robert D.; FREEDMAN, Bradley J. *An economic model of the fiduciary's duty of loyalty*. Tel Aviv Unversity Studies in Law 10/297-314, 1990.

——; SCHÄFER, Hans-Bernd. O problema da desconfiança recíproca. Tradução de Luciano Benetti Timm. *In:* SALAMA, Bruno. *Direito e Economia – Temas Escolhidos*. São Paulo: Saraiva, 2010, p. 305-323.

CORREIA, Luís Brito. *Os Administradores de Sociedades Anónimas*. Coimbra: Almedina, 1993.

CORRÊA LIMA, Osmar Brina. *O Acionista Minoritário do Direito Brasileiro*. Rio de Janeiro: Forense, 1994

——. Regra de Julgamento de Negócios (*Business Judgment Rule*). *In:* SILVA, Alexandre Couto. *Direito Societário. Estudos sobre a lei de sociedades por ações*. São Paulo: Saraiva, 2013.

——. *Sociedade Anônima*. Rio de Janeiro: Forense, 1989.

COSTA, Ana Paula Paulino da. *Casos de fraudes corporativas financeiras: antecedentes, recursos substantivos e simbólicos relacionados*. 2011. 176 f. Tese (Doutorado em Administração de Empresas) – Escola de Administração de Empresas, Fundação Getúlio Vargas, São Paulo, 2011. Versões impressa e eletrônica. Disponível em: https://bibliotecadigital.fgv.br/dspace/bitstream/handle/10438/8542/TESE_ANA%20PAULA%20PAULINO%20DA%20COSTA.pdf. Acesso em: 15 de junho de 2018.

COUTINHO DE ABREU, Jorge Manuel. *Governação das Sociedades*. 2. ed. Almedina: Coimbra, 2010.

——. *Responsabilidade Civil dos Administradores de Sociedades*. 2. ed. Coimbra: Almedina, 2010.

CRESSEY, D. R. Other People's Money: A study in the social psychology of embezzlement. Glencoe, IL: The free press, 1953 apud COSTA, Ana Paula Paulino da. *Casos de fraudes corporativas financeiras: antecedentes, recursos substantivos e simbólicos relacionados.* 2011. 176 f. Tese (Doutorado em Administração de Empresas) – Escola de Administração de Empresas, Fundação Getúlio Vargas, São Paulo, 2011. Versões impressa e eletrônica. Disponível em: https://bibliotecadigital.fgv.br/dspace/bitstream/handle/10438/8542/TESE_ANA%20PAULA%20PAULINO%20DA%20COSTA.pdf. Acesso em: 15 de junho de 2018.

CRIMINAL DIVISION OF THE U.S. DEPARTMENT OF JUSTICE; THE ENFORCEMENT DIVISION OF THE U.S. SECURITIES AND EXCHANGE COMMISSION . *FCPA – A Resource Guide to the U.S. Foreign Corrupt Practices Act*, 2012. Disponível em: https://www.justice.gov/sites/default/files/criminal-fraud/legacy/2015/01/16/guide.pdf. Acesso em: 19 de janeiro de 2019.

CUEVA, Ricardo Villas Bôas; FRAZÃO, Ana. *Compliance – Perspectivas e desafios dos programas de conformidade.* Belo Horizonte: Fórum, 2018.

CUNHA, Paulo Olavo. Corporate & Public Governance nas sociedades anónimas: primeira reflexão. In: *Direito das Sociedades em Revista*, set 2010, ano 2, v. 4, Coimbra: Almedina.

DE HOLANDA, Sérgio Buarque. *Raízes do Brasil*. São Paulo: Companhia das Letras, 2016. Edição Kindle.

DE LARA, Manuel Ruiz. Compliance penal y responsabilidad civil y societária de los administradores. Madrid: Wolters Kluwer, 2018.

DE LUCCA, Newton. *Da ética geral à ética empresarial.* São Paulo: Quartier Latin, 2009.

DEL DEBBIO, Alessandra; MAEDA, Bruno Carneiro; AYRES, Carlos Henrique da Silva. *Temas de Anticorrupção & Compliance.* Rio de Janeiro: Campos Elsevier, 2013

DIAS, Rui Manuel Pinto Soares Pereira. Responsabilidade por exercício de influência sobre a administração de sociedades anônimas. Uma análise de direito material e direito de conflitos. Coimbra: Almedina, 2007.

DIEESE – DEPARTAMENTO INTERSINDICAL DE ESTATÍSTICAS E ASSUNTOS SOCIOECONÔMICOS. *Impactos da operação carne fraca sobre o setor pecuário e os empregos*, 2017. Disponível em: https://www.dieese.org.br/notatecnica/2017/notaTec-176CarneFraca.pdf. Acesso em: 18 de janeiro de 2019

DIEZ, Pedro Portellano. *Deber de Fidelidad de los Administradores de Sociedades Mercantiles y Oportunidades de Negocio.* Madrid: Editorial Civitas, 1996.

DONAGGIO, Angela Rita Franco. *Governança Corporativa e Novo Mercado* – proteção aos investidor e falhas no marco regulatório. São Paulo: Saraiva, 2012.

EASTERBROOK, Frank H.; FISCHEL, Daniel R. *The economic structure of corporate law.* Cambridge: Harvard University Press, 1996.

ELLIOTT, Kimberly Ann. *A Corrupção e a Economia Global*. Brasília: Editora Universidade de Brasília, 2002.

EIZIRIK, Nelson. *Direito Societário. Estudos e Pereceres*. São Paulo: Quartier Latin, 2015.

EMBID IRUJO, José Miguel. Aproximación al significado de la Ley 31/2014, de 3 de deciembre, para la mejora del Gobierno Corporativo. In: SOBEJANO, Alberto Emparanza. *Las nuevas obligacionaes de los administradores en el gobierno corporativo de las sociedades de capital.* Madrid: Marcial Pons, 2016

ERNEST YOUNG. *14ª Pesquisa Global sobre Fraude*, São Paulo, 2016. Disponível em: https://www.ey.com/Publication/vwLUAssetsPI/fraud_survey/%24FILE/PB_Fraud_Survey_PT.pdf. Acesso em: 29 de novembro de 2018)

ESCUDER, Sérgio Antonio Loureiro. *Governança corporativa e conselho fiscal*. São Paulo: LCTE Editora, 2008.

ESPAÑA. Ley 31/2014, de 3 de diciembre, por la que se modifica la Ley de Sociedades de Capital para la mejora del gobierno corporativo. Disponível em https://www.boe.es/eli/es/l/2014/12/03/31. Acesso em: 22 de janeiro de 2019

ESTADÃO. Shell paga US$ 15 milhões por direitos humanos na Nigéria. *Estadão*. 09 de junho de 2009. Disponível em https://internacional.estadao.com.br/noticias/geral,shell-paga-us-15-milhoes-por-direitos-humanos-na-nigeria,384603. Acesso em: 04 de março de 2019.

ESTRELLA, Hernani. *Curso de direito comercial*. Rio de Janeiro: José Konfino Editor, 1973.

FAORO, Raymundo. *Os Donos do Poder* – Formação do patronato político brasileiro. 5. ed. São Paulo: Globo, 2012.

FÉRES, Marcelo Andrade; CHAVES, Natália Cristina. *Sistema Anticorrupção e Empresa*. Belo Horizonte: Editora D'Plácido.

FERNÁNDEZ-ALBOR BALTAR, Ángel; PÉREZ CARRILLO, Elena F.; TORRES CARLOS, Marcos R. *Actores, actuaciones y controles del buen gobierno societario y financeiro*. Madrid: Marcial Pons, 2018.

FINKELSTEIN, Maria Eugênia Reis; PROENÇA, José Marcelo Martins. *Gestão e Controle*. São Paulo: Saraiva, 2008.

FONTES FILHO, Joaquim Rubens. Por que falham as empresas? In: BRADÃO, Carlos Eduardo Lessa; FONTES FILHO, Joaquim Rubens; MURITIBA, Sérgio Nunes. *Governança Corporativa e Integridade Empresarial – Dilemas e Desafios*. São Paulo: Saint Paul Editora, 2017, p. 35-47.

FRANCO, Maria Sylvia de Carvalho Franco. *Homens livres na ordem escravocrata*. São Paulo: Fundação Editora Unesp, 1997.

FRAZÃO, Ana. Função Social da Empresa. *Repercussão sobre a responsabilidade civil de controladores e administradores de S/As*. Rio de Janeiro: Renovar, 2011.

——. Prefácio. *In:* FÉRES, Marcelo Andrade; CHAVES, Natália Cristina. *Sistema Anticorrupção e Empresa*. Belo Horizonte: Editora D'Plácido, 2018

——; CARVALHO, Angelo Gamba Prata. Corrupção, cultura e *compliance*: o papel das normas jurídicas na construção de uma cultura de respeito ao ordenamento. *In:* CUEVA, Ricardo Villas Bôas; FRAZÃO, Ana. *Compliance – Perspectivas e desafios dos programas de conformidade*. Belo Horizonte: Fórum, 2018

FRAZÃO, Ana; MEDEIROS, Ana Rafaela Martinez. Desafios para a efetividade dos programas de *compliance*. *In:* CUEVA, Ricardo Villas Bôas; FRAZÃO, Ana. *Compliance – Perspectivas e desafios dos programas de conformidade*. Belo Horizonte: Fórum, 2018, p. 89)

GARMENDIA, Beatriz Alejos. Los deberes de diligencia y de lealtad de los administradores de empresas. Navarra: Thomson Reuters Aranzadi, 2017.

GHEZZI, Federico. I 'doveri fiduciari' degli amministratori nei Principles of Corporate GOvernance. Rivista dele Società 2-3/465-549. Milão, 1996.

GLYNN, Patrick; KOBRIN, Stephen J.; NAÍM, Moisés. A Globalização da Corrupção. *In*: ELLIOTT, Kimberly Ann. *A Corrupção e a Economia Global*. Tradução Marsel Nascimento Gonçalves de Souza. Brasília: Editora UNB, 2002.

GOMES, José Ferreira. Conflitos de interesses entre acionistas nos negócios celebrados entre a sociedade anónima e o seu accionista controlador. *In:* CÂMARA, Paulo, *et al., Conflitos de Interesses no Direito Societário e Financeiro – Um balanço a partir da crise financeira*. Coimbra: Almedina, 2010.

GOMES, Rafael Mendes; BELTRAME, Priscila Akemi; CARVALHO, João Vicente Lapa de. *Compliance* Empresarial: novas implicações no dever de diligência. *In:* CASTRO, Leonardo Freitas de Moraes e. *Mercado Financeiro & de Capitais – Regulação e Tributação*. São Paulo: Quartier Latin, 2015.

GONÇALVES NETO, Alfredo de Assis. *Direito da Empresa*. 4. ed. São Paulo: Revista dos Tribunais, 2012.

_____. *Manual das Companhias ou Sociedades Anônimas.* 2. ed. São Paulo: Revista dos Tribunais, 2010.

GONZÁLEZ, Jesús Quijano. Deberes y responsabilidad de administradores: actualidad y reformas. In: BALTAR, Ángel Fernández-Albor; CARRILLO, Elena F. Pérez; CARLOS, Marcos R. Torres. *Actores, actuaciones y controles del buen gobierno societario y financeiro.* Madrid: Marcial Pons, 2018

GRAU, Eros Roberto. Ensaio Discurso sobre a Interpretação/Aplicação do Direito. São Paulo: Malheiros, 2009

GUERRA MARTÍN, Guillermo: El Gobierno de las Sociedades Cotizadas Estadounidenses. *Revista de Derecho de Sociedades,* número 20, Navarra, 2003.

GUERREIRO, José Alexandre Tavares. Responsabilidade dos administradores de sociedades anônimas. *RDM* 42/69-88. Ano 20. São Paulo, RT, abril-junho/1981.

HANSMANN, Henry; KRAAKMAN, Reinier. *The end of history corporate law.* Cambridge: Harvard Law School, 2000. Disponível em: http://www.law.harvard.edu/programs/olin_center/papers/pdf/280.pdf. Acesso em: 04 de fevereiro de 2019.

HERZOG, Ana Luiza; MANO, Cristiane. 2008 foi o ano do bônus zero para os executivos. *Revista Exame,* 17 de setembro de 2013. Disponível em: https://exame.abril.com.br/revista-exame/ano-bonus-zero-489940/. Acesso em: 03/07/2018

HOLANDA, Sérgio Buarque de. *Raízes do Brasil.* São Paulo: Companhia das Letras, 2014.

HOPT, Klaus. Deveres legais e conduta ética de membros do conselho de administração e de profissionais. *Revista de Direito Mercanti*l, n. 144, p. 107 e seguintes.

INSTITUTO BRASILEIRO DE GOVERNANÇA CORPORATIVA. *Código de Melhores Práticas de Governança Corporativa.* 5. ed., 2015. Disponível em: https://ibgc.org.br/governanca/governanca-corporativa/principios-basicos. Acesso em: 24 de setembro de 2018.

IRACULIS ARREGUI, Nerea. *Conflictos de Interés Del Socio.* Cese del administrador nombrado por accionista competitor. Madrid: Marcial Pons, 2013.

JARILLO, Maria José Morillas. *Las normas de conducta de los administradores de las sociedades de capital.* Madri, La Ley, 2002.

JENSEN, Michael C.; MECKLING, Wlliam H. Theory of the firm: managerial behavior, agency costs and ownership structure. *Journal of Financial Economics* 3 (1976) 305-360.

KPMG. *A governança corporativa e o mercado de capitais.* 11. ed. 2016/2017. Disponível em: https://assets.kpmg.com/content/dam/kpmg/br/pdf/2016/12/br-estudo-governanca-corporativa-2016-2017-11a-edicao-final.pdf. Acesso em: 02 de dezembro de 2018.

KRAAKMAN, Reinier. *The Anatomy of Corporate Law.* 3. ed. New York: Oxford University Press, 2017.

LAFFONT, Jean-Jacques; MARTIMORT, David. *The Theory of Incentives I: the principal agent model.* Princeton: Princeton University Press, 2001, p. 148-149).

LAMY FILHO, Alfredo. A reforma da lei de sociedades anônimas. *In: Revista de Direito Mercantil, Industrial, Econômico e Financeiro,* n. 7, 1972, 0. 123-158, pp. 125/126

_____; PEDREIRA, José Luiz Bulhões. *Direito das Companhias.* 2. ed. Rio de Janeiro: Editora Forense, 2017.

LARA, Manuel Ruiz de. *Compliance penal y responsabilidad civil y societaria de los administradores.* Madri: Wolters Kluwer, 2018

_____. Trascendencia de los programas de Compliance Penal en la responsabilidad societaria y concursal de los administradores de sociedades de capital. *In:* LARA, Manuel Ruiz de. *Compliance penal y responsabilidad civil y societaria de los administradores.* Madri: Wolters Kluwer, 2018

LAZZARINI, Sérgio. *Capitalismo de Laços – Os Donos do Brasil e suas Conexões.* 2. ed. São Paulo: BEI Comunicação, 2018.

LEÃO JR., Luciano de Souza. Administração da Companhia. *In:* LAMY FILHO, Alfredo; PEDREIRA, José Luiz Bulhões. *Direito das Companhias.* 2. ed. Rio de Janeiro: Forense, 2017

LEITE, Isabela; ARCOVERDE, Léo. Levantamento da PF aponta desvios de mais de R$ 48 bilhões em 4 anos no país com corrupção. *Globo News*, 30 de julho de 2018. Disponível em https://g1.globo.com/economia/noticia/2018/07/30/levantamento-da-pf-aponta-desvios-de-r-48-bilhoes-em-4-anos-no-pais-com-corrupcao.ghtml. Acesso em 14 de janeiro de 2019

LOBO, Jorge. Fraude à Lei de S/A. *RDM* 113/108-117. Ano 37. São Paulo: Malheiros, janeiro-março/1999.

———. *Reforma da Lei das Sociedades Anônimas*. 2. ed. Rio de Janeiro: Forense, 2002.

LOW, Lucinda A.; BONHEIMER, Owen. The U.S. foreign corrupt practices act: past, present, and future. *In:* DEL DEBBIO, Alessandra; MAEDA, Bruno Carneiro; AYRES, Carlos Henrique da Silva. *Temas de Anticorrupção & Compliance*. Rio de Janeiro: Campos Elsevier, 2013.

LOURENÇO, Nuno Calaim. *Os Deveres de Administração e a Business Judgment Rule*. Coimbra: Almedina, 2011.

MACHADO, Leonardo Ruiz; LEITE, Karina da Guia. A responsabilidade dos sócios, administradores e conselheiros perante a Lei Anticorrupção. *Revista do Advogado PGE SC*, n. 125, dez/2014.

MACHADO, Michele Rilany Rodrigues; GARTNER, Ivan Ricardo. Triângulos de fraudes de Cressey (1953) e teoria da agência: estudo aplicado a instituições bancárias brasileiras. *Revista Contemporânea de Contabilidade*. UFSC, Florianópolis, v. 14, n. 32, p. 108-140, mai/ago 2017.

MARTINS-COSTA, Judith. *A boa-fé no direito privado – critérios para a sua aplicação*. São Paulo: Marcial Pons, 2015.

MATTOS, Paulo. *Regulação Econômica e Democracia*. São Paulo: Editora 34, 2004.

MENEZES CORDEIRO, António. *Direito das Sociedades*. Parte Geral. 3. ed. vol. I, Coimbra: Almedina, 2011.

MENEZES CORDEIRO, Antonio. *Manual de Direito Comercial*. v. I. Coimbra: Almedina, 2001.

MINISTRY OF JUSTICE. *The Bribery Act 2010 – Guidance*. 2010. Disponível em: https://www.justice.gov.uk/downloads/legislation/bribery-act-2010-guidance.pdf. Acesso em: 26 de janeiro de 2019.

MONKS, Robert A. G.; MINOW, Nell. *Corporate Governance*. 15. ed. United Kingdom, John Wiley & Sons, 2011.

MONTEIRO, Jorge Ferreira Sinde. *Responsabilidade por Conselhos, Recomendações ou Informações*. Coimbra: Almedina, 1989.

NASCIMENTO, João Pedro Barroso de. Regra do Julgamento do Negócio (*Business Judgment Rule*). *In:* SILVA, Alexandre Couto. *Direito Societário. Estudos sobre a lei de sociedades por ações*. São Paulo: Saraiva, 2013.

O ESTADO DE SÃO PAULO. BRF perde quase R$5 bi em valor de marcado após PF deflagrar a 03ª fase da Carne Fraca, 05 de março de 2018. *Estadão*. Disponível em https://economia.estadao.com.br/noticias/geral,acoes-da-brf-despencam-apos-pf-deflagrar-a-terceira-fase-da-operacao-carne-fraca,70002214271. Acesso em: 18 de janeiro de 2019.

OLIVEIRA, Ana Perestrelo de. *Manual de Governo das Sociedades*. Coimbra: Almedina, 2017. Edição Kindle.

OLIVEIRA, António Fernandes de. Responsabilidade Civil dos Administradores. *In:* CÂMARA, Paulo; NEVES, Rui de Oliveira; FIGUEIREDO, André; OLIVEIRA, António Fernandes de; GOMES, José Ferreira. *Código das Sociedades Comerciais e Governo das Sociedades*. Coimbra: Almedina, 2008.

ORGANIZATION FOR ECONOMIC COOPERATION AND DEVELOPMENT – OECD. Informe de la OCDE sobre Cohecho Internacional, Paris, 2015. Disponível em https://read.oecd-ilibrary.org/governance/informe-de-la-ocde-sobre-el-soborno-internacional_9789264226654-es#page23. Acesso em: 15 de janeiro de 2019.

OSÓRIO, Fabio Medina. *Compliance* Anticorrupção: Aspectos Gerais. *In:* CUEVA, Ricardo Villas Bôas; FRAZÃO, Ana. *Compliance – Perspectivas e desafios dos programas de conformidade*. Belo Horizonte: Fórum, 2018.

PARENTE, Flavia. *O dever de diligência dos administradores de sociedades anônimas*. Rio de Janeiro: Renovar, 2005

PARENTE, Norma. Principais inovações introduzidas pela Lei n. 10.303, de 31 de outubro de 2001, à Lei de Sociedades por Ações. *In:* LOBO, Jorge. *Reforma da Lei das Sociedades Anônimas*. 2. ed. Rio de Janeiro: Forense, 2002

PARGENDLER, Mariana. Responsabilidade civil dos administradores e business judgment rule no direito brasileiro. *Revista dos Tribunais*, vol. 953/2015, p. 51 – 74, Mar / 2015.

PELLICANI, Aline D. O Impacto da Corrupção nas Decisões de Investimento das Firmas Brasileiras de Capital Aberto. *Revista Brasileira de Economia,* vol.71, n. 2, Rio de Janeiro, Apr./June 2017.

PESTANA, Marcio. *Lei Anticorrupção*. Exame sistematizado da Lei 12.846/2013. São Paulo: Editora Manoel, 2016.

PIETH, Mark. Cooperação internacional de combate à corrupção. *In:* ELLIOTT, Kimberly Ann. *A Corrupção e a Economia Global*. Traducão Marsel Nascimento Gonçalves de Souza. Brasília: Editora UNB, 2002

PINEDA, Eduardo Souto; MARROQUÍN, José Antonio Cárdenas. *Ética nas empresas.* São Paulo: Mac Graw Hill, 2008.

PORTUGAL. Código das Sociedades Comerciais, de 02 de setembro de 1986. Disponível em: https://www.cmvm.pt/pt/legislacao/legislacaocomplementar/emitentesofertasinformcaovaloresmobiliarios/pages/csc20060414.aspx. Acesso em: 4 de fevereiro de 2019.

QUATTRINI, Larissa Teixeira. *Os deveres dos administradores de sociedades anônimas abertas*. Estudo de caso. São Paulo: Saraiva, 2014.

REYES, Francisco. *Direito Societário Americano – Estudo Comparativo*. São Paulo: Quartier Latin, 2013

RIBEIRO, Renato Ventura. *Dever de Diligência dos Administradores de Sociedades*. São Paulo: Quartier Latin, 2006.

RIPERT, Georges. *Aspectos jurídicos do capitalismo moderno*. Campinas: Red Livros, 2002.

ROBERTS, Sam. Rooting Out Police Corruption. *The New York Times*, 29 de junho de 2012. Disponível em https://www.nytimes.com/2012/07/01/nyregion/books-on-police-corruption-and-woody-guthries-haunts-in-new-york-city.html. Acesso em: 19 de novembro de 2018.

ROMANO, Roberta. *Foundations of Corporate Law*. 2. ed. Lexisnexis; Matthew Bender & Company, 2006.

ROMERO CASTRO, Noelia; PIÑEIRO CHOUSA, Juan. Prácticas de buen gobierno y creación de valor: retos para los administradores societarios. *In:* FERNÁNDEZ-ALBOR BALTAR, Ángel; PÉREZ CARRILLO, Elena F.; TORRES CARLOS, Marcos R. *Actores, actuaciones y controles del buen gobierno societario y financeiro*. Madrid: Marcial Pons, 2018.

ROS, Rafael Mateu de. Principales reformas recientes en materia de Gobierno Corporativo: normas legales y recomendaciones. Especial referencia a Sociedades Cotizadas. *In:* BALTAR, Ángel Fernández-Albor; CARRILLO, Elena F. Pérez; CARLOS, Marcos R. Torres. *Actores, actuaciones y controles del buen gobierno societario y financeiro*. Madrid: Marcial Pons, 2018.

ROSE-ACKERMAN, Susan. A economia política da corrupção. *In:* ELLIOTT, Kimberly Ann. *A Corrupção e a Economia Global.* Tradução Marsel Nascimento Gonçalves de Souza. Brasília: Editora UNB, 2002.

——; PALIFKA, Bonnie J.. *Corruption and Government: Causes, Consequences, and Reform.* 2. ed. New York: Cambridge University Press, 2016. Edição Kindle.

ROSENBERG, Hillary; KAUFMANN, Adam S.; PLOCHOCKI, Tara J. The U.S. foreign corrupt practices act: eradicating corruption in U.S. and non-U.S. companies. *Revista dos Tribunais*: RT, v. 103, n. 947, p. 399-424, set. 2014.

SALAMA, Bruno. *Direito e Economia – Temas Escolhidos.* São Paulo: Saraiva, 2010.

SACROMONE, Marcelo Barbosa. *Administradores de Sociedades Anônimas* – Relação Jurídica entre o Administrador e a Sociedade. São Paulo: Almedina, 2014

SALOMÃO FILHO, Calixto. *O Novo Direito Societário.* 4. ed. São Paulo: Malheiros, 2011

——. Poder de Controle: Ética e Corrupção. *In:* BRADÃO, Carlos Eduardo Lessa; FONTES FILHO, Joaquim Rubens; MURITIBA, Sérgio Nunes. *Governança Corporativa e Integridade Empresarial – Dilemas e Desafios.* São Paulo: Saint Paul Editora, 2017

SANDEL, Michael J. *Justiça. O que é fazer a coisa certa.* 30. ed. Rio deJaneiro: Civilização Brasileira, 2020

SANTOS, Renato de Almeida dos. *Modelo preditivo de fraude ocupacional nas organizações privadas.* 2016. 205 f. Tese (Doutorado em Administração) – Programa de Estudos Pós-Graduados em Administração, Pontifícia Universidade Católica de São Paulo, São Paulo, 2016. Disponível em https://tede2.pucsp.br/handle/handle/18875. Acesso em: 15 de junho de 2018.

SCALZILLI, João Pedro. *Mercado de Capitais Ofertas Hostis e Técnicas de Defesa.* São Paulo: Quartier Latin, 2015

SEN, Amartya. *Sobre ética e economia.* São Paulo: Companhia das Letras, 1999.

SERENS, Manuel Couceiro Nogueira. *Administradores de Sociedades Anônimas.* Coimbra: Almedina, 2012.

SILVA, Alexandre Couto. *Direito Societário.* Estudos sobre a lei de sociedades pos ações. São Paulo: Saraiva, 2013.

SILVA, Edson Cordeiro da. *Governança corporativa nas empresas brasileiras.* São Paulo: Atlas, 2006.

SILVEIRA, Alexandre Di Miceli da. *Governança Corporativa. Desempenho e valor da empresa no Brasil.* São Paulo: Saint Paul Editora, 2005.

SOBEJANO, Alberto Emparanza. *Las nuevas obligaciones de los administradores en el gobierno corporativo de las sociedades de capital.* Madrid: Marcial Pons, 2016.

SOLTES, Eugene. *Why They Do It*: Inside the Mind of the White-Collar Criminal. New York: PublicAffairs. 2016.

SPINELLI, Luis Felipe. *Conflito de Interesse na Administração da Sociedade Anônima.* São Paulo: Malheiros, 2012.

SPIRA, Laura F.; SLINN, Judy. *The Cadbury Committee – A History.* Oxford: Oxford University Press, 2013

SWAMMY, Sarah; McMASTER, Michael. Governance, Compliance, and Supervision in the Capital Markets. New Jersey: Wiley, 2018.

TAVARES BORBA, José Edwaldo. *Direito Societário.* 16. ed. São Paulo: Atlas, 2018

TELLECHEA, Rodrigo. *Autonomia privada no direito societário.* São Paulo: Quartier Latin, 2016.

THE AMERICAN LAW INSTITUTE. *Principles of Corporate Governance: Analysis and Recommendations.* v. 1, parts I – VI. Washington: St. Paul Minn. American Law Institute Publishers, 1994

THE WORLD BANK. *Doing Business*. Washington, 2019. Disponível em http://portugues. doingbusiness.org/pt/data/exploretopics/starting-a-business. Acesso em 10 de janeiro de 2019.

TIMM, Luciano Benetti. *Direito & Economia*. 2. ed. Porto Alegre: Livraria do Advogado, 2008.

TRANSPARÊNCIA INTERNACIONAL BRASIL. *Integridade e Empresas no Brasil*, São Paulo, 2018. Disponível em: https://transparenciainternacional.org.br/assets/files/conhecimento/relatorio-executivo.pdf. Acesso em: 02/12/2018.

——. *Índice de Percepção da Corrupção*. Berlim, 2019. Disponível em https://s3-sa-east-1.amazonaws.com/tibr-downloads/CPI-2018.pdf. Acesso em: 29 de janeiro de 2019

——. *Índice de Percepção da Corrupção*. Berlim, 2020. Disponível em https://comunidade.transparenciainternacional.org.br/asset/67:indice-de-percepcao-da-corrupcao-2019?stream=1. Acesso em: 14 de agosto de 2020.

TRIBUNAL DE CONTAS DA UNIÃO. *Referencial de Combate à Fraude e Corrupção*. 2. ed., Brasilia, 2018. Disponível em: https://portal.tcu.gov.br/biblioteca-digital/referencial-de-combate-a-fraude-e-corrupcao.htm. Acesso em: 19 de junho de 2018.

UNITED KINGDOM. Bribery Act, 08th April 2010. An Act to make provision about offences relating to bribery; and for connected purposes. Disponível em: https://www.legislation.gov.uk/ukpga/2010/23/section/7. Acesso em: 26 de janeiro de 2019.

——. Companies Act 2006, 8th November 2006. An Act to reform company law and restate the greater part of the enactments relating to companies; to make other provision relating to companies and other forms of business organisation; to make provision about directors' disqualification, business names, auditors and actuaries; to amend Part 9 of the Enterprise Act 2002; and for connected purposes. Disponível em: https://www.legislation.gov.uk/ukpga/2006/46/contents. Acesso em: 21 de dezembro de 2018.

UNITED STATES OF AMERICA. *DODD-FRANK Wall Street Reform and Consumer Protection Act*. To promote the financial stability of the United States by improving accountability and transparency in the financial system, to end "too big to fail", to protect the American taxpayer by ending bailouts, to protect consumers from abusive financial services practices, and for other purposes, 2010. Disponível em https://www.congress.gov/111/plaws/publ203/PLAW-111publ203.pdf. Acesso em 15 de junho de 2018.

UNITED STATES SENTENCING COMMISSION. *Guidelines Manual*, 2018. Disponível em: https://www.ussc.gov/guidelines/2018-guidelines-manual. Acesso em: 26 de janeiro de 2019.

UOL. Dólar dispara 8,15%, a R$ 3,389, e Bolsa despenca 8,8% após delação da JBS. *UOL*, São Paulo, 18 de maio de 2017. Disponível em https://economia.uol.com.br/cotacoes/noticias/redacao/2017/05/18/dolar.htm. Acesso em 26 de janeiro de 2019.

VALE, Murilo Melo. A permanência da lacuna normativa na agenda de combate à corrupção: a estratégia adotada pelo UK Bribery Act e a conveniência na responsabilização de atos de corrupção entre particulares. *In*: FÉRES, Marcelo Andrade; CHAVES, Natália Cristina. *Sistema Anticorrupção e Empresa*. Belo Horizonte: Editora D'Plácido, 2018

VALVERDE, Trajano de Miranda. *Sociedades Anônimas*. Rio de Janeiro: Estabelecimento Graphico Mundo Médico, 1937.

VENTURA, Luciano Carvalho. *Governança Corporativa – seis anos de notícias*. São Paulo: Saint Paul Editora, 2005.

VERÇOSA, Haroldo Malheiros Duclerc. Governança Corporativa no Mercado de Capitais – as antilições daPetrobras. *Revista de Direito Empresarial*, vol. 9/2015, p. 223 – 237, Maio – Jun / 2015.

VIEIRA, André Guilherme. Odebrecht fecha acordo de leniência e pagará multa de R$ 6,7 bilhões. 1º de dezembro de 2016. *Valor Econômico*. Disponível em: https://www.valor.com.br/empresas/4793607/odebrecht-fecha-acordo-de-leniencia-e-pagara-multa-de-r-67-bilhoes. Acesso em:10 de fevereiro de 2019.

WALD, Arnoldo. O Governo das Empresas. *Revista de Direito Bancário*, do Mercado de Capitais e da Arbitragem, n. 15, p. 55.

WOLFE, David T.; HERMANSON, Dana R. Fraud Diamond: Considering the Four Elements of Fraud." *CPA Journal* 74.12 (2004): 38-42, disponível em https://digitalcommons.kennesaw.edu/cgi/viewcontent.cgi?article=2546&context=facpubs, consultado em 10 de julho de 2018, às 15:01

YAZBEK, Otavio. Representações do Dever de Diligência na Doutrina Jurídica Brasileira: Um Exercício e Alguns Desafios. *In:* KUYVEN, Luiz Fernando Martins. *Temas Essenciais de Direito Empresarial: Estudos em Homenagem à Modesto Carvalhosa*. São Paulo: Saraiva, 2012, p. 940-961.

ZARAGOZA, Oscar Serrano. Régimen de deberes y responsabilidades de los administradores sociales tras la introducción del regimén de responsabilidad penal de las personas jurídicas en el derecho español. *In:* LARA, Manuel Ruiz de. *Compliance penal y responsabilidad civil y societaria de los administradores*. Madri: Wolters Kluwer, 2018

ZYLBERSTAJN, Decio; SZTAJN, Rachel. *Direito & Economia*. Rio de Janeiro: Elsevier, 2005.